하룻밤에 읽는
독일사

하룻밤에 읽는
독일사

안병억 지음

김택환 박사(독일 연구 최고 전문가)

2000년 독일 역사를 단숨에 읽도록 이끄는, 독일 전체 역사를 심층적으로 분석하면서도 쉽게 풀어 쓴 명작이 출간되었다. 이 책은 독일사와 유럽사 및 세계사가 어떻게 영향을 서로 주고받았는지를 공시적으로 다루고 있다.

분단국에 거주하는 우리에게 독일사가 주는 가장 큰 시사점은, 정권이 교체되어도 동유럽 사회주의 국가들을 상대로 지속적인 동방정책을 추진해 통일을 이루었다는 점이다. 또한 증오와 갈등의 정치를 뛰어넘어 국민과 나라를 먼저 생각하는 타협의 정치를 이룩했다는 점도 기억해야 할 것이다.

세계 GDP 3위의 경제 최강국, 복지와 사회적 시장경제를 구축한 연방국, 평화통일에 성공한 유럽연합의 중심국가, 독일. 이 나라의 성공 요인과 역사 속 큰 흐름을 알고 싶은 정치인, 기업인, 지식인 그리고 깨어있는 시민 독자에게 이 책을 강력히 추천한다.

손선홍 독일 정치·문화연구소장(전 주함부르크 대한민국 총영사)

대구 대학교 안병억 교수가 2000년이 넘는 방대한 독일사를 한 권으로 정리한 『하룻밤에 읽는 독일사』를 펴냈다. 안 교수는 이미 『통일을 이룬 독일 총리들』, 『하룻밤에 읽는 영국사』 등 여러 저서를 펴낸, 유럽과 독일에 정통한 학자다.

이 책은 독일의 주요 역사적 사건을 거의 모두 다루면서, 이야기 형식으로 쉽게 풀어냈다는 장점이 있다. 아울러 종교개혁가 마르틴 루터, 프로이센을 강국으로 세운 프리드리히 대왕, 서독의 초대 총리 콘라트 아데나워 등 큰 발자취를 남긴 인물들이 어떻게 어려움을 극복하고 오늘의 독일이 있게 하였는지도 다루었다. 또한 칸트, 헤겔, 마르크스, 괴테, 그림 형제 등 철학자와 문인들이 독일을 넘어 세계인의 삶을 어떻게 풍요롭게 하였는지도 담아냈다.

안 교수는 독일사와 세계사를 비교할 수 있도록 연표를 장마다 달았다. 독일에서 역사적 사건이 발발한 시기에 한반도나 세계에서는 어떤 일이 있었는지를 알아볼 수 있도록 하여 독자들의 이해를 도왔다. 『하룻밤에 읽는 독일사』는 독일은 물론 유럽에 관심이 있는 이들에게 큰 도움이 되는 책이다. 독자들에게 일독을 권한다.

분단의 상징이었던 베를린의 브란덴부르크 문, 벤츠와 포르쉐, 뮌헨의 맥주 축제 옥토버페스트, 프로축구 분데스리가의 환호성, 히틀러, 유대인 집단학살 홀로코스트, 철학자 임마누엘 칸트와 대문호 괴테…. 독일 하면 떠오르는 이미지는 이처럼 극과 극을 오간다. 이 책은 극과 극을 달린 독일 역사의 큰 흐름을 보여주고자 한다. 역사를 숲이라 할 때, 숲의 윤곽은 어떠한지, 길은 어디에 있는지. 이 숲에 거센 비바람은 언제 불어 닥쳤고, 어떻게 시련을 극복했는지를 다룬다. 영국의 소설가 D.H. 로렌스는 사람을 나무로 보고, 나무가 만드는 숲을 역사라고 봤다. 종류가 다른 수많은 나무가 모여서 숲을 이룬다. 개개인의 마음속 격정과 떨림, 움직임이 역사를 만든다.

1980년대 초에 고등학교를 다닌 필자는 제2외국어로 독일어를 배웠고 이때부터 독일에 관심을 두기 시작했다. 대학교에서 독어독문학과 경제학을 공부하면서 처음으로 읽은 독일어 원서가 헤르만 헤세의 『데미안』이었다. 40년 가까이 된 일임에도, 끙끙거리고 사전을 뒤지던 기억이 지금도 선명하다. 1999년 상반기에는 독일 언론재단의 지원을 받아 독일에 두 달간 체류하면서 독일 각 지역과 유럽을 둘러보고 베를린에서 구입한 책을 번역해 펴냈다. 연합뉴스와 YTN에서 기자로 근무하던 2000년 6월, 현대 독일 정치사를 다룬 『통일을 이룬 독일 총리들』라는 이름의 책을 처음으로 출간했다. 만 9년의 기자 생활을 접고 '유럽통합' 공부를 준비할 때, 독일과 영국 대학교에서 동시에 입학허가서를 받았다. 고민 끝에 영국 유학을 결정했고, 석사·박사 논문 주제로 영국과 독일의 유럽통합정책 비교를 다루었다. 독일과 영국의 대 유럽 정책을 비교 연구하면서 덕분에 독일에서도 반년 넘게 체류하였고, 그곳의 정책 결정권자들과 이야기를 나누어 현대 독일을 좀 더 심층적으로 이해할 수 있었다.

이처럼 이 독일 역사책은 필자의 삶과 깊이 연관돼 있다. 학술서적은 종종 출간했지만 많은 독자가 이해할 수 있는 독일사 개론서를 쓰고 싶었다. 이 책을 내놓게 되어, 오랫동안 미룬 숙제를 다 마친 듯 후련하다. 유럽통합과 독일, 메르켈 총리의 유럽 위기 극복 정책, 유로존 경제 위기와 난민 정책, 우크라이나 전쟁 관련 글은 필자가 이전에 쓴 논문과 책, 신문 칼럼 등에서 일부 인용했음을 밝힌다. 독일 역사를 좀 더 쉽게 이해하고, 큰 틀을 잡으려는 사람들에게 도움이 됐으면 한다. 독일 역사에서 하나의 전환점이 된 종교개혁가 마르틴 루터가 활약한 16세기까지는 간략하게 다뤘다. 이후 18세기부터는 좀 더 상세하게 설명했다. 책은 역사의 큰 사건이 현대에 무슨 영향을 끼쳤는지를 중심으로, 스토리텔링 형식으로 서술했다. 여러 연구자의 사전 연구가 이 책을 쓰는 데 큰 보탬이 됐다. 직접 인용할 때에만 출처를 밝혔고 나머지는 참고문헌란에 명시했다.

　초고를 읽어준 까칠한 첫 독자가 있다는 건 행운이다. 일반 독자의 입장에서 부족함을 지적해줬기 때문이다. 가장 소중한 반쪽 아내 최상숙과 의사 국가고시 준비에 바쁜 둘째 아이 승환이가 초고를 다 읽고 면도날 같은 조언을 주었다. 무학 고등학교 김성수 선생님, 대구대학교에서 인연을 맺은 장원석과 장준호, 한양대에 재학 중인 장지영이 수고해줬다. 페이퍼로드 최용범 사장과 꼼꼼하게 교정을 본 박승리 편집자에게 고맙다. 독일 전문가인 김택환 교수님과 손선홍 독일 정치·문화연구소장님께서 바쁜 시간을 할애해 추천사를 써주셨다. 깊이 감사드린다. 이전에 출간한 『하룻밤에 읽는 영국사』, 『셜록 홈즈 다시 읽기』가 독자들의 꾸준한 사랑을 받아 왔다. 고개 숙여 감사드리며, 이 책으로도 독자와 대화를 계속하고 싶다.

　2022년 2월 말 발발한 우크라이나 전쟁으로 독일은 더 큰 위기에 직면했다. 정부재정이 그리 여유가 없는데 국방비를 대폭 증액해야 했고, 재생에너지로의 전환 문제와 디지털 전환 문제 등 여러 가지 과제를 해결해야 한다. 인구 고령화와 고급 인력 부족, 저성장 등 기존의 구조적 문제에 이런 난제가 추가돼 해결이 쉽지 않다. 몇 년이 지나면 이런 과제에 제대로 대처했는지를 가늠할 수 있으리라 생각한다. 적절한 시기에 개정증보판을 낼 수 있기를 희망한다.

늘 푸른 소나무를 곁에 둔
대구 대학교 경산캠퍼스 연구실에서
안병억

극과 극을 달린
역동적인 독일사 탐사 여행

"도이칠란트, 그런데 그게 어디에 있단 말인가? 나는 이 나라를 찾을 수가 없다네…. 도이치인들이여, 그대들은 민족을 구성하기를 원하지만 그것은 헛된 일이라네, 차라리 더 자유로운 인간으로 발전하기를…."

19세기 초 당시 독일어권을 대표한 대문호 괴테와 쉴러가 함께 쓴 『예술 연감』에 게재된 행시 「크세니엔」에 나오는 문구다. 이 시에서 두 사람은 수백 개의 제후국으로 나뉜 영방국가가 동일한 독일어(도이치어)를 쓰고 있지만, 제후국 중심의 정체성이 워낙 굳건하다고 봤다. 따라서 하나로 합쳐지는 통일이 어려울 것으로 내다보면서 문학과 철학 등 공통된 사상을 갈고 닦으라고 조언했다. 이 시가 발표된 시점은 1797년인데, 철혈재상 비스마르크는 74년이 지난 1871년에 독일 제국을 건설한다.

　그렇다면 왜 두 문호는 이처럼 통일이 어렵다고 내다봤을까? 그리고 이런 예상에도 불구하고 어떻게 프로이센 주도로 통일이 됐을까? 좀 더 역사를 거슬러 올라가서 해답을 찾아보자.

476년 서로마 제국이 멸망한 후 유럽은 혼란의 도가니였다. 현재 독일의 중서부와 남부 지역인 라인라트-팔츠와 헤센, 바덴-뷔르템베르크, 남부의 바이에른 지방 일부를 포함하는 프랑켄 지역에는 여러 게르만족이 거주했다. 이 지역에, 481년 프랑크 왕국이 들어섰다. 메로빙거 가문의 클로비스 1세는 496년 기독교로 개종해(508년에 세례를 받음) 로마의 문화를 수용했다. 이후 프랑크 왕국은 교황과 지속적으로 관계를 맺어왔다. 800년 성탄절 날 프랑크 왕국의 카를 대제가 로마에서 교황으로부터 서로마 제국 황제의 관을 받았다. 게르만족이 세운 나라가 로마 제국의 계승자임을 공식적으로 인정받았다. 962년 오토 1세(대제)도 카를 대제와 마찬가지로 교황으로부터 로마 제국의 황제로 인정받았다. 이때부터 신성로마제국이 시작되며, 1806년 나폴레옹 전쟁으로 해체될 때까지 이 제국은 유지됐다. 그 기간에 현재의 독일 지역은 독일어를 사용하지만 수백 개의 제후국가로 나누어져 있었다. 공작령, 백작령, 주교령, 왕국 등으로 구성된 영방국가는 [독일(게르만) 왕국=로마의 계승자]라는 정체성이 매우 강했다.

이런 정체성에 큰 균열을 야기한 계기는 마르틴 루터의 종교개혁이다. 루터의 종교개혁은 독일 사회와 가톨릭 중심의 단일체를 분리하였고, 그 과정에서 독일 왕국이 로마 제국과는 다르다는 사실을 드러냈다. 당시 최고의 '인플루언서'였던 종교개혁가는 신매체 인쇄술을 적극 활용했다. 그는 서민들이 알기 쉬운 구어체 독일어로 성경을 번역·출간했다. 루터의 책과 팸플릿은 인쇄술 덕분에 급속하게 퍼졌다. 그의 이런 노력은 독일어를 통일·발전시켰고, 나아가 '같은 독일어를 쓰는 사람들'이라는 정체성을 형성하는 데에 기여했다.

　18세기부터 북부 독일을 중심으로 등장한 프로이센 왕국은 영방국가 가운데 오스트리아에 대적하는 강대국으로 점차 성장했다. 특히 프리드리히 대왕은 사방이 적에 노출된 지리적 단점을 극복하고, 강력한 리더십을 발휘해 프로이센을 강대국의 반열에 올려놓았다. 19세기 초 나폴레옹과의 전쟁은 독일 민족의 정체성을 더 강화한다. 당시 프로이센은 독일어를 쓰는 나라의 대변자임을 자처했으며 프랑스 황제에 대항해 싸울 것을 호소했다. 이 시기에 나폴레옹을 규탄하고 독일 민족의 단일성을 묘사하는 많은 문학작품이 잇따라 발표됐다. 시민들과 수공업자들의 자원입대가 이어졌고 부인들은 병기 제조에 필요한 철을 마련하라고 금붙이를, 붕대를 만들라고 옷감을 내주기도 했다. 그런데도 독일 통일은 쉽지 않았다. 1848년 3월 혁명 후 영방국가 내 선거로 선출된 국민의회가 최초의 통일 헌법을 제정했다. 의회는 프로이센 국왕인 프리드리히 빌헬름 4세에게 통일 독일 황제의 관을 수여했으나 왕권신수설의 신봉자였던 왕은 의회가 수여하는 관을 거부했다. 결국 비스마르크가 오스트리아, 프랑스와의 전쟁에서 이겨 프로이센 중심의 독일 제국을 건설했다. 수백 년이 넘는 기간 동안 유럽의 강대국들은 대륙 중앙에 위치한 독일을 영방국가로 찢어 놓아 세력균형을 유지할 수 있었다. 철혈재상의 통일은 이런 셈법을 근본적으로 흔든 큰 사건이었다. 당시 영국은 식민지 개척에 열중했고, 프로이센을 견제할 수 있었던 러시아는 영국과 관계가 최악이었다. 철혈재상은 양국의 틈을 최대한 활용해 통일을 이룩했다. 이후 비스마르크는 식민지 개척을 극도로 자제했고, 프랑스가 중심이 된 반反독일 동맹 형성을 저지해 베를린을 국제 외교 무대의 중심으로 만들었다. 하지만 1890년 그가 사직한 후, 독일 제국은 식민지 개척에 뛰어들었고 해군력을 증강하면서 영국 및 프랑스와 갈등을 겪게 되어 끝내 제1차 세계대전이 발발하고야 만다. 제1차 세계대전 후 프랑스는 강경한 보복정책을 실시해 독일이 감당할 수 없는 무리한 전쟁 배상금과 큰 폭의 독일군 축소 등을 요구했고, 이로 인해 유럽은 20년 만에 제2차 세계대전으로 치닫게 된다. 나치의 아돌프 히틀러는 프랑스가 관철한 베르사유 체제의 파괴를 추진했고, 대공황으로 세력을 키워 집권할 수 있었다.

제2차 세계대전 후 미국, 영국, 프랑스, 소련은 다시는 독일이 유럽의 평화를 파괴하지 않도록 서독과 동독으로 분할한다. 냉전 시기에 서독과 동독은 각각 미국과 소련의 최전방으로 체제 경쟁을 벌였다. 서독은 친서방정책으로 나치의 잔재를 씻으며 국제사회로 복귀했고 불구대천의 원수 프랑스와도 화해하면서 유럽통합을 주도하게 된다. 또 1969년 사회민주당이 집권하면서 브란트 총리는 '접촉을 통한 변화'를 기치로 내건 동방정책을 실행했다. 이 정책으로 서독은 소련 및 동유럽의 공산권과도 관계를 개선하고 동독과도 정상회담을 열어 각 분야의 접촉을 크게 늘렸다. 이런 동방정책은 중도우파 기독교민주당(기민당)이 집권한 후에도 계승됐고, 이는 독일 통일의 밑거름이 되었다.

1990년 통일 후 독일은 급속한 흡수 통일에 의한 후유증으로 저성장에 시달렸다. 그러나 사회민주당의 게르하르트 슈뢰더 총리가 2004년 연금개혁과 노동시장 유연성을 골자로 하는 개혁안 '어젠다 2010'을 통과시켜 다시금 경제적 도약의 발판을 마련했다. 그렇지만 현재 독일은 여러 가지 어려움이 중첩된 상황에 놓여 있다. 2022년 2월 24일 러시아의 우크라이나 침공으로 독일은 러시아산 원유와 천연가스에 더는 의존할 수 없다. 코로나19가 초래한 경제적 어려움에 전쟁이 야기한 에너지 가격의 폭등, 재생에너지로의 전환 과제 등이 겹쳤다. 통일 후유증을 극복하고 경제 재도약에 성공했으나 매우 어려운 과제에 또다시 직면했다.

1981년부터 14년간 프랑스 대통령이었던 프랑수아 미테랑은 제2차 세계대전에 참전해서 독일군의 포로가 됐다. 그는 "철학자 칸트와 대문호 괴테의 나라가 어떻게 히틀러 같은 괴물을 낳았을까?"라고 종종 말하곤 했다. 이런 발언은 극과 극을 오간 독일 역사의 핵심을 관통한다. 그만큼 독일 역사는 역동적이다. 유럽 각국이 지리적으로 인접하기에 서로의 역사에 영향을 주고받으며 '유럽의 역사'라는 천이 짜졌다. 특히 19세기 제국주의 정책으로 유럽은 세계 각국에 영향력을 행사했다. 유럽인들은 이때 유럽사가 세계사의 주역이 됐다고 간주하는데, 그 역사적 흐름 속에서 유럽과 독일이 한층 더 강력하게 연결된다. 《하룻밤에 읽는 독일사》가 유럽사, 나아가 세계사의 흐름 속에서의 독일사를 드러낼 수 있기를 희망한다.

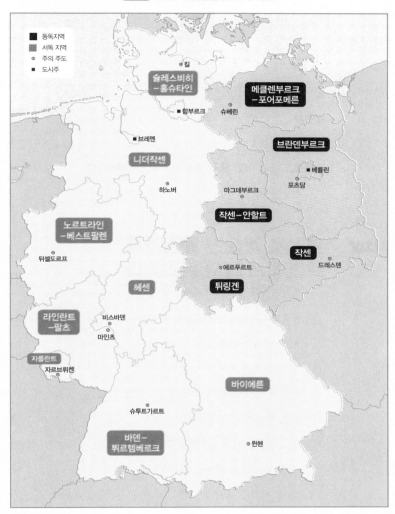

■은 냉전 당시 서독, ■은 동독의 땅이었다. 자를란트 지역은 1957년 프랑스와 서독의 협약으로 독일 땅으로 편입되었다.

차례

제1장 로마를 계승한 게르만족, 로마에서 점차 분리되다

제2장 프로이센의 대두와 독일 민족의 형성

제3장 경제통합에서 정치통합으로, 뒤늦은 통일과 독일 제국의 발전

제4장 바이마르 공화국과 나치의 제3제국, 그리고 제2차 세계대전

제5장 국토 분단과 통일, 그리고 우크라이나 전쟁

기원전
3,000

● 기원전 2,333 ─── 고조선 건국

기원전
1,000

● 기원전 753 ─── 고대 로마 건국

게르만족 유럽 중북부에 거주 ─── 기원전 500년 ●

카이사르의 갈리아 원정 ─ 기원전 58~50년 ●

기원전
0

헤르만, 로마 3개 군단 격파 ─── 9년 ●

● 313년 ─── 로마 콘스탄티누스, 기독교 공인

● 330년 ─── 로마 콘스탄티누스, 수도를 콘스탄티노플로 이전
동로마 제국의 시작

게르만족, 로마제국으로 이동 시작 ─── 375년 ●

● 476년 ─── 서로마제국 멸망

메로빙거의 클로비스 프랑크 왕국 건설 ─── 481년 ●

클로비스, 기독교로 개종 ─── 496년 ●

500년

● 610년 ─── 이슬람교 창시
● 660년 ─── 백제멸망
● 668년 ─── 고구려 멸망
● 698년 ─── 대조영, 발해건국

푸아티에 전투 ─── 732년 ●

카롤 대제, 서로마 황제 대관 ─── 800년 ●

메르센 조약 ─── 870년 ●

● 926년 ─── 발해, 거란에 멸망당함
● 936년 ─── 왕건, 후삼국 통일

오토1세(대제) 즉위 ─── 936년 ●

신성로마제국의 시작 ─── 962년 ●

1,000년

● 1054년 ─── 기독교, 동서교회로 분열
● 1066년 ─── 노르망디 공작, 윌리엄 잉글랜드 정복
● 1170년 ─── 고려, 무신정변

뤼베크와 함부르크 도시동맹 체결,
한자동맹의 시작 ─── 1230년 ●

● 1215년 ─── 영국, 존 왕이 대헌장 서명

신성로마제국 프리드리히 2세, 제후들에게
징세권과 화폐 주조권 부여 ─── 1231년 ●

● 1231년 ─── 제1차 몽골군 침입, 강화도 천도

신성로마제국 카를 5세
금인칙서에서 선제후 7명 명시 ─── 1356년 ●

● 1392년 ─── 조선 건국

구텐베르크 인쇄술을 사용한 성경 출간 ─── 1455년 ●

● 1485년 ─── 영국, 헨리 튜더 튜더왕조 시작
● 1492년 ─── 콜럼버스, 서인도 제도 도착

마르틴 루터 95개조 반박 ─── 1517년 ●

1,500년

루터, 신약성서 번역 출간 ─── 1522년 ●

슈말칼덴 군사동맹 체결 ─── 1531년 ●

루터, 구약성서 번역 출간 ─── 1534년 ●

슈말칼덴 동맹, 가톨릭에 패배 ─── 1547년 ●

제 1 장

로마를 계승한 게르만족,
로마에서 점차 분리되다

유목민이었던 게르만족은 동유럽의 초원지대와 흑해 연안에서 생활하다가 차차 현재의 중부 유럽과 북유럽에 정착하게 된다. 로마의 장군 율리우스 카이사르는 기원전 58년부터 8년간 현재의 프랑스와 벨기에, 독일 서부 지역인 갈리아로 원정을 떠나 정복한다. 카이사르는 그곳의 골족(갈리아족)을 도우러 온 게르만족을 격퇴했으나 라인강 너머 동쪽 거주지까지 점령하진 못했다. 그는 이 종족을 게르마니라 불렀고, 라인강 너머 동쪽 지역을 게르마니아로 이름 지었다. 당시 게르만족은 수십 개의 부족으로 나뉘었고 하나라는 정체성이 없었다.

4세기 말에 흉노족에 쫓겨 게르만족이 로마 영역권으로 대이동을 시작했다. 481년, 현재 독일의 중서부와 남부 지역에 프랑크 왕국이 들어섰고, 이 왕국은 기독교를 수용했다. 카롤링거 왕조의 카를 대제는 브리튼과 스칸디나비아 반도를 제외한 유럽 지역 대부분을 정복한 후, 800년 교황에게서 서로마 황제의 관을 받았다. 그는 5세기 말 서로마 제국의 붕괴 후 혼란을 수습하고 로마를 계승한 황제로 인정을 받았기에 종종 '유럽의 아버지'라고 불린다.

카를 대제 사후, 제국이 분열됐고 현재의 독일 땅에는 '도이치(독일) 왕국'이 들어선다. 교황을 지원해주고 마자르족과 슬라브족을 격퇴한 오토 1세(오토 대제)는 962년 교황에게서 로마 제국 황제의 관을 받았다. 이때부터 신성로마제국의 역사가 시작됐다. 로마 제국의 황제는 게르만족의 국왕이자 기독교 세계의 수장을 겸하며, 영원하다고 여겨진 로마 제국의 계승자로 간주됐다. 당시 독일 왕국은 자신을 로마의 계승자로 여겼다.

　그러나 마르틴 루터의 종교개혁으로 [독일 왕국=로마 제국의 계승자]라는 인식이 점차 깨지게 된다. 그는 서민들이 알기 쉬운 구어체 독일어로 성경을 번역 출간했다. 루터의 책과 팸플릿은 인쇄술 덕분에 급속하게 확산됐다. 그의 이런 노력은 독일어를 통일·발전시켰고, 나아가 '같은 독일어를 쓰는 사람들'이라는 정체성을 형성하는 데에 기여했다.

게르만족의 자유를 지켜낸 전사, 헤르만

서기 9년. 게르만족의 전사 헤르만이 로마의 3개 군단을 거의 전멸시켰다. 하지만 당시 게르만족은 부족 중심의 정체성을 지니고 있어 하나임을 자각하지 못했다.

빌헬름 1세, 헤르만 동상 제막식에 참석하다

"아르미니우스(헤르만)는 조국에 대한 신성한 의무와 오랜 전통을 지닌 자유의 전사로 게르마니아의 해방자이다."

_「타키투스의 연대기」에서

1875년 8월 16일 독일 제국 북서부의 자그마한 도시 데트몰트Det-mold. 황제 빌헬름 1세와 프리드리히 빌헬름 황태자가 시 교외에 있는 야산을 찾았다. 주변에 앉아 있던 20,000여 명의 귀족과 시민들이 부자를 열렬히 환영했다. 해발 386m의 야산에 우뚝 솟은 '청동 전사'가 칼을 높이 쳐들고 이들을 맞았다.

황제가 베를린에서 310km 정도 떨어진 오지를 찾은 이유는 게르만 민족의 영웅 헤르만Hermann(라틴어 이름은 아르미니우스Arminius) 동상 제막식을 거행하기 위해서다. 헤르만은 서기 9년 로마 군단을 궤멸한 게르만족의 지도자다. 헤르만 기념물의 전체 높이는 53m가 조금 넘는다. 방문객들이 들어갈 수 있는 밑의 받침 부분과, 동상이 있는 부분이 거의 반반씩 높이가 비슷하다. 청동으로 제작된 전사 헤르만은 7m 길이의 검을 힘차게 들어 칼날 끝을 프랑스 쪽으로 향하게 뻗었다. 칼에는 "독일 통일은 나의 힘이요, 나의 힘은 독일의 힘이다."라는 황금색 문구가 새겨져 있다. 왼손에 쥔 방패에는 "항상 충성을 바친다."라는 문장이 쓰여 있다.

헤르만 동상

　빌헬름 1세가 헤르만 동상을 설립한 당시 독일은 민족주의적 정서가 팽배했다. 프랑스를 물리치고 프로이센 주도의 독일 통일이 달성됐기 때문이다. 이런 분위기 속에서, 착공된 지 37년 만에 헤르만 동상이 모습을 드러냈다. 독일 제국은 프로이센을 중심으로 바이에른과 작센 등 다양한 왕국이 포함됐는데, 내부 결속을 위한 상징적인 인물이 필요했다. 그게 바로 헤르만이라는 게르만 전사였다. 빌헬름 1세는 프랑스와의 전쟁에서 크게 승리한 후 독일 제국이 건국됐다며 헤르만을 영웅으로 추켜세운 것이다. 일부 역사가들은, 독일 민족이 이때 탄생했다고 평가하기도 했다.

민족주의가 왜곡한 역사해석

원래 헤르만은 게르만족 휘하 일파 중 하나인 케루스키족Cherusci 지도자의 아들로 태어났으나 로마군에서 복무했다. 서기 9년, 9월 8일부터 나흘간 로마의 푸블리우스 바루스Publius Varus 장군이 이끄는 약 16,000명의 정규 병력과 게르만족이 데트몰트 인근에서 충돌했다. 헤르만은 바루스 장군의 참모로 근무하고 있었지만 로마인을 매우 증오했기에 남몰래 5개 게르만 부족을 규합했다. 로마군의 전술을 훤하게 꿰뚫고 있던 그는 빽빽한 침엽수와 자작나무가 울창한 숲 곳곳에 부족 전사들을 배치했다. 헤르만은 낮에도 잘 보이지 않는 울창한 숲에서 로마군을 협곡에 몰아넣고 일시에 공격해 큰 승리를 거뒀다. 당시 참전했던 로마의 3개 군단은 로마군의 10%를 차지했을 만큼 비중이 컸다. 반면에 이에 대항해 싸운 게르만족은 로마군의 절반 정도였다고 추정된다. 헤르만은 적의 전술을 훤히 알고 있었기에 이들을 함정으로 몰아넣었고, 현지의 지형지물을 최대한 활용해 절반의 병력으로 최정예 로마군을 물리칠 수 있었다. 이처럼 게르만족은 본거지인 숲에서 최대의 기량을 발휘했다. 게르만족과 숲은 처음부터 불가분의 관계에 있다.

로마 제국은 이 전투에 져서 제국의 국경을 엘베강까지 확대할 수 없었고, 라인강ー도나우강 선에서 멈춰야 했다. 라인강 북쪽과 동쪽은 로마의 지배를 받지 않았다. 반면에 율리우스 카이사르는 현재의 프랑스와 베네룩스 삼국, 이탈리아 북부, 라인강 왼쪽의 갈리아 지역을 기원전 50년에 정복했고, 이후 이 지역은 로마의 영향을 계속해서 받게 된다.

독일 역사학자 테오도어 몸젠Theodor Mommsen은 헤르만이 로마에 대항해 자유를 지키려고 싸웠다며 그를 당시 독일 제국의 통일 과정과 비교했다. 그리고 이 전투를 인류 역사의 전환점이라고 평가했다. 여기에 견준다면 프랑스는 자유를 찾으려는 독일을 방해한 로마가 된다. 비슷한 맥락에서 글의 첫머리에 인용된 로마 역사가 타키투스Tacitus, 56~120는 로마의 공화정 시대를 칭송하고 제국 시대를 비판했다. 따라서 그의 관점에서 보면 헤르만은 적국의 지도자이지만 제국의 횡포를 막아낸 자유의 투사가 된 셈이다.

헤르만이 게르만족의 영웅으로 크게 부각된 이유 중 하나는 나폴레옹이다. 19세기 초 프로이센을 비롯한 상당수의 독일 지역이 나폴레옹의 군홧발에 짓밟혔을 때 극작가 하인리히 폰 클라이스트Heinrich von Kleist가 〈헤르만의 전투〉를 발표했다. 이후 유사한 작품이 잇따라 발표됐다. 1815년 워털루 전투에서 프로이센과 영국 등이 나폴레옹을 물리친 후에도 헤르만의 열기는 식지 않았다. 이런 분위기가 지속되면서 헤르만 동상 건립은 1838년부터 민간의 기부를 받아 시작됐다.

하지만 독일의 역사가 이 숲의 승리에서 시작됐다는 해석은 크게 비판을 받았다. 당시 50개가 넘는 종족으로 이뤄진 게르만족은 하나라는 통일된 정체성을 갖지 못했고 종종 서로 반목하며 싸우곤 했다. 헤르만은 이 가운데 5개 부족만 규합했을 뿐이다. 로마군이라는 거대한 외부의 적 앞에서 일부 게르만족이 잠시 힘을 합친 것이었다. 헤르만은 서기 21년에 게르만족에 의해 죽임을 당했다. 몇 차례 로마군의 보복 공격도 저지하면서 세력이 커지자 그를 두려워한 일부 게르만 일파가 헤르만을 살해했다. 또 앵글로 색슨과 같은 게르만족의 일부는 4세기 말부터 로마 제국의 국경을 침범하거나 브리튼 섬으로 이동했고, 동고트족과 서고트족은 이탈리아와 이베리아 반도 등 각지로 흘러 들어가 여러 민족의 시조가 됐다. 이처럼 당시 게르만족의 모습에서 하나라는 정체성을 찾기는 불가능하다. 당시에도 다양했던 게르만족이 19세기 말 통일된 독일 제국과 연속성이 있다고 간주하기에는 무리가 있다.

그런데도 이 전투 2000주년이 된 2009년에 유사한 내용의 책이 잇따라 출간됐다. '독일이 탄생한 날' 혹은 '역사의 전환점'이라는 제목을 단 채로. 그렇다면 게르만족은 누구이고 어떤 경로를 거쳐 로마 제국의 후계자가 되었는가?

고고학자들은 정확하게 전투가 벌어진 현장을 찾으려 노력했다. 1987년 데트몰트에서 약 100km 떨어진 오스나브뤼크(Osnabrück)시 인근의 자그마한 마을 칼크리제(Kalkriese)에서 다량의 유물이 발굴됐다. 당시 로마의 동전과 무기, 칼에 찔린 뼈 등이 나와 이곳이 유력한 후보가 됐다. 현재까지도 인근 지역의 발굴이 계속되고 있다.

'도이치'의 탄생과 변화

로마의 장군 율리우스 카이사르가 게르만족을 세계에 알렸다.
4세기 말에 흉노족에 쫓겨 게르만족이 로마 제국 안으로 대이동을 시작했다.
481년에 현재 독일의 중서부와 남부 지역에 프랑크 왕국이 들어섰고,
이 왕국은 기독교를 수용했다. 11세기에 도이치라는 말이 출현했다.

율리우스 카이사르, 게르만족에 이름을 주다

"게르만족은 사냥과 무술에 전념한다. … 그들은 남녀가 강에서 함
께 목욕하며 동물의 가죽이나 사슴 가죽의 일부를 옷으로 만들어
입기에, 신체의 상당 부분을 드러내놓고 생활한다. 이들은 농업에
별로 신경을 쓰지 않고 먹는 음식은 우유와 치즈, 그리고 고기가
대부분이다."

_율리우스 카이사르의 『갈리아 원정기』 6권 21장~28장에서

로마의 명장 카이사르는 기원전 58년부터 8년간 갈리아로 원정을
떠나 이곳을 정복한다. 알프스 산맥을 넘어 펼쳐진 현재의 프랑스와
벨기에, 독일 서부의 일부 지역을 갈리아로 일컫는다. 대군의 침략을
받은 골족(갈리아족)은 라인강 너머 게르만족에 도움을 요청했다. 카이
사르는 원군으로 온 게르만족을 격퇴했지만 라인강 너머 동쪽을 점

령하지 못했다. 그는 이 종족을 게르마니Germani라 불렀고 라인강 너머 동쪽 지역을 게르마니아Germania로 이름 지었다. 영어로 독일을 뜻하는 '저머니Germany'도 이 단어에서 유래한다. 정복 후 출간한 책『갈리아 원정기』에서 그는 게르만족의 풍습과 전투 등을 설명했다.

이처럼 카이사르는 게르만족을 당시 세계에 널리 알린다. 일부 학자들은 게르만이라는 단어의 어원이 켈트어의 이웃이라는 말에서 나왔다고 추정하기도 한다. 중부 유럽과 북유럽에 거주하던 이들은 주로 유목인이었기에 목초지를 따라 이동했다. 게르만족은 언어에 따라 북부 게르만족(아이슬란드와 덴마크, 스웨덴), 동부 게르만족(부르군트, 반달족 등), 서부 게르만족(앵글로 색슨, 롬바르드족 등)으로 분류된다. 기원전 500년쯤에 게르만어를 말하는 수십 개 부족이 현재 유럽의 중부와 북부에 거주했다.

독일의 저명한 고대사가 미샤 마이어Mischa Meier는 "카이사르가 게르만족을 고안했다."라고 결론지었다. 인종·문화적 기준으로 게르만족을 구분한 게 아니라 라인강 동쪽에 거주하면 게르만, 서쪽에 거주하면 갈리아인 등 다른 이름으로 불렸기 때문이다. 그러나 게르만족이라는 총칭은 당시 외부인이 편의상 구분하기 위해 만들어 낸 개념이다. 게르만족은 수십 개의 부족으로 나뉘어 일체된 정체성을 느끼지 못했다. 그들이 속한 부족에서 정체성을 찾았고, 오히려 서로 반목했고 싸웠다. 이전에도 게르만족이 그 지역에서 거주했으나 로마인들은 이들을 낯선 사람이란 의미의 '바바리안'으로 뭉뚱그려 부르곤 하였다.

4세기 말 게르만족의 대이동과 로마 제국의 멸망

카이사르가 세상에 알린 게르만족은 아이러니하게도 로마 제국을 차지하게 된다. 게르만족은 농사짓기가 어려운 척박한 환경의 숲에서 거주했기에 수시로 로마의 국경을 침범하곤 했다. 2세기 말에 당시 로마의 황제 마르쿠스 아우렐리우스는 다수의 게르만 용병을 로마군으로 편입시켰고 이후 로마군에 근무하는 게르만족이 꽤 늘었다. 이들은 체격이 크고 용맹하고 충성스러웠다. 370년, 훈족이 중부 및 북부 유럽으로 밀고 들어오자 이곳에 터전을 잡았던 게르만족의

지도2 5세기 무렵 게르만족의 대이동

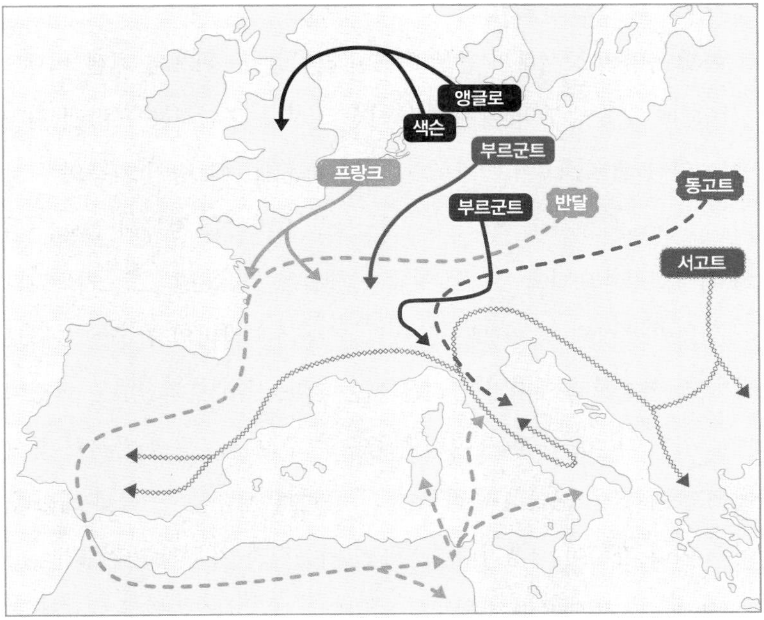

게르만족은 훈족의 침입 등에 의해 로마 제국의 영역을 침범하였다. 서로마 제국 멸망 후 게르만족 휘하 여러 분파는 자신들만의 세력권을 형성했다.

대이동이 시작됐다. 수많은 게르만족이 로마 제국의 영토 안으로 물밀듯이 들어왔다. 330년, 로마의 콘스탄티누스 대제는 수도를 콘스탄티노플로 옮겨 동로마 제국을 열었다. 476년 서로마 제국은 게르만 용병 오도아케르에 의해 멸망했다. 이전에도 게르만 용병들이 로마 제국의 황제를 교체하곤 했다.

이런 혼란 속에서 게르만족의 하나인 서고트족은 현재의 스페인 지역인 이베리아 반도에 왕국을 세웠다. 이탈리아에 동고트족의 부르군트 왕국이, 독일과 프랑스 지역에는 프랑크 왕국이 각각 세워졌다. 또 로마 제국의 북아프리카 영토에는 반달 왕국이 건설됐다.

기독교를 수용해 발전한 프랑크 왕국

현재 독일의 중서부와 남부 지역인 라인란트-팔츠와 헤센, 바덴-뷔르템베르크, 남부의 바이에른 지방 일부를 포함하는 프랑켄 지역에는 여러 게르만족이 거주했다. 이들 가운데 메로빙거 가문의 클로비스 1세Clovis I, 466~511, 재위: 481~511는 북부 갈리아를 정복해 영토를 점차 확장했고 481년에 프랑크 왕국을 창건했다. 496년, 그는 기독교로 개종(508년에 세례를 받음)했다. 독실한 신자였던 왕비의 간곡한 부탁도 있었고, 전쟁에서 잇따라 승리를 거둔 것도 신이 도와줬다고 여겼기 때문이다. 기독교 수용은 여러 부족으로 구성된 프랑크 왕국의 통합에 도움이 됐을 뿐만 아니라 로마의 문화도 계승할 수 있게 해줬다. 이후 여러 가문이 경쟁하다가 751년 카롤링거 가문의 피핀 3세Pippin III, 재위 751~768가 카롤링거 왕조를 열었다. 그의 아버지 카를 마르텔Karl Martell은 궁재宮宰였지만 피핀 3세는 왕국을 확대하고 국내 정치를 안정시키며 왕의 칭호를 쓰게 됐다. 이 무렵 교황과도 교류했다.

이탈리아에 왕국을 건설한 롬바르드족은 754년 로마 교황청을 위협했다. 당시 교황 스테파노 2세Stephanus II의 원조 요청에 응한 피핀 3세는 교황이 빼앗긴 땅을 되찾고, 교황에게 되돌려 준 그 땅은 교황령의 시초가 됐다.

도이치라는 말의 등장과 변화

이처럼 게르만족은 로마 시대에 역사의 변방에서 등장했고, 로마 제국이 멸망한 후에는 로마를 계승한 제국을 세웠다. 그렇다면 '도이치Deutsch', 독일어이자 독일어를 말하는 사람을 일컫는 이 단어는 언제 등장하고 어떻게 그 뜻이 변했을까? 독일 역사가 하겐 슐체Hagen Schulze에 따르면 '도이치'라는 말은 '티우티스크thiutisk' 혹은 라틴어인 '테오디스쿠스theodiscus'에서 나왔다. 이 단어는 원래 민중들이 사용하는 언어를 뜻했다. 당시 교회에서 식자층이 사용한 라틴어와는 별개로, 보통 사람들이 사용하는 언어 혹은 슬라브 계열의 언어와는 다른 언어를 구별할 수 있도록 지칭했다. 예를 든다면 고대 작센어, 동프랑크 언어가 '티우티스크'에 속했다.

문헌에 이 말이 처음 등장한 것은 786년이다. 당시 브리튼의 메르시아에서 개최된 종교회의 결과를 교황에게 낭독하는 주교의 보고서에서 등장한다. 종교회의 내용을 라틴어뿐만 아니라 민중들도 이해할 수 있게 민중어theodisce로도 읽었다고 한다. 이후 이 단어가 디우취diutsch라는 형태로 변경되어 1080년경에 만들어진 가곡본에 출현한다. 쾰른 대주교 아노Anno를 칭송하는 이 가곡본에서는 '디우체란트

diutsche lant'라는 복수 명사, 즉 '독일(도이치)의 땅(나라)들'이 언급된다. 당시 바이에른, 작센, 프랑켄 등을 의미하며 이 지역 주민들이 비슷한 민중어를 사용하고 있어 이렇게 불렀다. 따라서 '도이치'라는 단어는 전적으로 언어를 뜻했고, 이후에도 오랫동안 이런 의미로 사용됐다. 영국의 메리 풀브룩 교수가 강조했듯이 '도이칠란트Deutschland'라는 이름은 부족 혹은 일정한 영토가 아니라 언어에서 유래됐다. 이는 유럽 역사에서 독특한 경우다. 11세기 들어서야 '독일(도이치)의 땅Terra Teutonica'과 '독일(도이치) 왕국Regnum Teutonicum'이라는 표현이 사용됐지만 '하나의 독일 국가'라는 개념은 오랜 세월 불투명했다. 14세기 중반까지 '독일의 나라들'이라는 복수형이 독일어를 쓰는 하나의 나라 '도이칠란트'라는 단수형보다 훨씬 빈번하게 사용됐다.

다음 절에서 설명하듯이 신성로마제국에서 13세기 중반에 호엔슈타우펜 왕조가 몰락한 후 독일어를 쓰는 지역을 지켜줄 강력한 왕권이 나오지 않았다. 영국과 프랑스가 13세기부터 강력한 왕권을 중심으로 국가 권력을 차근하게 쌓아간 과정과 매우 다르다. 제국을 형성했던 작센, 프랑켄, 바이에른 사람들은 자신들을 도이치라고 느낀 게 아니라 로마 제국의 상속자라고 생각했고, 스스로 로마 시민이라 부르기도 했다. 이처럼 [독일(도이치)=로마 제국]이라는 등식은 마르틴 루터의 종교개혁으로 깨지게 된다. 종교개혁이 로마 제국과는 다른 도이치의 정체성을 일깨워 준 것이다.

영어로 튜튼(Teuton)은 도이치어를 말한 지역을 언급할 때 사용되곤 한다. 라틴어의 Teutonēs에서 유래했으며 이 역시 로마 제국의 저자들이 처음 사용했다.

'유럽'을 만든
카를 대제

카를 대제는 800년 로마에서 교황으로부터
로마 제국의 황제라는 칭호를 얻었고 왕관도 부여받았다.
로마를 침략한 게르만족이 로마를 계승하게 된 것이다.
그의 사후에 제국이 붕괴하면서 현재의 독일, 프랑스,
이탈리아로 영토가 나누어진다.

800년 성탄절에 로마 황제가 된 카를 대제

"732년 푸아티에 전투에서 아랍 군대가 승리했다면, 아마도 지금
쯤 옥스퍼드 대학에서는 코란의 해석을 강의하고 있을 것이고, 대
학 예배당의 제단은 할례를 받은 사람들을 대상으로 마호메트 계
시의 신성함과 진리를 증명할 것이다."

_에드워드 기번의 『로마 제국 쇠망사』에서

쾰른 대성당은 중세 고딕양식으로 제작된 건축물로, 157m 높이의
첨탑이 하늘을 찌를 듯이 치솟아 있다. 이곳에서 기차를 타고 대략
50분을 가면 독일에서 가장 서쪽에 있는 도시 아헨Aachen에 도착한
다. 카를 대제Karl der Grosse, 748~814, 재위: 768~814가 건설한 고색창연한 성
당이 방문객을 환영한다.

서기 800년 성탄절, 로마의 성 베드로 대성당. 교황 레오 3세Leo Ⅲ

카를 폰 블라스(Karl von Blaas)의
〈부주의한 학생을 꾸짖는 카를 대제〉(1855)

가 1,500km 떨어진 아헨에서 온 카를 대제를 반갑게 맞았다. 교황은 카를의 머리와 목과 손에 감람나무 기름을 뿌리고, 머리에 왕관을 씌워 줬다. 그리고 그에게 '로마인들의 황제'라는 칭호를 부여했다. 세속적인 영역에서 로마의 후계자임을 교황이 인정했다. 즉 카를 대제는 이 대관식을 통해 율리우스 카이사르와 콘스탄티누스 대제의 후계자로 등극했다.

카를 대제. 그를 부르는 말은 많다. 프랑스어로 샤를마뉴, 영어로 찰스 1세, 라틴어로 카롤루스 마그누스Carolus Magnus라고 칭한다. 476년 서로마 제국이 멸망한 후 로마 제국에 속했던 이탈리아, 갈리아와 게르마니아 일부, 브리튼 등에서 혼란이 잇따랐다. 아버지 피핀 3세가 사망한 후 20살에 왕위를 물려받은 카를은 30년 넘게 전쟁터에서 전투를 지휘하며 차곡차곡 제국을 건설했다. 60회가 넘는 전투에서 승리한 결과, 현재 이탈리아 북부에서 이베리아 지역의 일부, 중동부 유럽과 북유럽 일부까지 포함하는 대영토를 확보했다. 가문 이름을 딴 카롤링거 제국을 건설한 것이다. 하지만 대제국 건설의 길은 쉽지 않았다.

푸아티에Poitiers 는 프랑스 중서부에 있는 자그마한 도시다. 732년 10월 10일, 이곳과 인근의 투르 지역 사이에서 이슬람군과 카를 대제의 할아버지 카를 마르텔이 이끈 군대가 치열한 전투를 벌였다. 마르텔은 게르만족의 하나인 프랑크 왕국의 재상이었다. '궁재'로 불린 그는 귀족 가문의 대표로 궁정에서 실권을 행사했다. 이 전투에서 카를 마르텔은 약 20,000명의 이슬람군을 10,000명도 안 되는 군사를 동원해 크게 승리했다.

이 전투 후 이슬람은 서유럽으로 진군하지 못했다. 따라서 후대 역

지도3 814년 프랑크 왕국의 영토

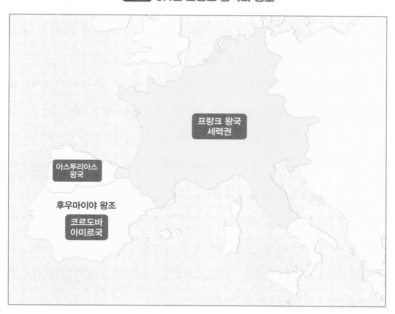

카를 대제는 이슬람 세력이 이베리아 반도를 넘어서지 못하도록 하였다. 코르도바 아미르국은 현재 북아프리카와 중동 지역을 지배했던 우마이야 왕조의 후신이다.

사가들은 이 전투를 서유럽의 이슬람화를 저지한 중요한 사건으로 평가한다. 에드워드 기번은 18세기 영국 역사가로, 『로마 제국 쇠망사』를 집필했다. 글의 첫머리에 인용했듯이 기번은 이 전투에서 '유럽'이 승리했기에 서유럽이 이슬람의 지배를 받지 않았고, 서로마 제국을 계승한 카롤링거 왕국이 탄생했다고 봤다. 당시 전투를 다룬 문헌에서 카를 마르텔의 군대를 '유럽'의 군대로 표현했다. 아주 낯선 종교 이슬람에 대항한 기독교군에 '유럽'의 의미를 부여했다.

할아버지에 이어 대제의 아버지 피핀 3세가 카롤링거 왕조를 열었지만 외적과의 전쟁은 대제에 이르러서도 계속됐다. 카를 대제는 동쪽의 작센과 남동부의 바이에른에 이어, 이탈리아로 진출해 랑고바르드(롬바르드) 왕국을 정복했다. 이베리아 지역으로도 출정해 이슬람 세력이 피레네 산맥을 넘보지 못하게 단속했다. 이처럼 대제는 할아버지가 쌓아놓은 기독교의 장벽을 더 굳건하게 만들었다.

대제가 전쟁에서 연이어 승리를 거둘 수 있었던 것은 2,000~3,000명 정도의 우수한 기병을 동원할 수 있었기 때문이다. 이 기병은 총 50,000여 명의 상비군에 속하며 전투에 앞장서 싸웠다. 할아버지 마르텔은 봉건제도와 유사한 주종主從제를 도입했고, 이는 이슬람군과의 전투에서 크게 효과가 있었다. 그는 전국의 토지 1/3을 몰수해 기사들에게 나눠주고 강력한 직속부대를 조직했다. 주종제는 주군이 참전을 대가로 봉신 혹은 가신에게 토지(봉토, 封土)를 주는 제도로, 대제 때는 이를 대폭 확대해 사적인 계약을 국가의 공식적인 통치체제로 만들었다. 이는 차후 봉건제로 발전한다.

교황과의 밀접한 관계도 아버지 때부터 지속됐다. 당시 교황은 이탈리아 북부에 거주하던 롬바르드족으로부터 위협을 받고 있었는데 피핀 3세가 교황을 보호해줬고 이탈리아 원정에서 빼앗은 중북부 땅 일부를 성 베드로의 무덤 앞에 기증했다. 이 기증된 땅은 훗날 교황령의 기초가 된다. 799년에도 교황 레오 3세가 롬바르드족으로부터 쫓겨나 대제에게 피란을 왔다. 대제는 이듬해 로마로 가서 교황을 복권 시킨 후 황제의 칭호를 받기에 이르렀다. 이렇게 교황과 황제는 서로에게 필요한 존재가 됐다. 교황에게는 롬바르드족으로부터 자신을 안전하게 보호해줄 군사력이 필요했으며, 카를은 힘겹게 얻은 방대한 영토를 대외적으로 인정받아 통치에 활용할 수 있었다. 4세기말 게르만족의 대이동에서 시작된 사회적 혼란과 문명의 쇠퇴를 끝내고 유럽에 하나의 거대한 기독교 왕국이 건설됐다. 300년이 넘는 분열을 종결하고 서로마 제국의 영토에 문화·정치적 통일체가 형성됐다. 당시 비잔티움에 있는 동로마 제국과 교황과의 관계는 껄끄러웠다. 따라서 카를 대제가 '로마인들의 황제'가 될 수 있었다.

'카롤링거 르네상스'와 대제 사후 제국의 분열

　스칸디나비아와 브리튼을 제외한 거의 모든 게르만 왕국들과 유럽의 공국을 포함했던 방대한 카롤링거 제국은 다양한 사람들과 상이한 문화를 갖고 있어 통합의 기제가 필요했다. 바로 기독교가 통합의 역할을 수행했다. 기독교 군주임을 대외적으로 표방한 그는 정복지마다 수도원을 건설하고, 그 수도원이 학문을 연구하고 가르치는 학교 기능을 하도록 조치했다. 또한 대제는 이민족 개종을 위해 선교사를 파견했고 농민들이 교회에 십일조를 바치게 했다. 제국 곳곳을 자주 순회했으며 체류하기 위한 별궁도 지었다.

카를 대제의 건축물 중 유명한 게 아헨에 설립한 궁전과 예배당이다. 당시 로마의 건축물을 모방한 그 건물은 제국의 권위를 상징하는 것으로, 건축 자재도 로마에서 수송해왔다. 대제는 그 궁전에 당대의 유명한 학자를 불러 모아 궁전 학교에서 일하게 했고 도서관도 만들었다. 가장 대표적인 인물이 영국 요크 출신의 성직자 앨퀸Alcuin, 732~804이다. 앨퀸과 다른 학자들은 궁정학교에서 여러 게르만족의 법률을 편찬하고 정비했다. 정복지의 관습법을 글로 정리한 법전을 만들어 제국 전체에 통용되는 법령도 제정했다. 라틴어 성경도 표준화해서 널리 보급했다. 또 이들은 흩어진 라틴어 문헌도 수집해 필사 작업과 서적 제작을 진행했다. 로마의 유명한 작가인 키케로와 호라티우스, 율리우스 카이사르의 책 등을 포함해 10만 개 정도의 필사본이 이 시기에 제작됐는데, 그중 6,000~7,000개가 아직도 전해진다. 이처럼 카를 대제 때 고대 문화가 되살아났다는 의미에서 '카롤링거 르네상스'라 부르기도 한다.

행정조직을 보면 대제는 전국을 여러 주로 나누어 토착 귀족들에게 백작의 지위를 주고 지방관으로 임명했다. 이는 봉건적인 주종관계를 국가의 통치조직으로 확대하는 과정에서 나타난 제도다. 당시 약 500개 정도의 백작령이 있던 것으로 추정된다. 국경이나 전략적 요충지에는 변경백邊境伯을 임명해 통치하게 했다. 또 중앙에서 수시로 감찰관을 파견해 지방관리를 감독하면서 왕권을 강화했다. 차후 프로이센으로 발전하는 브란덴부르크 지역도 변경백의 영토로 역사가 시작됐다.

하지만 이처럼 강력한 권력을 행사하던 카를 대제가 814년에 사망한 후 제국은 분열의 길을 걷게 된다. 대제의 손자 3명이 843년 베르됭Verdun 조약을 체결해 제국을 동프랑크, 중프랑크, 서프랑크로 나누어 다스렸다. 여기에서 중프랑크는 북부 이탈리아와 함께 베네룩스, 알자스와 로렌, 부르고뉴, 프로방스를 포함한다. 이 조약으로 독일과 프랑스의 공동역사가 종결됐다고 볼 수 있다.

카를 대제와 아들 루트비히 1세Ludwig I까지는 독일과 프랑스가 같은 왕국에 속했다. 이후 870년 메르셴Mersen 조약에 따라 중프랑크의

지도4 843년 베르됭 조약으로 분열된 프랑크 왕국

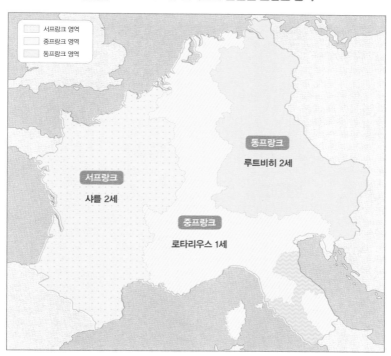

서프랑크 영역
중프랑크 영역
동프랑크 영역

동프랑크
루트비히 2세

서프랑크
샤를 2세

중프랑크
로타리우스 1세

영토가 크게 축소되고 상당수가 동·서프랑크로 편입된다. 당시 3개 왕국은 현재의 독일과 프랑스, 이탈리아의 영토와 대체로 일치한다.

　제국 건설자 카를 대제는 유럽의 역사에서 하나의 '역할 모델'이 되었고, 계속해서 소환된다. 10세기 중반부터 신성로마제국의 황제 대관식이 아헨 대성당에서 열리기 시작한 이유는 카를 대제의 위대함을 따르겠다는 의미를 담고 있다.

　19세기 초 유럽 대륙 상당수를 점령한 나폴레옹은 1804년 12월 2일, 프랑스 파리의 노트르담 대성당에서 황제로 즉위했다. 카를 대

지도5 870년 메르센 조약 이후 영토

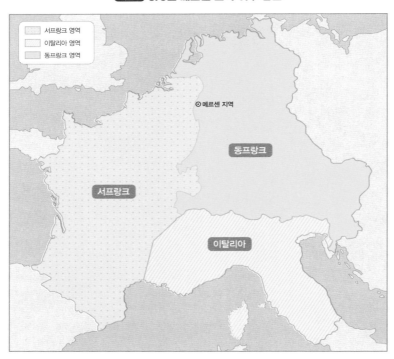

제의 대관식을 오마주했다. 로마에서 온 교황 비오 7세Pius Ⅶ가 넘겨준 왕관을 나폴레옹이 스스로 머리 위에 썼다. 카를 대제를 모방해 그가 유럽, 나아가 로마의 계승자임을 대내외에 알리고 교황의 승인을 받으려 했다. 1804년으로부터 3년 전, 나폴레옹은 교황과 화약을 맺어 프랑스 혁명 때 몰수된 가톨릭 교구를 복구했기에 교황은 그리 내키지 않아도 대관식에 참석했다. 또한 대관식 때 노트르담 성당 입구에 카를 대제 동상이 세워졌고, 나폴레옹은 대관식 진행 중에 카를 대제의 검을 착용했다. 카를 대제가 썼던 왕관은 합스부르크 왕가가 보관 중이어서 나폴레옹은 새로운 왕관을 만들라고 명령했고 그 왕관을 썼다. 1806년 합스부르크 왕가의 프란츠 2세는 신성로마제국의 황제를 겸하고 있었지만, 스스로 제국의 해체를 선언했다. 파죽지세로 유럽을 점령 중인 나폴레옹이 신성로마제국을 빼앗거나 새로운 제국을 세울 것으로 예견했기 때문이다.

카를 대제는 종종 '유럽의 아버지'라고 불린다. 그는 서로마 붕괴 이후 유럽에 문화·정치적 통일체를 세웠다. 이 단일체에는 기독교·로마·게르만적인 요소가 포함됐다. 유럽의 정체성을 강조하는 학자들은 대제가 이슬람 세력과 싸워 '유럽'을 방어하고 고대 문화를 되살렸다는 점을 높게 평가하기에, 그를 '유럽의 아버지'라고 부른다.

1949년 말 아헨시의 기업인들과 학자들은 '아헨시 국제 카를 대제상'을 만들었다. 유럽의 평화에 기여한 사람에게 해마다 5월 초 예수승천일이 되면 아헨 성당에서 이 상을 수여한다. 유럽의 노벨평화상으로 불리는 이 시상식에서, 2023년 5월에 우크라이나의 볼로디미르 젤렌스키 대통령이 수상했다.

프랑크 왕국의 변천사

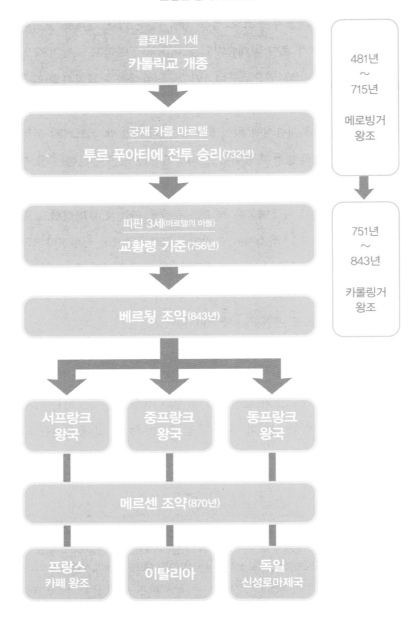

클로비스 1세 **카톨릭교 개종**	481년 ~ 715년 메로빙거 왕조
궁재 카를 마르텔 **투르 푸아티에 전투 승리**(732년)	
피핀 3세(마르텔의 아들) **교황령 기준**(756년)	751년 ~ 843년 카롤링거 왕조
베르됭 조약(843년)	

서프랑크
왕국 　중프랑크
왕국 　동프랑크
왕국

메르센 조약(870년)

프랑스
카페 왕조 　이탈리아 　독일
신성로마제국

독일 역사의 시작점, 911년 혹은 936년 논쟁

911년 프랑크족 출신의 콘라트가 왕에 선출됐고, 936년 왕이 된 오토 대제는
아버지 하인리히와 마찬가지로 프랑크족이 아닌 사람으로 처음 왕이 됐다.
이런 이유로 독일사가 911년 혹은 936년에 시작되었는지에 관해서는 논쟁이 있다.
보통은 오토 대제가 로마에서 황제의 관을 받은 962년을 신성로마제국의
시작으로 본다.

911년 혹은 936년 논쟁

870년 메르센 조약에 따라 중프랑크가 동서 프랑크로 분리 됐다. 동프랑크의 경우 911년 카롤링거 왕조의 혈통이 끊기자, 당시 바이에른과 작센, 슈바벤 지역의 공작들이 프랑켄의 콘라트Konrad, 재위: 911~918를 왕으로 뽑았다. 당시에는 혈통이 끊겨 세습할 자격을 갖춘 자가 없었고, 왕이 될 만한 인물들은 모두 세력이 비등했다. 따라서 논의 끝에 왕을 선출하기로 결정했고, 처음으로 선출된 왕이 프랑크족 출신 콘라트였다.

이후 작센공 하인리히Heinrich, 876~936, 재위: 918~936도 투표로 왕위에 올랐는데, 프랑크족 출신이 아닌 사람이 최초로 독일 왕이 됐다. 그의 아들 오토 1세Otto I, Otto der Große, 912~973, 재위: 936~973는 왕권을 대폭 강화하고 카를 대제에 이어 로마 제국 황제의 관을 받았다. 당시 독일 지역은 북쪽에서는 바이킹인 노르만족, 남쪽에서는 이슬람, 동쪽에서는 마자르족의 끊임없는 침략에 시달렸다. 오토 대제는 955년 독

일 남부 아우크스부르크 인근의 레히펠트Lechfeld에서 마자르족을 크게 물리쳤다. 이후 폴란드와 보헤미아가 되는 이 지역에서 그는 주민들을 기독교로 개종시켰다. 대제는 또 북부의 메클렌부르크와 엘베강 인근에 거주하던 슬라브족도 물리쳐 국경을 엘베강 동쪽까지 확대했다.

그는 각 지방 공작의 세력을 약화하면서 강력한 왕권을 확립했다. 지방 귀족의 세력을 꺾어 놓기 위해 친척들을 각 지역의 주요 직책에 임명했고 교회와 손을 잡았다. 교회에 땅과 재산을 기부하고 세금을 면제해주는 등 특권을 줬고, 주교 등 교회 고위성직자도 임명했다. 특권을 누리던 교회는 왕이 요청하면 돈과 군사를 보내서 지원했다.

그가 로마 제국의 황제가 된 것도 교황과 그의 정략적 이해관계가 맞았기 때문이다. 961년 교황 요한 12세Joannes XII는 교황령을 침략한 롬바르드족의 베렌가리오 2세Berengario II를 막아낼 수 없어 오토 대제에게 도움을 요청했다. 그는 군대를 이끌고 로마로 가서 침략자를 격퇴했다. 962년 2월 2일, 교황은 오토의 머리에 기름을 붓고 황제의 관을 씌어줬다. 800년 카를 대제 이후 162년 만에 다시 로마 제국의 황제가 탄생했다. 카를 대제의 대관식이 서로마 제국의 부활을 의미한다면 오토 대제의 대관식은 오토 대제 본인이 카를 대제를 계승하고 나아가 로마 제국 전체가 부활했다는 것을 의미한다. 로마 제국의 황제는 독일의 국왕이었고, 동시에 기독교 세계의 수장을 겸하며 영원하다고 여겨진 로마 제국의 계승자로 간주됐다.

오토는 황제의 관을 받으며 교황령을 인정해주는 대가로 교황 임명에 거부권을 얻어냈다. 자신의 왕국에서 누렸던 고위 성직자 임명권을 교황 선출까지 확대했다. 이후 100년이 넘는 기간 동안 오토 대제의 후계자들은 이 조항을 이용해 교황 선출에 큰 영향을 미칠 수 있었다. 그러나 1077년 하인리히 4세Heinrich IV 와 교황 그레고리오 7세 Gregorius VII 간에 벌어진 '카노사의 굴욕'에서 성직자 임명권(서임권) 투쟁이 절정으로 치닫게 된다. 교황이 황제의 주교 선출 관여를 금지하자 하인리히 4세는 교황을 찬탈자로 규정했고, 교황은 황제를 파문했다. 황제는 제국 내 제후들이 파문을 빌미로 교황 편을 들자 하는 수 없이 1077년 1월 25일 북부 이탈리아의 카노사로 가서 교황에게 사죄하는 치욕을 감수해야 했다.

10세기의 독일 역사를 비교적 상세하게 설명한 이유는 독일 역사의 시점 논쟁과 밀접하게 연관됐기 때문이다. 유럽 역사에서 독일의 역할을 강조하는 학자들은 당연히 '유럽의 아버지'로 간주되는 카를 대제가 독일 역사의 시초라고 주장한다. 반면에 '독일(도이치)'의 정체성을 강조하는 학자들은 프랑켄의 콘라트가 왕으로 추대된 911년이나, 오토 대제가 즉위한 936년을 독일사의 진정한 시작으로 간주하기도 한다. 그러나 '독일'의 정체성 자체가 매우 논쟁적인 개념이다. 하겐 슐체 교수가 지적하듯이 고대 로마 이래 라인강 동쪽 지역에 거주하던 귀족들은 스스로를 프랑크 왕국의 구성원으로 이해했다. 동프랑크의 지배층은 자신들의 뿌리를 카롤링거 왕가의 전통 혹은 더 소급해서 로마에서 찾았다. 그들에게 '독일'이라는 명칭이나 개념은 아예 없었다. 마찬가지로 오토 1세 때의 제국도 '모든 프랑크족과 작센족의 제국'으로 이해됐다. 자국의 역사가 프랑크족에서 시작됐으며 이후 작센족이 추가됐다는 의미다. 당시 지배층은 라틴어를 썼다.

'헤르만(아르미니우스)에서 독일 역사가 시작됐다'는 설명은 지나친 비약이라고 볼 수 있다. 마찬가지로 근대에 만들어진 민족 개념으로 중세 역사를 해석하려는 시도는 비판을 받을 수밖에 없다. 어쨌든 로마 제국은 독일 역사에 오랫동안 영향을 미쳤고, 결과적으로 독일의 통일을 늦추게 된다.

신성하지 않고 로마가 아니며 제국이 아니다

보통 신성로마제국이라 할 때 오토 대제가 황제의 관을 받은 962년부터 프란츠 2세가 황제의 관을 내려놓은 1806년까지를 포함해서 그렇게 부른다.

카를 대제, 그리고 오토 대제는 로마 제국의 황제로 불렸다. 그러다가 1157년 이후부터 황제가 내린 칙서에 '신성로마제국Das Heilige Römische Reich, The Holy Roman Empire'이 언급되기 시작했다. 당시 호엔슈타우펜 왕조의 프리드리히 1세재위: 1152~1190가 이 지역을 다스렸다. 흔히 붉은 수염barbarossa, 즉 프리드리히 바르바로사로 더 알려진 그는 독일과 이탈리아, 부르고뉴의 국왕을 겸하며, 로마 황제로서 이탈리아 경영에도 힘썼다. 오늘날 독일 지역뿐만 아니라 이탈리아와 교황령도 통치하겠다는 자신의 야심을 드러내기 위해 국명에 '신성한'이라는 수식어를 추가했다. 이처럼 신성로마제국은 신이 이 세상을 지배하려고 부여한 하나의 보편적인 권력이고, 제국을 하나로 묶은 이념은 각 구성 왕국이 아니라 '로마'라는 개념이였다.

그러나 황제는 이탈리아와 교황의 일에 적극 개입하면서 정작 독일의 통치에는 소홀했다. 호엔슈타우펜 왕조의 프리드리히 2세재위:

<u>1215~1250</u>는 아들에게 왕위를 계승하고자 했는데, 주교들이 반대하자 주교 도시에 징세권과 화폐 주조권을 부여했다. 귀족들이 거세게 반대하자 그는 1231년 법령을 발표해 이들에게도 동일한 권한을 주게 된다. 이 법령의 발효 후에 제국의 힘은 더욱더 약해지고 제국 내 귀족과 백작 등 여러 제후의 세력은 점차 더 커지게 된다. 신성로마제국 내 제후가 통치하는 정부 형태를 영방국가領邦國家라고 하는데, 이를 독일어로는 Territorialstaat라 부르고 영어로는 Territorial states라 부른다. 신성로마제국의 황제는 선거로 뽑혔다. 신성로마제국의 황제 카를 4세는 1356년 금인칙서를 만들었다. 독일어로는 Die Goldene Bulle, 영어로는 Golden Bull이라 한다. 황금 인장이 찍혀 있어 이리 불렀다. 이에 따르면 황제 선출 권한을 가진 7명의 선제후選帝侯, Kurfürst, 영어로 Prince Electors가 명시됐다. 마인츠, 쾰른, 트리어의 대주교 3명과 보헤미아 왕, 작센 공작, 브란덴부르크 공작, 라인팔츠 백작이었다. 당시 독일에 있던 300개가 넘는 제후 가운데 이들 7명만이 황제 선출권을 보유했다.

1512년 후에는 신성로마제국의 국명에 '독일(도이치) 민족'이 추가된다. 이를 독일어로는 Das Heilige Römische Reich Deutscher Nation, 영어로는 The Holy Roman Empire of the Germanic Nation으로 표기한다. '독일 민족의 신성로마제국'은 1512년 쾰른에 소재한 제국의회에서 결정된 사항이다. 15세기 말에 제국은 이탈리아 영토와 현재 프랑스 중동부에 있던 부르고뉴 왕국을 잃어 영토가 현재의 독일과 일부 중동부 유럽으로 줄어들었다. 따라서 이런 변화된 현실을 반영하고 제국의 운영을 손질하려 이름을 바꾸었다. 이름은 제국이었

지만 제국 내 영방국가의 세력이 계속해서 강해졌다. 18세기 프랑스의 철학자 볼테르는 이런 현실을 보고 "신성로마제국은 결코 신성하지도 않고, 로마에 있지도 않으면서 실제 제국도 아니다."라고 평가했다.

신성로마제국의 역사

843년	베르됭 조약으로 프랑크 왕국이 세 개로 분열
870년	메르센 조약으로 중프랑크 영토의 대부분이 동프랑크와 서프랑크로 편입됨
911년	프랑켄의 공작, 콘라트가 왕으로 선출
936년	오토 1세(오토 대제)가 왕으로 선출
962년	교황 요한 12세, 오토 1세에게 로마제국 황제의 관을 수여함
1157년	프리드리히 1세(프리드리히 바르바로사)가 문서에서 '신성로마제국'이라는 국명을 사용하기 시작
1231년	프리드리히 2세, 제후들에게 징세권과 화폐 주조권을 허가함. 이후 제국 내 영방국가가 성장함
1512년	신성로마제국의 명칭에 '도이치(독일)민족'이 추가됨

현재의 독일 대부분 지역을 차지하며, 보편적 제국을 지향한 신성로마제국은 결과적으로 통일을 늦췄다. 바이에른, 작센 왕국 등으로 나뉘었기에 '독일어를 사용하는 하나의 국가'라는 개념은 아주 뒤늦게, 그마저도 외부의 자극을 받아서 점차 형성된다. 제국민이라는 단일한 정체성은 아주 미약할 수밖에 없었다. 서프랑크 왕국에 987년

카페 왕조가 들어선 후 점차 중앙집권적인 국가의 기틀을 갖추어 현재의 프랑스로 발돋움한 사실과는 대조를 이룬다.

나치의 아돌프 히틀러는 프리드리히 바르바로사를 존경했다. 따라서 그는 1941년 6월 22일에 전격 단행한 소련 침공 작전의 암호를 '바르바로사'로 명명했다. 영토를 확장한 신성로마제국의 황제처럼 자신도 소련을 점령해 위대한 제국을 건설하겠다는 뜻이 담겼다.

신성로마제국의 황제들

작센 왕조		합스부르크 왕조	
오토 1세(오토 대제)	936~973	알브레히트 1세	1298~1308
오토 2세	973~983	룩셈부르크 왕조	
오토 3세	983~1002	하인리히 7세	1308~1313
하인리히 2세	1002~1024		
잘리어 왕조		합스부르크 왕조	
콘라트 2세	1024~1039	프리드리히 (3세)	1314~1326
하인리히 3세	1039~1056		
하인리히 4세	1056~1106	비텔스바흐 왕조	
(제위 요구자)		루트비히 4세	1314~1347
루돌프	1077~1080	룩셈부르크 왕조	
헤르만	1081~1093		
콘라트	1093~1101	카를 4세	1347~1378
하인리히 5세	1105/1106~1125	벤첼	1378~1400
수플린부르크 왕조		비텔스바흐 왕조	
로타르 2세	1126~1137	루페르트	1400~1410
호엔슈타우펜 왕조		룩셈부르크 왕조	
콘라트 3세	1138~1152	요프스트	1410~1411
프리드리히 1세	1152~1190	지기스문트	1411~1437
하인리히 6세	1190~1197	합스부르크 왕조	
필리프	1198~1208	알브레히트 2세	1438~1439
벨프 왕조		프리드리히 3세	1440~1493
오토 4세	1198~1215	막시밀리안 1세	1493~1519
호엔슈타우펜 왕조		카를 5세	1519~1556
프리드리히 2세	1215~1250	페르디난트 1세	1556~1564
(제위 요구자)		막시밀리안 2세	1564~1576
		루돌프 2세	1576~1612
		마티아스 1세	1612~1619
하인리히 (7세)	1220~1235	페르디난트 2세	1619~1637
하인리히 라스페	1246~1247	페르디난트 3세	1637~1657
홀란트의 빌렘	1247~1256	레오폴트 1세	1658~1705
콘라트 4세	1250~1254	요제프 1세	1705~1711
		카를 6세	1711~1740
대공위 시대	1254~1273	비텔스바흐 왕조	
리처드	1257~1272	카를 7세	1742~1745
알폰소(카스티야 왕 알폰소 10세)	1257~1273		
합스부르크 왕조		합스부르크 왕조	
루돌프 1세	1273~1291	프란츠 1세	1745~1765
나사우 왕조		요제프 2세	1765~1790
아돌프	1292~1298	레오폴트 2세	1790~1792
		프란츠 2세	1792~1806

한자동맹, 북해와 발트해 중심의 초광역 교역망

12세기 말부터 17세기 북해와 발트해를 중심으로 형성된
광범위한 원거리 교역 네트워크가 '한자'다.
이 동맹은 원거리 무역을 독점해 부를 쌓았지만
16세기에 유럽 각국이 자국 내 무역을 독점하면서 해체됐다.

도시의 공기는 자유를 만든다 Stadtluft macht frei

중세 독일 한자동맹 도시의 성문에서 흔히 볼 수 있던 말이다. 현재 북부 항구도시 함부르크의 정식 명칭은 Freie und Hansestadt으로, 이는 자유로운 한자도시 함부르크라는 의미이다. 함부르크 바로 밑의 브레멘Freie Hansestadt Bremen은 물론이고 함부르크 바로 위에 있는, 한자동맹의 수도였던 뤼베크Lübeck 시의 공식 명칭에도 한자동맹의 의미가 담겨 있다. 한자동맹이 도대체 무엇이기에 수백 년이 지난 지금에도 이 도시들은 이 점을 그렇게 강조하고 있을까? 국경을 넘는 교역망을 구성했던 한자도시의 역할을 차례로 살펴보자.

자치를 누렸던 중세도시, 유럽 경제성장의 원천

봉건제를 특징으로 하는 중세 유럽에서는 농촌이 권력 기반이었다. 왕이 하사한 봉토를 받은 귀족들은 계약한 대로 왕에게 군사적 의무를 수행했는데, 농촌의 장원에서 농노의 노동력에 의존했다. 반

면에 도시는 이런 권력 관계에서 비교적 자유로운 곳이었다.

상업과 금융 등 경제발전에 중요한 활동에 종사한 도시들은 왕으로부터 헌장Charter 을 받았다. 이 헌장에서 왕이나 군주는 도시에 자치권한을 주는 대신에 왕을 위협하지 않을 정도의 방어에 필요한 군사력만 갖출 것을 명시했다. 이에 따라 유럽의 도시는 자치를 했고 현대로 치면 의회 혹은 공동 집회와 같은 기구도 보유했다. 상인조합이라 할 수 있는 직종에 따른 길드가 각 도시에 조직돼 있었다. 특히 농촌 장원에 예속된 농노의 경우 도시로 탈주해 1년하고도 하루를 더일하면 자유를 얻을 수 있었다.

중세도시 가운데 한자동맹에 속하는 도시들이 경제발전을 주도했다. 일부 역사학자들은 11세기 유럽에서 도시가 부활했던 것이 유럽이 근대사회로 변화되는 계기, 나아가 유럽이 19세기에 세계를 제패하는 계기가 됐다고 보기도 한다.

약 500년간 200개 이상의 도시가 참여한 거대한 교역망

중세도시가 부유해질 수 있었던 이유는 한자동맹Hansebund, Hanseatischer Bund, 영어로는 Hanseatic League과 같은 광범위한 교역망을 만들었기 때문이다. 한자는 독일어로 무리, 떼를 뜻하며, 이 글에서는 한자 혹은 한자동맹을 함께 사용한다. 보통 12세기 말부터 17세기까지 북해와 발트해를 중심으로 형성된 광범위한 원거리 교역 네트워크가 한자다. 서쪽의 런던과 벨기에의 브뤼허(브루게)Brugge부터 시작해 함부르크와 뤼베크를 거쳐 단치히Danzig (폴란드어로 그단스크Gdansk 라 부름)와 리가까지 이어진다. 500년 동안 70개가 넘는 큰 도시, 130여 개의 작은 도시들이 여기에 소속되었다. 현재 16개 유럽 국가에 이 도시들이 산재해있다. 오늘날의 독일과 네덜란드, 벨기에, 에스토니아와 폴란드 등에 있던 도시와 도시에 소속된 상인 조합(길드)이 이 교역로를 따라 움직였다.

독일에서 한자동맹의 형성을 촉진한 배경에는 12세기 중반부터 13세기 말까지의 인구 급증이 있다. 1000~1300년 사이에 350만 명 정도에서 1,300만~1,450만 명으로 급증했다. 삼모작과 경작지 확대 및 농업기술의 혁신 덕분에 특히 도시 인구가 크게 증가했다. 도시에

지도6 한자동맹 교역지도

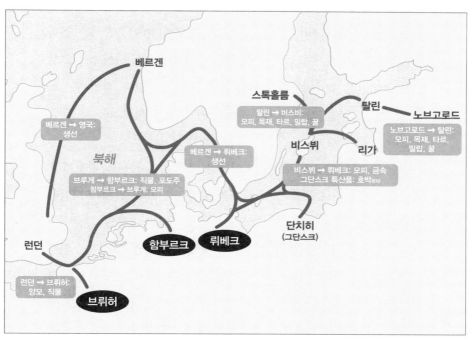

한자동맹의 중심지는 오늘날 독일의 함부르크, 뤼베크, 뮌헨 등으로, 그곳을 기준으로 서유럽과 동유럽 및 북유럽의 물류가 활발하게 교환됐다.

서 인구가 급성장하면서 생활필수품은 물론이고 원료와 사치품 수요도 증가했다. 이에 따라 유럽의 더 많은 도시 및 왕국, 나라들과 교류하는 교역 네트워크가 필요했고 이게 한자동맹이다. 1230년 뤼베크와 함부르크가 동맹을 체결해 독일 내에서 한자동맹의 시초가 됐다고는 하나 비공식적으로는 12세기 말부터 시작됐다고 본다.

독일 한자에서는 뤼베크와 함부르크, 브레멘과 쾰른 등 4대 도시가 주축을 이뤘다. 이 가운데 발트해 초입의 항구도시 뤼베크가 한자동맹의 수도로 자리 잡았다. 이곳에 협의 기구인 한자회의Hansetag를 두고 회원 도시들은 다수결로 결정했다.

한자동맹은 1360년부터 10년간 덴마크 왕국에 대항한 전쟁에서 승리한 후 스칸디나비아와의 교역권을 확보했다. 이곳에서는 철과 구리, 건축용 석재가 독일로 수입됐다. 현재 러시아에 있는 노브고르드에서 모피가 수입됐는데 없어서 팔지 못할 정도였다. 회원 도시들은 군대와 군함을, 상인은 세금을 납부해 이권을 확보하는 데 똘똘 뭉쳤다.

이런 강력한 연대를 바탕으로 이들은 여러 가지 특권을 확보했다. 회원 도시들은 자유로운 상업 활동의 보장과 관세의 면제나 경감을 받아냈다. 또 한자 상인들은 교역을 하는 외국에서 거류권居留權이 확보된 상관Kontor을 설치했다. 이곳은 일종의 치외법권 지역으로 한자 상인 간의 분쟁이나 범죄를 다루는 재판의 경우 현지 법의 적용을 받지 않았다. 상인들은 상관 안에서 엄격한 규약을 지키며 공동으로 생활했다. 한자 상권 안에서는 이들이 우월한 지위를 인정받았기에 외국 상인의 활동을 제한할 수 있었고, 자신들이 판매하는 상품이나 서

비스의 품질을 보장하려 함께 노력했다.

14~16세기가 최전성기였던 한자동맹은 점차 쇠퇴하게 된다. 1492년 크리스토퍼 콜럼버스가 신대륙을 발견한 후 스페인과 포르투갈을 시작으로 유럽 각국이 신항로 개척 등을 포함한 지리상의 발견에 나섰다. 절대왕정을 구축한 유럽 각국은 남미와 인도·아시아 국가의 시장을 개척하며 향신료와 비단, 금은과 보석 등을 들여왔다. 한자동맹이 누렸던 무역의 특권과 독점이 점차 깨져 버렸다. 또 1618년부터 30년간 벌어진 가톨릭과 루터파 간의 30년 전쟁으로 한자동맹은 와해된다. 결국 1669년 뤼베크에서 열린 회의에서 독일 한자동맹은 공식 폐지된다.

350년이 더 지난 역사임에도 한자동맹은 독일뿐만 아니라 유럽사의 발전에 영향을 끼쳤다. 한자 상인들은 국경을 넘는 원거리 무역에 종사했기에, 조선업과 항해술의 발달에 기여했다. 이런 혁신은 유럽 국가들이 수천km를 운항해 식민지를 개척하고 자원을 수탈하는 지리상의 발견에 발판이 됐다. 또 많은 양의 화물을 신고 해수로부터 선박을 보호하려면 대형 선박이 필요했는데 이에는 막대한 돈이 들어갔다. 환어금과 같은 거액의 유동성 확보가 필요했기에 금융시스템이 구축됐다. 이런 시스템 구축으로 신흥 자본가층이 출현할 수 있었다.

한자동맹은 거의 5세기 동안 독일을 중심으로 운영됐다. 회원 도시들은 자치와 자유를 누리고 먼 나라의 도시와도 소통하며 교류했다. 뤼베크와 함부르크, 브레멘 등은 이런 전통을 소중하게 간직하기에 아직도 도시의 공식 명칭에 한자도시임을 표기한다.

한자동맹이라는 용어는 최근에도 종종 쓰인다. 유럽연합 27개국 가운데 자유무역을 주창하는 스웨덴과 덴마크, 네덜란드, 독일 등은 유럽연합이 자유무역 정책을 지속해야 한다고 주장한다. 이들은 서로의 협력을 도모하는 비공식 모임을 '신한자동맹'이라 부른다.

토마스 만(Thomans Mann, 1875~1955)은 1929년 노벨문학상을 수상한 20세기 독일 대표 작가 중의 한 사람이다. 뤼베크의 부유한 상인 집안에서 출생한 그는 1901년 발간한 『부덴브로크가의 사람들(Buddenbrooks)』에서 1835~1877년간 4세대에 걸친 부유한 상인 집안의 쇠락을 다양한 등장인물을 통해 치밀하게 묘사했다. 그는 본인이 겪은 체험을 작품에 녹여 냈는데, 예로부터 한자동맹의 중심부였던 뤼베크의 모습과 영향이 그의 작품에 고스란히 담겨 있다.

최고의 인플루언서, 종교개혁가 마르틴 루터

마르틴 루터는 가톨릭의 부패를 비판하면서 종교개혁을 시작했고 교황에서 벗어나 세력 확장을 원하던 제후들의 도움으로 개혁을 지속할 수 있었다. 그는 서민들이 알기 쉬운 구어체 독일어로 성경을 번역 출간했다. 루터의 책과 팸플릿은 인쇄술 덕분에 급속하게 확산됐다. 그의 이런 노력은 독일어를 통일·발전시켰고, 나아가 '같은 독일어를 쓰는 사람들'이라는 정체성을 형성하는 데에 기여했다.

고독한 수도사 루터, 95개조 비판으로 종교개혁의 방아쇠를 당기다

"나는 산 자와 싸우지, 죽은 자와는 싸우지 않겠다."

_1547년 신성로마제국의 황제 카를 5세

1547년 4월 말 신성로마제국의 황제 카를 5세Karl V, 1500~1556, 재위: 1519~1556는 루터가 종교개혁을 시작한 작센 지방의 비텐베르크Wittenberg에 입성했다. 루터를 지지한 제후들을 전쟁에서 물리친 황제는 성내 교회Schlosskirche에 안치된 이단자 루터의 시신을 꺼내 불태우자는 일부 신하의 요청을 거절하면서 위의 인용처럼 아량을 베풀었다. 당시 황제는 하나의 기독교 세계를 분열시키려는 루터파를 제압하고 제국이 하나의 종교 아래에 있음을 다시금 확신했다. 그러나 이는 짧은 기간의 바람에 불과했다.

루터가 종교개혁을 시작한 30년 전으로 돌아가자. 마르틴 루터Martin Luther, 1483~1546는 비텐베르크 대학교에서 신학을 가르쳤으며 독실한 신자였다. 그러던 그가 교황 비판에 나선 것은 '면벌부Indulgentia'때문이다.

당시 교황 레오 10세는 로마에 성 베드로 성당을 건립하는데 많은 돈이 필요했다. 영국과 프랑스는 왕권이 강하고 성직자도 왕이 임명하는 곳이기에, 수백 개의 제후국가로 흩어진 현재의 독일이 최적의 모금지로 선택됐다. 교황은 마인츠의 대주교 알브레히트Albrecht에게 면벌부 판매를 맡겼다. 대주교 알브레히트는 도미니크회 소속의 수도사 테첼Johannes Tetzel에게 판매 총책을 맡도록 했다. 수도회가 더 많은 면벌부를 팔수록 일정 비율의 수수료를 받게 돼 있었기에 수도사들은 판매에 열을 올렸다.

원래 '면벌(부)'이란 죄를 지은 신자가 잘못을 뉘우치고 기도나 고행, 선행 등을 하면 이런 죄에 상응하는 벌을 용서해 줄 수 있는 교황의 권한을 의미했다. 그런데 돈벌이에 혈안이 된 수도회 수사들은 돈을 주고 종이쪽지 면벌부를 구매하기만 하면 현재의 죄는 물론이고, 미래에 짓게 될 죄, 나아가 구매자는 물론이고 친척까지도 연옥의 고통에서 해방돼 천국에 갈 수 있다고 과대 선전했다.

"동전이 딸랑거리며 함의 안으로 떨어지자마자 영혼이 연옥에서부터 솟아오른다고 말하는 자들은 기만을 설교하는 것이다."

_루터의 95개 반박문 가운데 27조

34살의 루터는 판매를 총괄하는 마인츠 대주교에게 지나친 면벌
부 판매의 문제점 95개를 조목조목 비판하는 서한을 1517년 10월
31일에 보냈다. 그는 도시의 성문 앞에 라틴어로 된 95개 반박문을
붙였다고 전해진다. 원래 제목은 '면벌부의 위력과 효험을 반박함'이
고, 이 문제를 토론에 부치고자 신학자로서 글을 썼다. 루터는 이 글
에서 면벌부가 우리를 구원하는 게 아니라, 신의 은총을 통해서, 오직
믿음으로 구원될 수 있음을 강조했다. 36조는 "진심으로 자기 죄를
뉘우치는 신자는 면벌부가 없어도 완전하게 죄의 사함을 받는다."라
고 쓰여 있었다. 50조에서는 "교황이 면벌부 설교가들의 수금 행위를
알게 된다면, 교황은 자기 양들의 피부와 살, 뼈로써 성 베드로 성당
을 세우기보다는 차라리 불타 없어져 버리기를 원하리라는 것을 그
리스도인들에게 가르쳐야 한다."라고 하며, 교황이 면벌부 판매를 알
게 되면 이를 원하지 않을 것이라 주장했다. 그는 면벌부 판매가 가
난한 민중의 고혈을 짜는 악행이라 비판했다.

　　라틴어로 된 이 글은 곧 독일어로 번역돼 현재의 독일뿐만 아니라
유럽 각 지역에도 전파됐다. 루터는 면벌부 판매가 잘못됐음을 지적
하고 교회가 이를 시정하기를 원했을 뿐이었다. 그러나 오히려 교회
를 옹호하는 학자들이 자신을 공격하자 루터는 더 급진적으로 변모
하며 가톨릭의 교리 자체까지 공격하게 됐다.

제후의 지원, 루터의 종교개혁을 지속하게 하다

　　루터는 1520년 독일어로 쓴 「독일 민족의 기독교 귀족에게An den
christlichen Adel deutscher Nation」라는 팸플릿에서 평신도들은 성직자와 동

등하다(만인 사제주의)고 강조했다. 또『기독교인의 자유 Von der Freiheit eines Christenmenschen』에서 기독교인은 만물의 주인이고 누구에게도 속 박되어 있지 않다고 주장했다. 이런 글은 1450년대에 구텐베르크가 발명한 이동식 금속활자 덕분에 신속하게 인쇄되어 전국에 알려질 수 있었다. 인쇄술이 발명된 지 거의 70년이 된 당시에 현재의 독일 을 비롯해 유럽의 주요 도시 300여 곳에 이미 3,000개가 넘는 인쇄소 가 있던 것으로 추정된다. 「독일 민족의 기독교 귀족에게」 팸플릿은 며칠 만에 4,000부가 팔렸고, 같은 해에 87쇄, 1523년에 390쇄가 인 쇄됐다.

교황은 루터를 설득해 이런 주장을 철회시키려 했으나 루터가 거부했다. 결국 1521년 보름스에서 열린 제국의회에서 황제 카를 5세가 루터를 모든 법적 보호에서 박탈하는 파문에 처했다. 목숨 이 위태로워진 이 신학자를 작센의 선제후 프리드리히 3세 Friedrich III, 1486~1525가 보호했다. 황제가 내린 칙령이지만 이를 시행하는 담당자 는 제후다. 그런데 작센을 비롯해 독일 중북부 제후들이 루터를 지지 하고 나섰다. 그들에게 돌아올 이익 때문이다.

당시 독일의 토지 1/3을 교회나 수도원이 보유했고 제후나 농민 들은 교회에 많은 세금을 추가로 납부해야 했다. 만약에 제후들이 다 른 종교를 믿어도 괜찮다면, 다른 종교가 인정받는다면, 세금을 줄 이거나 내지 않을 수도 있었다. 1529년 슈파이어 Speyer에서 열린 제 국의회에서 6명의 제후와 14개 자유도시 대표자들이 마르틴 루터의 파문 및 그의 가르침과 저작의 금지에 항의했다. 여기에서 항의하는 사람, 프로테스탄트 protestant(개신교)가 유래했다. 말로 해결되지 않자

1531년 2월 루터파 제후와 도시들은 가톨릭에 대항하는 군사 동맹, 슈말칼덴Schmalkalden 동맹을 체결했다.

이 동맹은 당시 작센 선제후였던 요한과 헤센 방백 필리프 1세Philipp I가 슈말칼덴시에서 체결했다. 1546년 신성로마제국과 가톨릭 세력 제후들이 교황의 지원을 받아 압도적인 군사력으로 슈말칼덴 동맹 제후국을 공격했고 이듬해 5월 19일 루터파 제후들은 전쟁에 패배해 항복했다. 4월 24일 뮐베르크Mühlberg 전투에서 카를 5세가 루터파를 크게 격파한 이후, 승자의 여유를 보인 황제는 루터의 시체를 욕보이자는 신하의 조언에 따르지 않았다.

뉴 미디어 스타 루터, 통일 독일어로 독일 민족 정체성 형성에 기여

루터는 작센공의 보호를 받아 중부의 바르트부르크Wartburg성에서 칩거하며 성서 번역에 몰두했다. 그는 인문주의자 에라스무스Erasmus의 그리스어-라틴어 대역 신약성경을 원본으로 삼아 11주 만에 독일어 번역을 마쳤다. 그의 독일어 성경은 1522년 출간됐고 베스트셀러가 됐다. 초판 3,000부는 몇 주 안에 매진됐고 1년이 채 되지 않아 12판이 정식으로 출간됐으며 해적판만 해도 50개가 넘었다. 1534년 구약성서도 독일어 번역을 마쳐 출간했다.

그는 글을 모르는 사람들도 성경 낭독을 들으면 이해할 수 있게 구어체를 찾아내 번역했다. 적합한 독일어 단어를 찾기 위해 가족이나 동료, 어린이들에게도 물어봤고 시장 사람들이 쓰는 말도 경청했다. 루터의 성경이 워낙 쉬운 말로 쓰인 덕분에 가톨릭 신부는 "재단사와 제화공도 성경을 읽을 수 있다."라고 불평할 정도였다. 루터의 신·구약성경은 무려 50만 부나 팔렸다. 현재 기준으로는 수천만 부 정도다. 당시 루터 성경 한 권의 가격은 1굴덴으로 학교 교사의 두 달 치월급과 같은 액수였다. 독일 가정의 20%가 이 성경을 산 것으로 추정된다.

그는 새로운 매체 인쇄술을 적극적으로 활용했다. 루터가 죽기 전에 독일서 출판된 인쇄물의 1/3을 그가 썼다. 루터는 1517년 95개조 반박문을 시작으로, 그 후 25년간 2주일에 한 번꼴로 팸플릿을 작성했다. 민중들도 이해할 수 있게 쉬운 구어체 독일어로 썼고 새로운 미디어, 인쇄술 덕분에 그의 생각이 삽시간에 유럽 각지에 퍼질 수 있었다. 가톨릭은 오늘날의 SNS와 유사한 신매체를 통제할 수 없었다. 1518년 독일에서 출간된 서적은 150권에 불과했지만, 1524년에는 1,000권 가까이 출판됐다. 이처럼 서적 출간이 급증한 것은 루터의 공이 크다.

신학자였지만 그의 이런 노력은 독일어를 통일·발전시켰고, 나아가 '같은 독일어를 쓰는 사람들'이라는 정체성을 형성하는 데에 기여했다. 라틴어가 아니라 독일어를 사용하며, 제국과는 다른 루터교라는 정체성이 생겼다. 수십 개의 제후국으로 나뉘어 각 지방마다 상이한 방언을 사용했던 독일 지역에 모두가 이해할 수 있는 언어가 등장한 것이다. 루터를 공격하고자 가톨릭 학자들이 쓴 글도 루터의 구어체 독일어로 쓰였을 만큼 종교개혁가 루터가 언어에 미친 영향이 크다. 16세기 말부터 신성로마제국 전역에서 기록용 독일어로 루터가 성경에 쓴 독일어를 사용하게 됐다.

후학들은 루터의 이런 점을 높게 평가했다. 19세기 프로이센의 독재정치를 비판했던 시인 하인리히 하이네Heinrich Heine는 "루터는 이미 죽어 매장된 언어를 완전히 새로운 언어로 다시 태어나게 했다."라고 평가했다. 다른 학자들도 독일어를 쓰는 문학사에서 루터를 가장 중요한 작가 중 하나로 하나로 여긴다. 루터가 독일어 성경을 발간한 후 괴테나 니체, 브레히트, 토마스 만과 같은 위대한 독일 작가나 철학자가 그들만의 독일어를 갈고 닦았다.

1871년 개신교 왕국 프로이센을 중심으로 독일이 통일되면서 루

마르틴 루터의 종교개혁

1517년	10월 31일. 비텐베르크 대학 신학과 교수 마르틴 루터가 면벌부 판매를 비판하는 95개조 반박문을 마인츠 대주교에게 보내고 성문 교회 문 앞에 부착함
1521년	보름스 제국의회에서 신성로마제국 황제 카를 5세가 루터의 모든 법적 보호를 박탈하는 파문에 처함
1522년	선제후 작센공 프리드리히 3세가 루터를 바르트부르크성에서 보호하고, 그곳에서 루터가 독일어로 신약성경을 출간
1524∼1525년	독일 농민전쟁이 발발함. 루터는 농민전쟁 초기에 농민군을 지지하는 듯하다 후에 입장을 바꾸고 그들을 비판함
1529년	슈파이어 제국의회에서 가톨릭 신앙이 유일한 합법 종교라고 인정되었고, 항의하는 사람들이라는 뜻의 '프로테스탄트(신교)'라는 명칭이 유래함
1531년	2월, 루터파 제후와 도시들이 가톨릭에 대항하는 슈말칼덴 군사 동맹을 체결함
1534년	루터가 독일어로 구약성경을 출간
1546년	신성로마제국과 가톨릭 세력 제후들이 슈말칼덴 동맹국을 공격함
1547년	5월 19일, 루터파 제후들이 전쟁에 패배해 항복함
1555년	9월 25일, 아우크스부르크 종교화의에서 루터파를 인정함

터교의 영향력은 더 커지게 된다. 현재 독일의 신자 비중은 가톨릭과 프로테스탄트가 각각 30%를 차지한다.

2017년은 루터가 반박문을 발표한 지 500년이 된 해이다. 이 해 루터의 도시 비텐베르크를 비롯해 독일의 100개가 넘는 곳에서 1,000개가 넘는 기념행사가 열렸다. 각종 기념행사는 근대 독일을 만들어 내는 데에 기여한 신학자를 기렸다.

30년 전쟁과
독일 내 영방국가의 대두

루터 사후 가톨릭과 루터파 사이에 1618년부터 30년간 '30년 전쟁'이 벌어졌다.
1648년 베스트팔렌 조약으로 개신교의 하나인 칼뱅파도 추가로 인정을 받았고
300개가 넘는 영방국가들은 주권과 외교권, 조약체결권을 보장받았다.

종교의 이름으로 자행된 무의미한 대규모 살육,
'30년 세계대전'

30년간 독일을 주 무대로 벌어졌던 전쟁, 30년 전쟁
1618~1648은 이렇게 평가할 수 있다. 갈등의 뿌리는 마르틴 루터의 종
교개혁으로 거슬러 올라간다. 전쟁 초기에는 신교와 구교의 갈등이
뼈대를 이루었으나 후반에는 유럽 안에서 세력균형을 유지하려는 복
잡한 셈법이 작동했다. 당시 강대국이었던 프랑스와 스페인, 스웨덴
등이 서로 갈등했고 제후들은 이 틈새에서 생존을 도모하고 영토를
확대하려 했다.

루터의 종교개혁으로 황제와 독일 내 제후들 사이의 심각한 분쟁
이 계속됐다. 1547년 황제가 루터파 제후들을 물리쳐 승리했으나 갈
등이 쉽게 끝나지 않았다. 이를 해결한 것이 1555년 9월 25일에 공표
된 아우크스부르크 화의Augsburger Religionsfrieden다. 신성로마제국의 황
제 카를 5세는 이 공표로 루터교회를 신성로마제국에서 공식적으로

승인했다.

이 화의에 따라 신성로마제국의 제후 및 제국 도시는 신·구교 신앙 중 하나를 선택할 수 있었다. 주민은 그에 따라야 하며 이를 원하지 않는 사람은 다른 곳으로 이주할 수 있었다. 통치자의 종교가 백성의 종교를 결정했다. 현재 통용되는 종교의 자유와 아주 상이하다. 단, 신교 가운데 루터파만 인정했고 칼뱅파는 금지했다. 아울러, 가톨릭 제후가 루터파로 개종할 때는 그 지위와 영토를 상실하며, 그를 대신해 가톨릭의 후계자가 임명된다. 가톨릭 세력을 최대한 유지하려는 방책이다. 루터파를 인정하면서 가톨릭의 이익을 최대한 보장한 셈이었다.

가톨릭 제후가 루터파로 개종할 때 지위와 영토를 상실한다는 조항은 루터파 제후들의 불만을 샀다. 어렵게 유지되던 균형은 1618년 5월 23일 보헤미아에서 깨졌다. 현재의 체코 공화국에 있던 이 왕국은 합스부르크가의 지배를 받고 있었지만 그곳의 귀족들은 상당수가 프로테스탄트, 개신교였다. 반면에 오스트리아에서 파견된 총독과 행정관들은 가톨릭이었다. 1617년 보헤미아의 왕이 된 페르디난트 2세 Ferdinand II 는 신교 귀족들을 탄압하기 시작했다. 이듬해 귀족들은 대규모 집회를 열어 왕을 성토하며 총독 2명에게 항의서한을 전달했다. 분노한 귀족들은 합스부르크가의 관리들을 창문으로 던져버렸다. 이를 '프라하 투척 사건'이라 한다. 이후 귀족들은 무장을 했고 신교의 이름으로 황제에 대항하기 시작했다. 합스부르크가는 바이에른과 같은 가톨릭 제후들과 연맹을 결성해 이들과 싸웠다.

신교와 구교 간 전쟁은 점차 유럽의 세력균형을 지키려는 국제전으로 확대됐다. 10년 넘게 전쟁에서 우위를 확보한 합스부르크가는 프로테스탄트로 개종했던 주교령과 도시들을 가톨릭으로 원상 복구했다. 이에 북방의 강대국이자 개신교 국가 스웨덴이 개입했다가 스페인에 패배했다. 사태를 관망하던 프랑스는 합스부르크가와 스페인의 팽창을 우려해 1635년에 스페인에 선전포고를 했다. 이후 프랑스는 스페인에 대항해 독일 땅을 거의 황폐하게 만들며 전투를 치렀다. 대개 용병들이 전투에 참가했었기에 살인과 약탈, 방화가 빈번했다. 1648년 전쟁이 끝났을 무렵 독일 인구는 전쟁 전의 1,700만 명에서 1,000만 명으로 줄어든 것으로 추정된다. 인구가 원 상태로 회복되는 데에는 150년 정도가 걸렸다. 베를린에서 서쪽으로 약 130km 떨어진 마그데부르크Magdeburg는 가장 큰 참화를 입었다. 1631년 이곳의 인구는 약 20,000명 정도였으나 1649년에 겨우 450명만 남았다. 인구의 98%가 도륙된 것이다.

1648년 10월의 베스트팔렌 평화조약Westfälischer Friede은 이런 참화에 종지부를 찍었다. 구교와 신교의 제후들과 신성로마제국, 프랑스와 스웨덴 등이 조약 당사자였다. 이 조약으로 칼뱅파 종교도 공식적으로 인정돼 구교의 세력이 약화됐다. 합스부르크가도 세력이 줄었고, 프랑스의 영향력이 강화됐다. 이때 결정된 유럽 내 종교적 균열선, 이른바 북유럽의 신교와 남유럽의 가톨릭이라는 경계선은 현재에도 대체로 유효하다.

이 조약은 독일에 있던 영방국가의 권한을 크게 강화했다. 영방국가는 중세 말에 형성되기 시작했고 지방 영주가 주권을 행사하였던 일종의 지방 국가다. 962년 신성로마제국이 성립한 후 제국의 황제를 겸하던 독일 황제는 성직자 서임권과 이탈리아 경영에 전념하여 본국 통치에 소홀했다. 이 틈에 독일의 지방 제후가 성장하여 점차 독립된 주권국가를 이루게 된다. 그들은 자체 군대를 보유했고 독립된 행정제도 또한 구축했다.

베스트팔렌 조약은 신성로마제국 안에 있던 300개가 넘는 영방국가의 제후들에게 영토에 대한 주권과 외교권, 조약 체결권을 주었다. 신성로마제국의 주권을 존중하고 제국의 기관들에 계속 충성해야 한다는 의무가 부과됐지만 형식상의 규정이었다. 여기에서 주권은 공작이나 백작과 같은 제후들이 황제나 교황으로부터 독립해 독자적으로 정책을 결정할 수 있는 권한이다. 종교 문제는 물론이고 국가(제후국) 운영에 관한 권한도 제후들이 보유하게 됐다. 근대국가의 특징인 주권과 조약 체결권이 명시됐다. 이 때문에 베스트팔렌 조약은 근대 국제체제의 출발점이라고 불린다. 프로이센에 주재한 영국 대사가 프리드리히 1세Friedrich I의 즉위식과 당시의 분위기를 생생하게 전한 보고서를 본국에 보냈는데, 베스트팔렌 조약으로 독일 내 영방국가에 사절을 파견할 수 있었기에 가능한 일이었다.

당시 유럽 국가 간 힘의 역학 관계를 고려할 때, 베스트팔렌 조약 이후 프랑스와 스웨덴의 영향력이 커졌고 오스트리아와 스페인의 위상이 하락했다. 프랑스는 주교령이었던 메스, 투르, 베르됭의 영유권을 얻었고 합스부르크로부터 알자스의 지배권을 확보했다. 추가로 라인강변에 영토를 획득했다. 스웨덴은 북부 독일의 슈테틴을 포함한 포메른 지역 일부와 브레멘 주교의 영지를 얻었다. 포메른은 오데르강과 엘베강, 베저강의 하구에 위치한 전략적 요충지이다.

스페인은 네덜란드의 독립을 공식 허용하면서 국세가 기울었다. 스위스는 오스트리아로부터 독립했다. 프랑스와 스웨덴 두 강대국 모두 독일 안에서 영토를 확보해 수많은 세력으로 분열된 독일 영방국가에 계속해서 영향력을 행사할 수 있었다.

독일 영방국가의 경우 브란덴부르크가 어부지리를 얻었다. 발트해 인근의 포메른 지역 일부를 편입했다. 프랑스는 신생 브란덴부르크를 강화해 스웨덴과 오스트리아를 견제하려 했다. 가톨릭 국가 프랑스는 신교 제후국이던 브란덴부르크에 선심을 썼다. 프랑스는 종교가 아니라 당시의 세력균형을 감안해 강대국 스웨덴과 오스트리아를 제어하려고 약소국 브란덴부르크에 영토도 일부 나눠줬다. 이 브란덴부르크는 훗날 독일을 통일하는 프로이센이 된다.

독일 영방국가에 계속해서 영향력을 행사하던 스웨덴은 러시아와의 북방전쟁1700~1721에서 패배해 세력이 크게 줄었다. 유럽의 선진 문물을 도입한 러시아의 표트르 대제1672~1725, 재위: 1682~1725는 이 전쟁에서 승리해 발트해로의 출구를 확보했고 상트페테르부르크를 건설했다. 자신의 이름을 딴 '표트르의 도시'라는 뜻으로, 이 도시는 러시아의 새 수도가 됐다. 이후 러시아는 유럽의 주요 강대국으로 부상하면서, 유럽 및 독일에 계속해서 영향력을 행사하게 된다.

베스트팔렌 조약은 독일 중서부의 오스나브뤼크시에서 체결됐다. 이 도시는 아직도 도시 이름에 '평화의 도시(Die Friedensstadt)'임을 내세운다. 이 조약이 여기에서 체결됐음을 강조하기 위해서다.

독일사   세계사

독일사		세계사
	1,500년	
	1534년	헨리 8세, 잉글랜드 국교회
아우크스부르크 화의 — 1555년	1543년	코페르니쿠스 지동설 발표
	1592년	임진왜란 발발
	1,600년	
30년 전쟁 베스트팔렌 조약 — 1618~1648년	1627년	정묘호란
프리드리히 빌헬름 대선제후 통치 — 1640~1688년	1637년	병자호란
	1642년	영국, 청교도 혁명 시작
	1643년	프랑스 루이 14세 즉위
프리드리히 1세 치세 — 1688~1713년	1688년	영국, 명예혁명
	1689년	영국, 권리장전
프로이센 왕국 출범 — 1701년	1701~1714년	스페인 왕위계승전쟁
	1,700년	
	1707년	영국에서 연합왕국(United Kingdom) 성립
프리드리히 2세(대왕) 통치 — 1740~1786년		
오스트리아 왕위계승전쟁 — 1740~1748년		
7년전쟁 — 1756~1763년	1751년	영조, 균역법 실시
괴테의 『젊은 베르터의 괴로움』 출간 — 1774년	1776년	미 독립선언
칸트의 『순수이성비판』 출간 — 1781년	1783년	미국 독립
바이마르 고전주의 — 1786~1805년	1789년	프랑스혁명 발발
칸트의 『영구평화론』 출간 — 1795년	1799년	나폴레옹, 쿠데타로 권력 장악
예나 전투, 프로이센 대패 — 1806년	1,800년 1806년	나폴레옹 대륙 봉쇄령 실시
헤겔의 『정신현상학』 출간 — 1807년		
슈타인과 하르덴베르크 개혁 — 1807~1763년		
프리드리히-빌헬름 대학 설립 — 1810년		
라이프치히전투, 나폴레옹 참패 — 1813년		
워털루 전투 — 1815년		
	1,900년	

제2장

프로이센의 대두와
독일 민족의 형성

프로이센은 유럽 대륙의 중앙에, 사방이 적으로 노출된 불리한 위치에 있다. 이런 지정학적인 불리함을 극복하고 18세기 초부터 프로이센은 유럽 강대국의 틈바구니에서 국력을 키워 점차 새로운 강대국으로 부상한다.

프리드리히 1세는 당시의 세력균형을 현명하게 활용해 왕국임을 대외에 선포했다. 46년간 통치한 계몽 절대군주 프리드리히 2세는 당시 같은 독일어를 쓰는 강대국 오스트리아와 어깨를 나란히 할 정도로 프로이센을 유럽의 강대국으로 만들었다. 그는 전략산업을 육성하고 이민자를 적극적으로 수용했으며, 산업이 가장 발달한 슐레지엔 지역을 오스트리아로부터 빼앗았다. 하지만 그가 힘겹게 쌓아 올린 프로이센의 국제적 위상은 19세기 초 나폴레옹 때문에 거의 붕괴 직전까지 떨어졌다.

프로이센은 나폴레옹 전쟁 초기에는 중립을 지키다가 뒤늦게 합류했음에도 패전하며 상당한 영토를 잃는다. 그러나 1813년 10월 라이프치히 전투에서 러시아와 힘을 합쳐 나폴레옹의 대군을 몰아냈으며 1815년 워털루 전투에서도 나폴레옹을 물리치는 데에 결정적인 기여를 한다. 이런 외교정책 덕분에 나폴레옹 전쟁 후 프로이센은 나폴레옹 편에 섰던 라인강 유역과 베스트팔렌 지역도 영토로 추가했다. 라인강 유역은 상공업이 발달하고 철강과 석탄 등 자원이 풍부한 지역이다. 인구가 늘어났을 뿐만 아니라 경제 발전에 필요한 인력과 자원도 추가로 얻은 셈이다.

나폴레옹에 대항하기 위해 프로이센은 관료제를 개혁했고 장교 도전의 기회를 평민에게 부분 개방하는 등 개혁 정책을 실시했다. 또 대학을 설립해 국가발전에 필요한 인력을 양성했다. 당시 프로이센은 나폴레옹에 대항하는 독일어권 전체의 대변자임을 자처했고, 이 과정에서 왕국의 경계를 벗어나 같은 말을 쓰는 하나의 독일 민족이 점차 형성되었다.

프리드리히 1세,
프로이센 국왕으로 즉위하다

프리드리히 1세는 신성로마제국의 황제에게서 승인을 받고
1701년 1월 18일 쾨니히스베르크에서 프로이센이 왕국임을
대내외에 선포했다. 베를린 인근의 브란덴부르크 선제후에서
출발한 공국이 왕국으로 발돋움하며 점차 국력을 증강하게 된다.

프로이센 건국의 아버지 프리드리히 빌헬름 대선제후

1701년 1월 18일 쾨니히스베르크Königsberg. 발트해 연안의 항구 도시에 수천 명의 사람이 모였다. 브란덴부르크 선제후이자 프로이센 국왕이 된 프리드리히 1세1657~1713, 재위: 1688~1713가 대관식을 갖고 대내외에 왕국을 선포했기 때문이다. 당시 왕국의 수도 베를린에 주재한 영국이나 프랑스 외교 사절도 초대돼 참석했다. 왜 수도를 제쳐두고 이렇게 멀리서, 더구나 왕위에 오른 지 13년 뒤에서야 화려한 대관식을 거행했을까? 이를 알기 위해 먼저 이전의 역사로 잠깐 돌아가자.

원래 프로이센은 베를린 인근의 브란덴부르크에서 출발했다. 남부 독일 슈바벤Schwaben에 호엔촐레른Hohenzollern 성이 있었는데, 이 성에서 가문의 이름이 나왔다. 이 가문이 1415년 브란덴부르크 변경백이자 선제후가 됐다. 변경백은 국경지대를 지키는 귀족을 말하는데 서열에서 보면 공작과 백작의 중간 정도다. 변경백의 중심지는 베를린

지도7 17세기 대선제후 시기 프로이센의 영토

단치히는 1793년에서야 프로이센 영토가 된다. 이 지도는 〈요한 지기스문트와 대선제후 치하의 브란덴부르크〉(1886년) 지도를 참고하여 제작하였다.

이었는데, 그 토양이 척박해 '유럽의 모래 거푸집'으로 불릴 정도였다. 해상 수송도 불가능한 환경이었다. 지정학적 위치가 불리했다.

거기다 17세기 중반의 프로이센은 전쟁에 시달렸다. 30년 전쟁에서 현재의 독일 지역은 가장 큰 피해를 받았다. 당시 독일은 300여개의 영방국가로 나누어졌었다. 당시 전쟁으로 피해가 큰 지방의 경우 인구의 1/3이나 목숨을 잃었다. 수많은 영방국가 가운데 특히 프로이센의 피해가 막심했다. 그 이유는 스웨덴과 관련이 있다. 스웨덴은 북유럽의 개신교 세력을 이끌었고 신성로마제국에 동원된 군대는 주로 가톨릭군이었다. 북방 세력 스웨덴이 독일로 들어오려면 북쪽에 있는 베를린과 인근의 지역을 지나야 했기 때문에 두 세력이 맞붙은 주 전쟁터가 프로이센 왕국과 나머지 독일 제후국들이었다. 이런 상황 때문에 약탈과 방화가 빈번했고 농토도 황폐해졌다.

30년 전쟁의 말기에 선제후가 된 사람이 프리드리히 1세의 아버지 프리드리히 빌헬름Friedrich Wilhelm, 1620~1688, 재위: 1640~1688이다. 그는 선제후가 되기 전에 당시 유럽의 강대국 네덜란드에서 공부했고 선진 문물을 수입했다. 소규모 상선을 운영해 아프리카의 가나 해안에 자그마한 식민지를 세웠다. 당시 유럽의 여러 나라는 서아프리카에서 금·상아·노예 무역에 종사했는데, 브란덴부르크도 이곳에 약간의 지분을 확보했다.

1657년에 선제후는 폴란드-리투아니아 연방으로부터 프로이센 공국을 넘겨 받았다. 당시 북유럽의 강대국 스웨덴과 빈번한 전쟁을 벌이던 폴란드-리투아니아 연방은 선제후의 군사적 지원 제공을 대가로 공국 지배권을 선제후에게 넘겼다. 선제후는 군을 집중적으로 육성해 25,000명 정도의 병력을 거느렸다. 이때 가톨릭 국가 폴란드는 개신교의 맹주 스웨덴에 맞서고자 프로이센에 땅을 주며 동맹으로 만들었다. 이곳의 중심지는 바로 선제후의 아들 프리드리히의 대관식이 열렸던 쾨니히스베르크다. 이곳이 동프로이센OstpreuBen의 중심지이며, 맞은편의 단치히가 서프로이센의 중심지다.

한편 단치히는 1793년에야 프로이센 영토가 되었다. 단치히가 프로이센 영토가 되자 끊어졌던 프로이센 세력이 하나로 연결되었고, 이후 브란덴부르크와 프로이센 공국이 합쳐져 프로이센 왕국이 되었다. 프리드리히 빌헬름 선제후는 이런 이유로 프로이센 건국의 아버지라고 불리고 사후 대선제후Großer Kurfürst로 추앙받게 됐다.

대선제후 때 또 하나 중요한 업적이 1685년 포츠담 칙령이다. 프랑스에서 박해를 받던 신교도의 하나인 위그노파(칼뱅파)에 문호를 개방해 약 20,000명이 프로이센으로 이주했다. 이들은 브란덴부르크 지역의 낙후된 곳에 주로 정착했다. 위그노들은 동기 부여가 강했고 기술자들이 많아서 자신을 받아준 프로이센의 국가발전에 여러모로 기여한다. 당시 태양왕이라 불렸던 루이 14세가 위그노를 박해했던 반면에 신생 왕국 프로이센은 이들을 받아들였다. 대선제후는 위그노의 이민을 받아들여 종교적 관용을 대외에 알리면서 낙후된 프로이센의 발전에 필요하다는 현실적인 이유로 위그노를 환영했다.

1년 예산의 두 배를 지출한 대관식이 왜 필요했는가

그렇다면 왜 대관식을 수도 베를린이 아닌, 700km 넘게 멀리 떨어진 항도에서 거행했을까? 더구나 당시 이 행사에는 호엔촐레른 가문 1년 예산의 두 배가 들었다. 열악한 도로 사정을 고려한다면 왕실과 신하들, 외교 사절이 이동하는 데에도 최소한 열흘 넘게 걸렸을 것이다. 당시의 기록에 따르면 왕실과 신하들이 이동하는데 1,800대의 마차가 사용됐다. 중간에 교대할 말만 해도 30,000필이나 투입됐다. 왕과 신하들이 지나는 도시와 길은 각종 화려한 장식으로 치장됐다.

먼저 대관식의 일정을 살펴보자. 1월 18일 대관식은 아침 일찍 반짝이는 황금 관을 머리에 쓴 왕과 왕비가 선제후의 알현실에서, 쾨니히스베르크 신분제 의회 의원들의 충성 맹세를 받는 것으로 시작됐다. 이어 성내 교회로 이동한 왕과 왕비는 루터파와 칼뱅파 주교로부터 기름 붓는 의식을 받았다. 이는 개신교의 왕국임을 알리려고 두 개신교 종파의 주교로 하여금 성별식聖別式을 거행하게 한 것이다. 이날 대관식 총감독은 프리드리히 1세였다. 왕실의 훈장과 세속적 의식, 성내 교회의 의식뿐만 아니라 주요 손님들의 의상까지 일일이 왕이 세심하게 결정했다.

왕이 수도에서 멀리 떨어진 곳에서, 무척 치밀하게 대관식을 준비하고 거행한 이유는 무엇일까? 44년 전에 폴란드에서 프로이센으로 '국적'이 변경된 쾨니히스베르크 귀족들은 처음에는 새 지배자를 달갑지 않게 여겼다. 새 왕은 이런 점을 알고 있었기에 이 지역의 지배층을 아우르고 달래어 화합을 도모하려는 차원에서 수백km 떨어진 곳에서 대관식을 마련했다. 더구나 그는 누구의 영향도 받은 것이 아닌 본인 스스로 왕관을 쓰고 본인이 임명한 성직자의 기름부음을 받아 신성로마제국의 황제뿐만 아니라 교황으로부터 독립된 존재임을 알리려 했다. 다른 나라에서 행해진 대관식은 정반대였다. 성직자가 왕에게 왕관을 씌워 줬다. 당시 왕실 의전 전문가는 이 의식의 특징을 이렇게 적확하게 집어냈다.

> "신분제 의회나 다른 대표단의 도움 없이 왕국을 인수한 프리드리히 1세는 어떤 형태의 양도 의식도 거칠 필요가 없었다. 그저 고대의 왕들이 자신이 세운 나라를 대하듯 왕관을 인수했다."
>
> _크리스토퍼 클라크, 『강철왕국 프로이센』, p. 123에서

1698년 베를린에 주재한 영국 대사 조지 스테프니는 "선제후는 절대적 통치권을 갖고 프로이센 공국을 지배하고 있습니다. 이런 면에서 그는 신성로마제국 내의 다른 선제후나 제후의 권력을 능가하고 있습니다."라고 외무장관에게 보고했다. 이는 대외적으로 왕이라는

호칭을 쓴 것이 갑자기 얻은 성과가 아니란 의미다. 부친 대선제후가 30년 전쟁의 참화를 이겨내고 왕국의 기초를 닦았다. 그 뒤를 이은 아들이 이제 어엿한 왕국임을 천명할 수 있었다. 대외적으로 왕의 칭호를 인정받기 위해 치밀한 준비를 했다.

빈에 기반을 둔 합스부르크 왕가(신성로마제국)는 당시 스페인 왕위 계승 전쟁을 앞두고 있었다. 스페인의 카를로스 2세Carlos II가 1700년 11월 자식 없이 서거하면서 후계자로 루이 14세의 손자인 필리프Philip를 지명했다. 영국, 네덜란드, 그리고 신성로마제국은 스페인과 프랑스의 왕가가 통합된다면 유럽의 세력균형이 크게 깨진다고 보고 이에 대항하는 동맹을 결성했다. 신성로마제국에 속했던 프리드리히 1세는 빈을 위해 군대를 파견하기로 약속했다. 이런 밀약 덕분에 빈은 선제후의 왕 즉위를 인정해주고 대외적으로도 다른 나라가 이를 인정하게끔 노력한다고 약속했다.

이후 '1월 18일'은 이후 프로이센 왕실에 특별한 의미를 지니게 된다. 철혈재상 비스마르크가 주도해 1871년 독일 제국이 성립됐다. 프랑스와의 전쟁에서 압승을 거두고 베르사유 궁전 거울의 방에서 빌헬름 1세는 독일 제국을 대내외에 선포했다. 빌헬름 1세는 자랑스러운 조상이 170년 전 왕국을 선포한 날을 기억하며 바로 같은 날에 제국의 건설을 알린 것이다.

쾨니히스베르크는 독일어로 왕의 성채를 뜻한다. 제2차 세계대전 후 소련의 영토가 된 후 칼리닌그라드(Kaliningrad)로 개명됐고, 소련은 여기에 해군기지를 건설했다. 현재 그곳은 러시아 본토와 분리된 월경지(enclave)이다.

유럽이라는 지도를 완성한 프리드리히 2세(대왕)

프리드리히 대왕은 강대국 오스트리아와 전쟁을 치러 당시 가장 산업이 발달했던 슐레지엔을 영토로 획득했다. 전략산업을 육성하고 이민을 적극 장려하여 프로이센을 오스트리아와 대적할 수 있는 유럽 대륙의 강대국으로 만들었기에 프리드리히 대왕이라 불린다.

아버지를 증오했던 아들, 계몽군주로 거듭나다

프리드리히 대왕과 그의 아버지는 독일판 사도세자와 영조라 해도 괜찮을 듯싶다. 아들은 종종 플루트를 연주했고 철학과 문학에 탐닉했으며 감수성이 풍부했다. 반면에 '군인왕'으로 불린 아버지는 상비군을 마련해 취임 초 38,000명에 불과했던 병력을 83,000명으로 증강했고 관료조직도 체계화했다. 이런 아버지가 보기에 약골 아들은 쓸데없는 짓거리를 하는 듯했다. 그렇기에 그는 강인한 아들을 만들려고 엄한 교육을 시켰다. 5살 때부터 '오전 5시 30분에 일어나 기도를 하고, 식사는 7분 정도, 몇 시에 말을 타고, 하루에 몇 번 언제 손을 씻으라' 따위의 계획을 지시하여 간섭하기도 하였다.

1729년, 왕자는 플루트 연주를 좋아하고 시 쓰기 취미를 공유한 8살 연상의 한스 헤르만 폰 카테Hans Hermann von Katte 소위와 절친이 됐다. 폰 카테는 왕실 중기병 연대의 엘리트 장교였다. 1730년 8월 초 아들은 프랑스를 거쳐 영국으로 도주하려 했다. 이전의 도주 계획은 사전에 발각돼 대신들이 보는 앞에서 아들은 아버지로부터 심한 채찍질을 당했다. 8월 초 마지막 도주 시도에서 아들은 소위와 붙잡혀 투옥됐다. 탈영 혐의로 처음에 무기형을 선고받았던 폰 카테는 왕의 지시를 받은 판사들에 의해 사형 판결을 받았다. 아버지는 아들이 보는 앞에서 절친의 목을 자르도록 했다. 형장 앞에서 친구의 죽음을 지켜본 아들은 충격을 받아 그 자리에서 기절했다. 아버지는 왕세자마저 처형하려 했으나 주변의 만류로 그러지 않았다.

프리드리히 빌헬름 1세1688-1740, 재위: 1713~1740와 그의 아들 프리드리히 2세Friedrich Ⅱ, 1712~1786, 재위: 1740~1786의 관계는 이처럼 복잡했다. 특히 절친의 죽음은 2세에게 큰 상처를 남겼다. 그는 20살 때에 아버지가 정해준 여성과 결혼했다. 이어 왕세자에 책봉된 후 착실하게 후계자 수업을 받았다. 군도 지휘하며 행정 경험을 쌓았다. 하지만 왕비와의 관계는 냉랭했고 평생 아이가 없었다. 절친의 죽음을 경험한 그는 종종 깊은 불안에 빠지고 외로워했다. 그만큼 끔찍한 경험이 트라우마로 남았고 이게 원만하지 않은 부부관계에도 영향을 미친 듯하다.

아버지를 증오한 그는 1733년에 왕세자가 됐다. 즉위 1년 전 1739년에 『반마키아벨리Antimachiavellismus』라는 글을 썼다. 16세기 피렌체의 정치사상가 마키아벨리는 군주란 부국강병을 위해 사자처럼 용맹하고 여우처럼 교활해야 한다고 설파했다. 백성에게 인자한 군주가 아니라 두려운 군주가 돼야 한다고 강조했다. 왕세자는 이에 반대했기에 글 제목도 마키아벨리에 반대한다고 이름 지었다. 그가 보기에 백성에게 인자하고 이성을 갖춘 사람이 이상적인 군주였다. 백성의 복지를 우선해야 하며 선과 아량도 베풀어야 한다고 봤다. 이런 군주의 모습은 그리스의 철학자 플라톤이 『국가』에서 그려낸 철인왕 (철학자 왕)과 유사하다. 플라톤은 "철학자들이 이 세계의 왕이 될 때까지, 혹은 통치자들이 진정한 철학자가 될 때까지 국가와 인류 전체의 소요가 끝이 없을 것이다."라고 썼다. 철학자들은 진정한 선과 정의를 이해할 수 있다. 미덕을 갖고 사는 게 본인에게 가장 큰 혜택이고 이기심이 아니라 도덕심에서 행동할 것이라고 플라톤은 생각했다. 그렇기에 철학자 왕을 이상적인 군주상으로 제시했다.

프리드리히 왕세자는 20대 중반에 볼테르M. de Voltaire, 1694~1778에게 서신을 보냈다. 프랑스의 철학자 볼테르는 당시 유럽에서 내로라하는 지성 중의 한 명이었다. 비단 여기에 그친 게 아니다. 왕으로 국사를 돌보던 바쁜 와중에도 1750년 볼테르를 초청해 2년 정도 왕궁에 체류하게 했다. 베를린 인근의 포츠담에 자신이 지은 상수시Sans-souci 왕궁에서다. 상수시는 프랑스어로 걱정이 없음을 뜻한다. 이 궁에서는 월요일부터 일요일까지 점심 만찬이 있었다. 왕이 대신들뿐만이 아니라 철학자와 음악가 등 당대를 주름잡던 사람들을 종종 초청해 담소와 토론을 즐겼다. 이처럼 대왕은 종교적 관용을 펼쳤고 이성으로 판단하고 과학을 존중하는 계몽주의를 몸소 실천한 계몽군주였다.

계몽주의 철학자 임마누엘 칸트Immanuel Kant, 1724~1804는 프리드리히 2세와 동시대인이었다. 그는 "계몽주의 시대는 프리드리히 시대와 동의어다."라고 말했다. 당시 대왕의 환심을 사기 위한 말이 아니었다. 즉위하자마자 왕은 영향력이 있던 잡지 『베를린통신Die Berlinischen

Nachrichten』을 더는 검열하지 말라고 지시했다. 또 사법 절차에서 고문을 중단했다. 철학자 크리스티안 볼프Christian Wolff, 1679~1754도 대왕의 지시로 복직됐다.

할레Halle 대학교에서 학생들을 가르치던 크리스티안 볼프는 공자의 가르침을 '이성의 힘으로 도덕적 진리를 얻으려는 증거'라고 평가했다. 볼프는 중국인들이 공자를 공부하기에 유럽의 기독교인들처럼 이성적으로 사유할 수 있다고 봤다. 그는 중국의 유교 사상을 인간 이상의 전형으로 여겼다. 하지만 당시 프로이센의 신교도들은 기독교도가 아닌 중국인들이 이성을 사용하고 도덕적일 수 있다는 사실을 결코 인정할 수 없었다. 이런 과격한 사상 때문에 그는 1723년 대학에서 해직당하고 프로이센에서도 쫓겨났다. 그러나 그의 이런 주장은 프로이센뿐만 아니라 독일 내 다른 왕국에서도 격렬한 찬반을 불러일으킬 정도로 파장이 컸다. 이런 저명한 철학자를 쫓아낸 아버지와 다르게 프리드리히 2세는 사면해 복직시켰다.

오스트리아 왕위계승 전쟁, 유럽의 지도를 완성하다

프리드리히 2세는 영토를 크게 늘리고 나라를 부유하게 만들었기 때문에 대왕이라고 불린다. 영토 확대의 최대 걸림돌은 오스트리아였지만 프로이센의 강대국화는 유럽의 세력균형을 바꿀 수 있었기에 당시 유럽의 다른 강대국들도 참전하면서 전란의 불씨가 오랫동안 지속됐다. 그만큼 유럽 내 여러 나라가 이 전쟁에 직간접적으로 관여했다.

슐레지엔은 당시 오스트리아 합스부르크가의 영토 가운데 프로이센과 국경을 맞댄 유일한 지역이었다. 당시 독일어를 사용하는 독일어권 지역에서 가장 산업화된 지역의 하나로 아마포(린넨) 공장을 중심으로 직물산업이 번창했다. 후발주자 프로이센이 이 지역을 차지한다면 경제발전에 큰 도움이 될 수 있었다.

슐레지엔을 차지하려는 전쟁은 1740~1745년에 걸쳐 두 차례 있었고, 1756~1763년 7년 전쟁 시기에도 한 차례 더 벌어졌다. 당시 유럽의 강대국이던 영국과 프랑스는 종교나 이념이 아닌 국익을 우선했다. 양국은 이 전쟁에서 오스트리아와 프로이센을 번갈아 지원했다. 이 전쟁으로 왕위계승을 둘러싸고 유럽의 주요 국가들이 20년 넘게 전쟁을 치렀다. 일부에서는 오스트리아 왕위계승 전쟁이 1740~1745년에만 진행됐다고 판단하기도 하지만 이 문제로 시작된 전쟁이 최종 종결된 게 7년 전쟁이기 때문에 1740~1763년 동안 이어졌다고 보는 입장이 다수이다.

전쟁의 표면적인 발단은 여성의 왕위계승 허용 여부였다. 합스부르크 가문 출신의 오스트리아 황제 카를 6세(신성로마제국의 황제도 겸함)에게는 아들이 없었기에 그는 생전에 딸을 상속자로 규정하는 칙서를 발표했다. 1640년 카를 6세가 승하하자 그의 딸 마리아 테레지아 Maria Theresia가 황제가 됐다. 영국과 프랑스, 러시아 등은 이를 인정했다. 그러나 프리드리히 대왕은 이를 문제삼아 슐레지엔을 점령하고자 했다. 당시 합스부르크 가문과 치열한 경쟁관계에 있던 프랑스는 프로이센을 지원했고 영국은 오스트리아를 지지했다. 대륙에서 영국은 하노버, 오스트리아, 네덜란드와 연합해 프랑스, 스페인, 프로이센 등에 대항했다. 당시 유럽은 물론이고 아시아와 아메리카 식민지에서 쟁탈전을 벌이던 영국과 프랑스가 각각 세력균형을 치밀하게 계산해 동맹을 선택했다.

프리드리히는 즉위 6개월이 지난 1740년 12월 16일 슐레지엔을 전격 침략했다. 6주 후 그는 브레슬라우Breslau(폴란드어로는 브로츠와프 Wroclaw)를 비롯해 대부분의 지역을 점령해 승리를 거뒀다. 80,000명의 대군 중 27,000명을 직접 거느리며 전투를 지휘했다. 당시 궁전의 많은 대신이 서른도 되지 못한 젊은 왕의 모험을 무모하다며 극구 말렸을 정도였다. 오스트리아의 경우 이 지역의 방비가 허술했고 이곳의 국경 수비대가 8,000명에 불과해서, 첫 전쟁은 2년 만에 종결됐다. 그러나 오스트리아가 빼앗긴 땅을 되찾으려 다시 반격하면서 1744~1745년 전쟁이 재발했고 이 역시 프로이센이 승리했다. 결국 1748년 10월 체결된 아헨 조약Treaty of Aachen으로 영국과 프랑스는 이 땅이 프로이센 소유임을 공식인정했다.

세 번째 전쟁은 흔히 7년 전쟁으로 불리는, 18세기의 세계대전이다. 유럽과 아시아, 북아메리카, 아프리카 등 네 개 대륙에 걸쳐 영국과 프랑스가 식민지 쟁탈전을 벌였다. 유럽에서는 프로이센이 오스트리아와 슐레지엔을 두고 또다시 피를 흘렸다. 이 전쟁에서 영국은 이전과 다르게 프로이센을, 프랑스는 오스트리아를 지원했다. 프랑스의 부르봉 가문과 오스트리아의 합스부르크 가문은 서로가 숙적이었으나 새로 부상한 프로이센을 공동의 적으로 상대하고자 동맹을 형성했다. 그래서 이 동맹은 종종 '외교혁명'으로 불린다. 앙숙이던 프랑스와 오스트리아가 프로이센의 대두를 막고 영국을 견제하려고 힘을 합쳤기 때문이다.

당시 프로이센군의 엄격한 군율과 철두철미한 훈련은 주목을 받았다. 그들은 다른 나라의 군대보다 두 배나 빨리 진형을 재배치할 수 있었다. 1757년 11월 5일에 치러진 로스바흐Rossbach 전투에서 프로이센군은 보병과 기병을 결합해 측면 공격으로 적의 대영을 무너트린 다음 맹공을 퍼부어 승리했다. 이 전투 역시 대왕이 지휘했다. 영국의 막대한 지원도 프로이센의 승리에 도움이 됐다. 1758~1761년 4년간 프로이센은 영국으로부터 해마다 67만 파운드, 대략 335만 달러를 지원받았다. 당시 프로이센 전쟁 비용의 20% 정도였다. 영국의 전쟁 지도자였던 윌리엄 피트 총리William Pitt, 1708~1778, 재직: 1756~1761는 프랑스를 유럽에 묶어두기 위해, 즉 프랑스가 아메리카와 인도에 군대를 파견할 수 없도록 저지하는 역할을 프로이센이 수행하도록 도왔다. 그렇기에 막대한 돈을 프로이센에 퍼부었다. 당시의 피트 총리는 프로이센의 존재 덕분에 아메리카 식민지를 프랑스로부터 빼앗을 수 있었다고 설명했다. 이외에도 1762년 1월 러시아 황제로 취임한 표트르 3세가 전쟁에서 발을 뺀 것도 프로이센의 승리에 도움이 됐다.

1763년 2월 라이프치히 인근의 후베르투스부르크Hubertusburg성에서 평화조약이 체결됐다. 오스트리아는 최종적으로 슐레지엔을 포기했고, 프리드리히 대왕은 다음 황제 선출 시에 테레지아의 아들 요제프 2세를 지지하기로 약속했을 뿐이었다. 같은 해 2월 말 프랑스와 영국은 파리 평화조약을 체결했다. 영국은 북아메리카 식민지 대부분을 얻었으며 인도를 독점적으로 지배할 수 있게 되었다. 캐나다의 프랑스 식민지 전부와 그레나다 등 서인도의 여러 섬, 아프리카의 세

네갈, 지중해의 미노르카 등도 확보했다. 영국은 이런 승리로 명예혁명 후 70년 넘게 벌여온 프랑스와의 전쟁에서 승리를 거둬 이제 거대한 제국으로 가는 길을 열기 시작했다.

오스트리아 왕위계승 전쟁-7년 전쟁 비교

	오스트리아 왕위계승 전쟁 1740~1748		7년 전쟁(프랑스-인도 전쟁) 1756~1763	
발발 원인	• 1739년 영국과 스페인의 서인도 제도 교역권 전쟁이 이듬해 오스트리아 왕위계승 전쟁으로 이어짐 • 오스트리아의 카를 6세가 사망. 딸 마리아 테레지아가 승계 • 프로이센이 슐레지엔 땅을 탐내 마리아 테레지아의 왕위승계에 반대하며 전쟁을 일으킴		• 오스트리아는 프로이센에 빼앗긴 슐레지엔 땅을 탈환하기를 원함 • 프랑스는 영국을 견제하고자 경쟁자였던 오스트리아와 동맹을 체결 • 앙숙이었던 부르봉 가문(프)과 합스부르크 가문(오)이 협력하는 '외교적 혁명'이 성공	
주요 교전국	오스트리아 영국 네덜란드 하노버 왕국	프로이센 프랑스 스페인	영국 프로이센 포르투갈	프랑스 오스트리아 스페인 러시아
결과	• 영국과 프랑스, 1748년 아헨 강화조약을 체결 • 북아메리카와 인도 식민지를 전쟁 이전 상태로 각각 반환 • 프랑스는 잉글랜드의 하노버 왕조를 인정하면서, 프랑스에 거주한 채 잉글랜드 계승권자임을 주장하는 이들을 추방		• 영국, 프랑스와의 식민지 쟁탈전에서 승리 • 영국이 북아메리카, 서인도 제도, 아프리카, 지중해에서 제해권을 확보하고 인도 식민지를 독점 경영하게 됨	
영향	• 영국과 프랑스의 잠정 휴전에 불과 • 제해권, 식민지 문제가 원상으로 회복되었을 뿐 • 프로이센에 슐레지엔을 빼앗긴 오스트리아는 복수를 노렸고, 프랑스는 이를 간파함		• 영국: 과도한 군비 지출로 북아메리카 식민지에 더 많은 세금을 부과 ➡ 식민지 독립의 계기가 됨 • 프랑스: 북아메리카 식민지에 군사 지원을 제공 ➡ 이는 프랑스 혁명 발발의 한 원인이 됨	

슐레지엔 상실은 오스트리아에 큰 손실이었다. 국가 세입의 18%를 잃었고 북동쪽으로 진출하는데 중요한 요충지를 신생 왕국 프로이센에 빼앗겼다.

역사는 종종 예상하지 못한 결과를 낳는다. 7년 전쟁에서 승리한 영국은 막대한 전비를 지출하는 바람에 식민지였던 북아메리카에 인지세와 타운센드 등의 새로운 세금을 부과했다. 이에 식민지가 반발하면서 미국은 독립했다. 프랑스는 미국 독립전쟁에 대군을 파견해 식민지 승리에 큰 도움을 줬다. 그러나 해외에 군을 파견해 왕실 재정이 파탄에 이르렀다. 이 때문에 프랑스의 루이 16세는 삼부회를 소집했고 이게 프랑스 혁명의 도화선이 됐다. '7년 전쟁-미국의 독립-프랑스 혁명'이 이처럼 서로 꼬리에 꼬리를 물고 긴밀하게 연계된다.

프리드리히 대왕,
오스트리아와 프로이센의
이축 시대를 열다

프리드리히 대왕은 당시 강대국 오스트리아를 물리치고 영토를 크게 확대했다.
사람들은 프리드리히 대왕 재위 시기부터 프로이센이 오스트리아와 함께
독일어권의 이축 시대를 열었다고 평가한다.

전략산업 육성과 이민 적극 수용, 부국강병의 기초

후발주자 프로이센이 강대국 합스부르크가의 오스트리아를
상대로 승리를 거둘 수 있었던 이유는 취임 후 지속적으로 개혁정책
을 시행한 덕분이었다.

프리드리히 대왕은 새로운 행정기관으로 관리총국 휘하 제5부를
창설해 상업과 제조업을 감독하도록 했다. 선친은 왕실의 재정과 전
쟁, 토지 등을 관리하는 관리총국을 만들어 운영했다. 대왕은 이 기구
에 다섯 번째 부서를 신설했다. 국가가 상업과 제조업 육성에 나섰다.
여기에 속하는 하위 기관으로 왕실 상업고문관Königlicher Kommerzienrat
에 유명 기업인을 임명했는데, 이들 가운데 유명한 사업가와 제조업
자가 12명이나 됐다. 이들은 수시로 왕을 알현하거나 보고서를 제출
했고, 애로사항도 이야기해 왕의 도움을 받곤 했다. 이외에 각 지역의
지방 관리와 기업인 간의 정례적 대화도 열렸다.

그는 또한 전략산업을 집중 육성했다. 수출을 적극적으로 장려

하고 수입품에 높은 관세를 부과해 수입을 억제하는 중상주의 정책을 폈다. 산업발전의 근간이 되는 슐레지엔의 제철산업은 국가의 지원을 받았고, 철강 기업의 합병도 정부의 주도로 이뤄지곤 했다. 1780~1800년까지 슐레지엔의 노동 인력과 생산력은 무려 500%나 증가했다. 19세기 중엽 슐레지엔은 유럽에서 가장 효율적인 야금산업단지가 됐는데 바로 대왕이 이런 산업 기반을 닦아 놓았다. 슐레지엔 지방의 면적은 다소 변화가 있었으나 현재 한국 국토의 40% 정도를 차지했다. 포메른 지역에 있는 슈테틴의 왕립조선소는 국가가 운영했다. 이 외에도 담배와 목재, 커피와 소금도 국가의 전매사업이었다.

잠사업 분야에도 국가가 투자했고 일반인의 투자도 지원했다. 이는 누에로부터 명주실을 추출해 옷을 만드는 산업이다. 1742년 칙령에 따르면 뽕나무 농장주에게 땅을 무료로 주며 1,000주 이상의 농장 경영주에게는 수익이 발생할 때까지 정원사의 임금을 국가가 보조해 주었다. 뽕나무가 자라나면 이탈리아 누에알을 무료로 공급 받을 수 있었다. 실크산업은 명품의 상징이어서 외국산 수입이 많았다. 이를 금지하려고 잠사업을 장려했고 국가가 이 산업의 큰 손이 돼 약 160만 탈러Thaler(1750년부터 1857년까지 프로이센의 은화)를 투자했다.

외국의 우수한 인력 유치도 계속해서 이뤄졌다. 프랑스의 리옹과 스위스 제네바에서 고급 인력이 프로이센 방적 공장에서 일하기 위해 오곤 했다. 또 함부르크와 마인강 인근의 프랑크푸르트, 레겐스부르크, 암스테르담, 제네바 등에 프로이센 이주민 센터를 열어 우수 인력을 계속 유치했다.

오스트리아와 프로이센의 이축 시대를 열다

이처럼 부국강병을 이룩한 왕이었지만 자신이 애써 가꿔서 키운 왕국이 사후에도 온전하게 유지될지 걱정이 컸다. 그래서 1752년과 1768년 두 번이나 후계자들에게 통치의 근간과 원칙을 담은 정치적 유언을 남겼다.

> "통치자는 국가의 첫 번째 종복이다. 그가 대우를 잘 받아야 자신이 맡은 직무의 존엄성을 유지할 수 있다. 하지만 그 대신에 통치자는 국가의 번영을 위해 효율적으로 일하라는 요구를 받는다."

> "동프로이센 출신 인물은 활발하고 세련되었으나 여전히 분리주의 전통에 집착하기에 충성심을 믿기 어렵다."

> "발트해 포메른 출신의 장교는 완고하지만 솔직하고 능력이 우수하다."

> "내가 오스트리아로부터 빼앗아 우리 국토가 된 슐레지엔 사람은 게으르고 교육도 받지 못했으며 여전히 과거 합스부르크 주인을 잊지 못한다."

첫 번째 문장은 1752년, 나머지 세 문장은 1768년의 정치적 유언에 나온다. 그는 왕을 국민을 위해 일하는 하인으로 여겼던 계몽군주다. 또한 여러 지역을 정복하고 왕국에 합병하였음에도 여전히 남아 있는 지방의 정체성과 분리주의 경향을 묘사했다. 이런 점을 잘 참고해서 통치에 힘쓰라는 의미로 이러한 유언들을 남겼다.

그는 이런 맥락에서 자국의 역사서인 『브란덴부르크 가문의 역사』(1748)와 『7년 전쟁』(1764)도 썼다. 60살이 넘어서는 회고록도 집필했다. 그런데 그는 모국어 독일어를 반¥야만적인 언어로 보았기에 저술 대부분을 프랑스어로 썼다.

> "천재작가라 해도 독일어로는 뛰어난 미학적 효과에 이르는 것이 물리적으로는 불가능하다. 독일어는 반¥야만인의 언어이다."

조국과 백성을 사랑한 군주였지만 아이러니하게도 언어에서는 철저하게 프랑스어를 우선했다.

아돌프 멘젤(Adolph von Menzel)의 〈상수시 왕궁에서 플루트를 연주하는 프리드리히 대왕〉(1850~1852)

대왕이라는 호칭 사용도 치밀하게 준비됐다. 오스트리아 왕위계승 전쟁에서 승리를 거둔 프리드리히는 1748년 12월 28일 베를린으로 귀환했다. 당시 수도에는 수많은 사람이 모여 "프리드리히 대왕, 오래 사십시오."라는 구호를 외쳤다. 또 몇몇 초등학교 합창단은 "만세, 만세, 프리드리히 국왕, 위대하고, 행복하고, 조국의 아버지"라는 노래를 불렀다. 대왕이라는 칭호는 원래 왕과 서신을 교환했던 볼테르가 1742년 여름에 처음으로 사용했다. 이후 전쟁에서 승리를 거둔 후 백성들의 환호를 얻은 그는 1749년부터 대왕 칭호를 드러내놓고 사용하기 시작했다.

『유럽사 이야기』를 쓴 영국의 소설가 D.H. 로렌스는 프리드리히 대왕을 '유럽이라는 지도를 완성한 사람 중의 하나'로 규정했다. 프랑스와 영국, 오스트리아 등 당시 유럽 강대국의 틈바구니에서 존재감이 미미했던 프로이센의 영토를 크게 확대하고 오스트리아와 당당히 겨룰 수 있는 국가로 만든 게 프리드리히 대왕이다. 비슷한 맥락에서 김장수 교수는 대왕의 업적을, '프로이센이 독일어를 사용하는 지역에서 이축=軸 시대를 구축한 것'이라 평가했다. 기존에는 오스트리아라는 하나의 축만 있었다면 프리드리히 대왕 집권 이후 프로이센이 또 하나의 축으로 부상한 것이다. 프로이센은 이제 영국, 프랑스, 오스트리아, 러시아와 함께 유럽의 5대강국으로 인정을 받게 됐다. 대왕의 즉위 전과 비교해 1786년, 46년의 긴 통치를 마치고 숨을 거둘 때 프로이센의 영토와 인구는 각각 60% 증가했다. 또 엄격한 규율을 갖춘 20만 명에 가까운 상비군에다 몇 년간 재정을 걱정하지 않아도 될 정도의 튼튼한 국고도 갖추었다. 부국강병의 모범을 보여줬다. 프로이센과의 전쟁에서 패배한 오스트리아조차 그의 정책을 모방할 정도였다.

프로이센은 후발주자에다 프랑스와 오스트리아 등 강대국과 국경을 맞대고 있었고, 침략에 노출된 평야 지대라는 지정학적 단점을 감수해야 했다. 이런 불리함을 극복하기 위해서는 강력한 군대와 규율, 훈련 그리고 중앙집권적인 관료제가 필요했다. 19세기 후반 프로이센 주도로 독일 통일이 이뤄지면서 강한 규율과 엄격한 규칙이 독일과 독일 국민성을 통칭하게 된다. 국민성은 선입견이 많이 내포된 개념이지만 아직까지 독일과 독일인을 거론할 때 이런 특징이 통용되곤 한다.

특히 군대 규모는 유럽의 어떤 나라보다도 거대하다고 할 수 있다. 1786년 프로이센의 인구는 580만 명, 병력은 19만 5,000명이었다. 국민 29명 당 군인이 1명 수준이었고, 외국인 100명 가운데 3.38명이 군인이었다. 이는 냉전 시기 인구 대비 군인의 비율이 높았던 소련이나 동독과 비슷하다. 대왕의 부관이었던 게오르크 하인리히 베렌호르스트는 "프로이센 왕국은 군대를 보유한 국가가 아니다. 국가를 보유한 채 그곳에 주둔한 군대 그 자체다."라고 표현했다. 군대가 비대해져서 국가라는 기구를 소유했다는 의미다.

지도8 제1차 폴란드 분할

프리드리히 2세가 프로이센 국왕으로 집권하던 시기, 프로이센−러시아−오스트리아 삼국이 폴란드의
영토를 분할하여 자국 영토로 흡수했다.

나폴레옹의 침략에 맞서 독일 민족이 형성되다

나폴레옹이라는 국난에 직면한 프로이센은 독일어를 쓰는 민족의
대변자임을 자처했다. 이 과정에서 '상상의 공동체'라 불리는
독일 민족이 점차 만들어지게 된다.

상상의 공동체

민족주의 연구가 베네딕트 앤더슨은 민족이 그냥 주어지는
것이 아니라 특정한 시공간에서 만들어진, '상상의 공동체Imagined Com-
munities'라고 봤다. 독일 안에 있던 수백 개의 영방국가 사람들은 독일
어를 사용했지만, 이들의 충성심은 그들이 거주한 영방국가에 국한
돼 있었다. 그러나 나폴레옹이 독일을 갈기갈기 찢어 놓으며 독일 민
족의 형성이 촉진됐다. 파괴적인 외적의 위협 앞에서 같은 언어와 의
식을 공유하는 민족 정체성이 점차 형성됐다.

라인강 유역의 영방국가가 나폴레옹을 지지한 이유

1792년 프랑스 혁명군이 발미에서 프로이센과 오스트리아 등 유
럽 강대국들의 연합군을 물리칠 수 있었던 이유 중 하나가 그들이
시민군이라는 점이다. 유럽 강대국 군의 상당수가 용병이었지만 프
랑스 시민군은 '나뉠 수 없는 하나의 민족'이라는 의식으로 똘똘 뭉

쳤다.

　프로이센 할레 대학교 출신의 라우카르트는 프랑스 군대의 포로가 돼 나폴레옹을 위해 싸웠다. 여러 전투를 거치면서 프랑스군의 조국애를 몸소 체험한 그는 "독일인에게는 조국이 없기에 프랑스 사람들처럼 진정한 조국 사랑을 알 수 없다."라고 썼다. 1806년 프랑스 황제가 결성한 라인 동맹Rheinbund은 프랑스 위성국가 연합이다. 라인강을 끼고 있던 바덴과 뷔르템베르크, 바이에른 왕국 등이 이 동맹에서 중추가 됐다. 프로이센의 숙적이던 작센도 여기에 속했다. 제조업이 발달했던 작센 왕국은 나폴레옹의 대륙봉쇄령 혜택을 톡톡히 봤다. 영국과의 교역이 어려워진 러시아 등이 작센의 물건을 더 구매했다. 참고로 1813~1814년 영국 주도로 마지막 대對프랑스 동맹이 결성됐을 때도 작센만은 이 동맹에 불참했다. 빈 회의에서 프로이센이 작센 왕국의 절반을 가져간 것도 나폴레옹 편에 섰기 때문이다. 라인강 유역에 위치했던 수십 개의 소규모 왕국은 프로이센과 오스트리아라는 강대국의 틈바구니에서 나름대로 생존책을 고민했다. 프로이센이나 오스트리아에 합병돼 왕국이 사라질 바에야 나폴레옹 편에 서는 것이 왕국 보존에 더 유리하다고 판단했던 것이다.

독일 민족의 대변자를 자처한 프로이센

　1813년 봄 나폴레옹이 러시아에서 퇴각 중이라는 소식이 전해지면서 독일의 많은 사람이 환호했다. 3월 17일 프리드리히 빌헬름 3세는 「나의 백성에게」라는 호소문을 발표했다. 이 호소문에서 왕은 프로이센뿐만 아니라 나폴레옹에 대항하는 다른 영방국가 사람도 독일인으로 호명했다. 그리고 프로이센이 이 항쟁의 구심점임을 명시했다.

> "친애하는 백성들에게 곧 시작될 전쟁의 이유를 설명할 필요가 없습니다. … 브란덴부르크 사람들이여, 프로이센인들이여, 슐레지아인들이여, 포메라니아인들이여, 리투아니아인들이여! 지난 7년간 얼마나 큰 고통을 겪어 왔는지 알 것입니다. … 우리들 개개인이 어떠한 희생을 감수하게 되더라도 프로이센인이나 독일인이기를 포기하지 않는다면, 우리는 희생된 것들보다 훨씬 더 중요한, 성스러운 권리를 얻을 것입니다. 이를 위해 우리는 끝까지 싸워 이겨야 합니다. 최후의 명운을 가를 전투입니다. 우리의 독립과 번영 그리고 생존이 이 전투에 달렸습니다."
>
> _필자의 번역

한 페이지 남짓한 이 호소문의 파급효과는 컸다. 나폴레옹을 규탄하고 독일 민족의 하나됨을 묘사하는 많은 문학작품이 잇따라 발표됐다. 나폴레옹과의 전쟁은 민족의 명운을 건 전쟁으로 여겨졌다. 시민들과 수공업자들이 자원입대했고 부인들은 병기 제조에 필요한 철을 마련하라고 금붙이를, 붕대를 만들라고 옷감을 내주었다.

프로이센과 비교해 오스트리아는 나폴레옹 전쟁에서 그 역할이 적었다. 오스트리아의 외무장관 메테르니히는 중부 유럽에서 러시아의 영향력이 확대되는 걸 우려한 탓에 1813년 8월에서야 영국이 주도하는 반反프랑스 동맹에 합류했다. 이런 이유로 전후 유럽의 구질서

회복을 논의한 1814~1815년 빈 회의에서 오스트리아는 프로이센에 비해 추가로 얻어 낸 영토가 많지 않았다. 반면에 메테르니히는 빈 회의를 주재하며 프랑스 혁명 이전의 구질서 회복과 세력균형을 유럽 질서의 기본으로 제시했다. 이후 비스마르크가 주도한 독일 통일이 성공하기까지, 프로이센과 오스트리아는 통일의 주도권을 차지하기 위해 오랜 기간 경쟁하고 투쟁한다.

이처럼 나폴레옹의 침략은 독일의 근대화와 민족주의를 촉진했다. 그러나 메리 풀브룩 교수가 지적했듯이 루터의 종교개혁과 프리드리히 대왕 시대의 계몽주의와 경제발전 등 독일은 꾸준히 경제·사회·문화적으로 발전하고 있었다. 나폴레옹이라는 외부의 자극과 독일 내부의 발전이 결합해 독일 민족이라는 개념이 점차 형성되었다.

라인강을 끼고 있던 바덴과 뷔르템베르크, 바이에른 왕국 등은 가톨릭을 믿었다. 이들이 나폴레옹이 만든 라인 동맹에 합류한 이유는 왕국을 보존하고 경제적 이익을 얻기 위해서였다. 또 개신교를 내세운 프로이센과 정체성이 다르다는 점도 있었다.

프로이센, 나폴레옹 전쟁에서 죽다 살아나다

프로이센은 나폴레옹과의 전쟁에서 크게 패배해 국토의 절반을 빼앗기는 처참한 신세로 전락했다. 이런 치욕을 겪은 프로이센에서는 왕의 지휘 아래 관료와 군인, 법률가들이 주체가 되어 평민에게도 군 장교가 될 기회를 제공하고, 대학을 설립하는 등 개혁을 단행했다

1806년 예나-아우어슈테트 전투와 1807년 틸지트 강화조약

"여러분, 이분이 아직 살아있었더라면 짐은 이 자리에 있지 못했을 겁니다."

1806년 10월 26일. 프로이센군을 대파한 프랑스의 나폴레옹은 포츠담에 있는 상수시 궁전을 찾았다. 프리드리히 대왕의 묘를 참배한 그는 경의를 표했다. 대왕의 원정기를 탐독하고 개인 금고에 대왕의 작은 흉상까지 소장했을 정도로, 그는 자신이 정복한 나라의 대왕을 숭배했다. 그런데 여기서 그친 게 아니다. 그는 대왕의 검, 대왕 때 제작된 검은 독수리 문장을 파리로 보내게 했다. 승리의 전리품으로 취한 것이다. 이는 프로이센에 씻을 수 없는 치욕을 준 셈이었다. 수도가 정복되어 왕은 저 멀리 줄행랑을 쳤고 위대한 왕의 유품을 빼앗기

다니!

패배한 프로이센의 프리드리히 빌헬름 3세1770~1840, 재위: 1797~1840는 국토 최동단 발트해의 오지 메멜Memel까지 도주했다. 베를린에서 1,200km, 쾨니히스베르크에서도 100km 넘게 떨어진 곳이다. 왕과 왕비, 대신들은 겨우 국고를 빼내 피난길에 올랐다. 12월 추운 어느 날에는 헛간에서 잔 적도 있었다. 프리드리히 대왕은 "게으

베를린 중심가에 있는 프리드리히 대왕의 기마상

른 왕이면 30년 안에 나라를 망가트릴 것이다."라고 경고했었다. 실제로 대왕이 서거한 후 20년 만에 나라가 나폴레옹에게 산산조각이 날 지경에 처했다. 어떻게 이런 일이 일어났을까? 사방이 적군에 노출돼 있어 외침에 취약한 지정학적 단점은 프로이센 왕이라면 누구나 다 짊어지게 되는 어쩔 수 없는 조건이었다. 그렇기에 이 지경까지 이른 건 프로이센의 잘못된 외교정책 때문이라 봐야 할 것이다. 프리드리히 빌헬름 3세는 1797년 즉위 이후 나폴레옹의 전쟁에 휘말리지 않으려고 선대부터 지켜온 중립노선을 유지했다. 나폴레옹이 러시아나 오스트리아군과 전투를 벌이면서 종종 프로이센 영토를 통과하게 했다. 왕과 대신들 사이에 프랑스와 러시아 중 누구와 동맹을

체결할 것인지를 두고 의견이 분분했다. 강력한 무력이 뒷받침되지 않는 중립정책은 무의미했기 때문이다. 1806년 예나Jena에서의 참패는 프로이센이 러시아와의 동맹 체결을 주저하다가 속절없이 프랑스 군대에 당한 결과이다. 당시 프로이센은 강대국의 군사 지원을 확보하지 않은 채 나폴레옹과 전투를 벌이는 중대한 실책을 저질렀다.

프로이센의 왕은 1806년 10월 1일 프랑스에 전쟁을 선포했다. 10월 14일 예나-아우어슈테트Jena-Auerstedt 전투에서, 프로이센 군대 53,000명과 프랑스 군대 54,000명이 격돌했다. 프로이센은 비슷한 군대 규모에도 불구하고 나폴레옹 군대에 참패당했다. 나폴레옹 군대의 유연하고 신속한 전술에 비해 프로이센군은 그렇지 못했다. 2주 후 할레에서도 무참히 깨졌다. 프로이센의 모든 요새가 프랑스 군대에 점령당했다. 프랑스 황제는 베를린에 입성한 뒤 포츠담으로 갔다. 이후 나폴레옹은 한 달을 더 베를린에 체류하면서 그해 11월 말 베를린 칙령을 발표해 영국과의 교역을 금지했다. 대륙 봉쇄령이다. 나폴레옹에 대항하는 동맹의 중심축이었던 영국은 이듬해 프랑스가 지배 중인 유럽 여러 국가에 해상봉쇄로 대응했다. 프랑스에 굴복했거나 점령당했던 프로이센이나 스페인이 이를 위반하고 교역하면 해상권을 장악한 영국 해군이 교역을 하던 선박을 나포했다. 기진맥진해진 프로이센은 1807년 봄 뒤늦게 러시아와 동맹을 체결한 후 그해 6월 러시아의 지원을 받아 동북부의 프리틀란트에서 격렬하게 싸웠지만 크게 패배해 나라가 산산조각이 났다. 나라의 운명을 나폴레옹과 러시아의 알렉산드르 1세에 맡기는 신세로 전락했다.

프랑스와 러시아 황제는 6월 25일 오후에 칼리닌그라드에 있는 네

만강_{Neman} 중간의 뗏목 위에 임시로 세워진 정자에서 첫 정상회담을 가졌다. 이후 몇 차례 회담을 더 가져 7월 7일 틸지트 조약이 체결됐다. 이 조약에서 러시아와 프랑스는 서로의 세력권을 인정했다. 또 비밀조항을 두어 전쟁이 발발하면 서로 돕기로 약속했다. 두 황제가 협상을 벌이는 동안 프리드리히 빌헬름 3세는 강가에서 말을 타며 근심에 빠진 채 회담 결과를 기다렸다. 7월 9일 프랑스와 프로이센도 조약을 체결했다. 전쟁에서 진 현실이 그대로 조약에 반영됐다. 전쟁 전을 기준으로 국토의 절반을 프랑스에 넘겨줬다. 군대도 43,000명으로 축소해야 했고 거액의 배상금을 지불해야만 했다. 전쟁 전 프로이센의 인구는 975만 명이었는데 국토의 절반이 떼어져 나가는 바람에 450만 명으로 줄었다. 이나마도 러시아의 차르가 나폴레옹에게 간청해 국가로서 프로이센이 겨우 존속할 수 있었다.

슈타인과 하르덴베르크의 개혁₁₈₀₇₋₁₈₁₄

이런 치욕을 겪은 프로이센에서는 왕의 지휘 아래 관료와 군인, 법률가들이 주체가 되어 개혁을 단행했다. 왕이 보기에 기술적인 열세는 물론이고 정치적 의지가 매우 부족했기에 국가가 붕괴한 것이다. 발트해 인근 슈테틴의 요새에는 5,000명의 수비대가 주둔했고 식량공급도 완벽했는데 800명에 불과한 프랑스의 기병대에 항복했다. 병력 면에서 비교하면 1/6도 안 되는 적군에 졌던 것이다. 재상이 된 카를 폰 슈타인 남작_{Karl von Stein, 1757~1831}과 카를 아우구스트 폰 하르덴베르크_{Karl August von Hardenberg, 1750~1822}가 개혁을 주도했다. 개혁 내용은 크게 군대와 관료제 정비, 조세와 교육의 개혁, 경제에서의 경쟁원리 도입이다.

　귀족 출신만이 장교가 될 수 있었던 기존의 관습을 철폐하고, 능력에 따라 장교가 될 수 있도록 자격 요건을 개방했다. 농민 출신이라도 공을 세우면 장교로 승진할 수 있었다. 또한 용병제가 폐지되고 징병제가 도입됐다. 1807년 후반기에는 군사재편위원회를 설치했다. 책임자는 게르하르트 요한 다비트 폰 샤른호스트였고 나머지 3명 중에는 『전쟁론』을 쓴 카를 폰 클라우제비츠Carl von Clausewitz, 1780~1831도 있었다. 게다가 패전의 책임이 있는 장교를 대규모로 물러나게 했다. 전체 장교 중 208명이 예편당했고 살아남은 장교는 전체의 1/4 정도에 불과했다. 이외에 전쟁부를 신설해 참모 기구의 유기적 결합과 조정을 꾀했다.

　중앙행정부 조직의 경우, 권력을 집중하고 책임을 지는 현대식 내각제도와 유사하게 만들었다. 이전에는 여러 대신들이 왕의 총애를 받는 비서관이나 보좌관들과 충성 경쟁을 하는 식으로 업무를 진행했다. 업무를 중복으로 진행하는 경우도 많았고, 자기 업무에 책임지는 구조도 아니었다. 슈타인은 1808년 10월 개인 보좌관으로 이뤄진 내각을 해산하고 책임이 명확하게 구분된 다섯 명의 대신으로 중앙행정부를 구성했다. 내무부, 외무부, 재무부, 교육부, 국방부 장관들은 왕이 거느린 고문들의 간섭을 받지 않고 그들의 부처를 관장했으며 왕을 알현할 권리를 보유했다. 국가의 중앙집권화가 이뤄졌다.

　1807년 10월 칙령에 따라 귀족의 특권이 폐지되고 평민에게도 공직이 개방됐다. 이 칙령으로 예속 상태에 있던 농민들이 해방됐다. 엘베강 동쪽은 슬라브족과 인접한 국경지역이었기에 국가에서 대규모로 토지를 주어 귀족들을 이주하게 했다. 이곳에서 대농장을 경영하는 토지 귀족을 융커Junker라 불렀다. 이곳에 예속됐던 농민들은 이제 토지를 소유하고 직업도 선택할 수 있게 됐다. 국가 운영의 핵심인 관료사회와 군대에 일종의 능력주의를 도입했다. 또 1810~1811년의 영업 자유령으로 경쟁원리가 도입됐다. 길드는 직종별 이익단체로 시장진입을 저해하고 자유로운 경쟁을 방해했었다. 이를 폐지해 자유 노동시장을 형성하고자 했다. 농업에서도 변화가 있었다. 귀족 토지의 구매 제한이 철폐돼 자유로운 토지 거래가 가능해졌다.

조세개혁은 일부만 성공했다. 1806년부터 4년간 국가부채는 프랑스에 전쟁배상금을 지불해야 하는 바람에 2배 정도 급증했다. 하르덴베르크는 토지세를 균등하게 부과하고 시골 귀족에게 특혜를 주는 제도의 예외 조항을 폐지하고 항구적인 소득세를 도입해 세수를 늘리려 했다. 하지만 귀족들의 완강한 반대로 실패했다. 대신 시민들이 부담하는 소비세를 도입했는데 이는 극빈층에 가장 큰 부담이 됐다.

대학도 국가발전에 필요한 인력을 양성하기 위해서 설립됐다. 빌헬름 폰 훔볼트Wilhelm von Humboldt, 1767~1835는 1809년 교육부 장관에 임명됐다. 이듬해 베를린 대학교가 설립됐다. 나폴레옹의 침략으로 영토를 상실해 할레 대학교가 프로이센 대학계의 왕좌를 잃었기에 1810년 새로운 대학을 설립했다. 그는 교육개혁이 없는 관료제나 군대 개혁은 부족하다고 봤다. 교육을 개혁해 피동적인 백성을 가르쳐 자발적으로 국가에 충성하게 만들고자 했다. 우수한 인력을 키워 관료로 임명해 국가발전에 기여하기 위해서다. 1807년 고용법에 따르면 대학에서 법을 전공해야 고위 관료가 될 수 있었다. 이후 이 대학

출신의 많은 우수 인력이 관료로 진출했다.

훔볼트의 교육철학은 국가의 간섭을 배제했다. 국가는 학설이나 학계를 주도하는 교수들이 학술적 다원주의를 억압하려 할 때에만 '자유의 보증인'으로 중재해야 한다고 여겼다. 그의 이런 교육관은 다른 나라에도 널리 전파됐다. 아래의 인용은 그의 교육관을 선명하게 보여준다.

> "초등교육에서 교사가 나오듯이, 교사는 중등교육을 통해 스스로를 없애도 되는 존재로 만든다. 이런 의미에서 대학 교원은 더 이상 교사가 아니며 대학생도 더 이상 배우는 학생이 아니다. 대학생은 스스로 연구하며, 교수는 학생의 연구를 이끄는 과정에서 그를 지원한다. 대학 수업은 학생이 학문 연구의 통일성을 파악하도록 안내하고 거기서 창의력을 요구하는 과정이기 때문이다."
>
> _크리스토퍼 클라크, 『강철왕국 프로이센』, p. 457에서

이런 개혁의 큰 물결 속에서도 기득권층의 반대도 만만치 않았다. 1807년 프로이센 왕이 슈타인 남작을 수석보좌관으로 임명해 개혁을 추진하자 나폴레옹이 해임을 요구하는 바람에 힘이 없던 왕은 그를 해임해야만 했다. 하르덴베르크는 1810년 새로 등용돼 초대 총리 Staatskanzler 라는 직함을 받았다. 이런 개혁은 농업 노동자와 농민에게는 상대적으로 혜택이 적었고 지주들에게 유리했다. 이들은 복잡한 세습권에서 자유로워진 땅에 노동력을 투입해 농업 생산성을 높였다. 세습 영지의 권리 폐기도 귀족들이 반발하자 일부는 세습을 인정

하는 식으로 타협이 이뤄졌다. 귀족의 반발은 신분제의 잔재가 강한 동프로이센에서 아주 컸다.

베를린 대학교는 1828년 당시 왕의 이름을 따 '프리드리히 빌헬름 대학교'로 개칭됐다. 이 대학은 제2차 세계대전 후 동서독으로 분리된 후 동독에 속하게 됐다. 동독 정권 설립 해인 1949년 설립에 큰 공이 있는 사람의 이름을 따서 '훔볼트 대학교'가 됐다. 이 대학은 각종 대학평가에 따르면 독일 내 대학에서 10위 안에 든다.

빈 회의의 최대 수혜국, 프로이센

나폴레옹 지배 체제를 종식시킨 워털루 전투에 프로이센이 크게 기여한다.
덕분에 영토를 획득하고, 인구를 두 배로 늘렸다.

1813년 10월 라이프치히 전투, 나폴레옹의 몰락을 초래하다

불세출의 영웅처럼 보였던 나폴레옹은 1812년 6월의 러시아 원정에서 참패하면서 몰락하기 시작했다. 프랑스 황제가 영국과의 교역을 금지했음에도 러시아와 오스트리아 등 유럽 각국은 몰래 영국과 교역을 했다. 나폴레옹은 러시아를 벌하기 위해 60만 대군을 이끌고 러시아 정복에 나섰다. 러시아는 초토화 작전을 쓰면서 작전상 후퇴를 했다. 적군이 사용할 수 있는 물자를 모조리 없애버리며 물러났다. 물자를 주로 현지에서 구했던 프랑스 군대는 점차 어려움에 빠졌다. 겨울이 다가오자 프랑스 군대의 보급이 어려워졌고, 동장군이 급습하자 러시아는 대규모 반격을 시작했다. 프랑스 황제가 점령했던 프로이센과 작센 지역 사람들도 이 전쟁에 징발됐는데, 살아 귀국한 병사는 30,000명도 채 되지 않았다.

열세에 몰린 나폴레옹에 대항하고자 프로이센은 다시 무기를 들었고 영국이 막대한 돈으로 프로이센과 러시아군에 군복과 식량을 계속 지원했다. 1813년 10월 프랑스 황제는 베를린으로 진격해 자신에게 대항하는 동맹군을 섬멸하려 했다. 진격 중이던 프랑스 군대에 맞서 프로이센, 오스트리아, 러시아, 스웨덴 등의 연합군이 16일부터 나흘간 라이프치히에서 전투를 벌였다. 나폴레옹 군대 18만 5,000명과 비교하자면 연합군의 군대는 13만 5,000명이 더 많았고, 백전노장들이 이 전투를 지휘했다. 게프하르트 폰 블뤼허 장군Gebhard Leberecht von Blücher이 프로이센군을 이끌었다. 여러 나라의 군대가 나폴레옹에 맞서 싸워서 제諸국민 전투Völkerschlacht bei Leipzig, The Battle of the Nations라고도 불린다. 전투 첫날 오스트리아군과 프로이센군이 합동 공격을 했으나 프랑스나 연합군 모두 승기를 잡지 못했다. 하지만 이튿날 러시아와 스웨덴군이 합류하면서 연합군이 승리했고, 나폴레옹의 독일권 지배는 끝났다. 이는 제1차 세계대전이 발발하기 전 유럽에서 벌어진 가장 큰 전투였다. 이 승리를 계기로 1806년 프로이센을 패퇴시킨 후 나폴레옹 황제가 라인강 동쪽의 여러 영방국가를 합쳐 결성한 라인 동맹도 해체됐다. 연합군은 나폴레옹을 추격해 1814년 5월 프랑스 파리를 점령했고 그를 지중해의 엘바섬으로 유배를 보냈다.

그러나 여기서 끝이 아니었다. 1815년 3월 승전국 영국과 러시아, 오스트리아, 프로이센 등은 전후 질서를 논의하는 회의를 오스트리아의 수도 빈에서 열었다. 이때 엘바섬을 탈출한 나폴레옹이 다시 파리로 진격했고 결국 그해 6월 18일 워털루에서 반反프랑스 연합군과 나폴레옹의 최후 일전이 펼쳐졌다. 영국군은 나폴레옹 군대와의 전투를 벌여 승리를 거뒀던 노련한 웰링턴 공Duke of Wellington이 지휘했고 프로이센군은 블뤼허 장군이 이끌었다. 전투 막판에 도착한 블뤼허 장군의 지원이 프랑스 군대를 항복하게 했다. 벨기에 수도 브뤼셀에서 남쪽으로 약 15km 떨어진 자그마한 들판 워털루에서 거의 하루종일 전투가 벌어졌다. 웰링턴이 이끄는 연합군은 68,000명, 나폴레옹 군대는 73,000명 정도였다. 전투 개시 이후 5시간 동안 양측은 한 치의 양보도 없이 치열한 공방을 벌였다. 그러다 오후 4시쯤 블뤼허 장군이 이끄는 50,000명의 프로이센군이 프랑스군을 후방과 측면에서 집중 공격했다. 양측의 합동 공격으로 나폴레옹의 야심은 끝이 나게 됐다. 황제로 유럽을 호령했던 나폴레옹은 대서양의 고도 세인트헬레나로 유배되어 1821년에 숨을 거두었다.

빈 회의 최대 수혜국, 프로이센

프로이센은 빈 회의 및 빈 체제에서 가장 큰 수혜를 얻었다. 빼앗겼던 국토를 되찾는 것은 물론이고 영토도 더 얻고 인구는 두 배로 늘었다. 나폴레옹 전쟁으로 가장 큰 피해를 입었고 프랑스 격퇴에 많은 희생과 노력을 쏟아부은 것에 대한 보상이었다. 나폴레옹 편에 섰던 라인강 유역과 베스트팔렌 지역이 프로이센에 편입됐다. 라인강 유역은 상공업이 발달하고 철강과 석탄 등 자원이 풍부한 지역이다. 인구가 늘어났을 뿐만 아니라 경제발전에 필요한 인력과 자원도 추가로 얻었다. 작센 왕국의 절반도 프로이센으로 들어왔다. 반나폴레옹 동맹의 축이었던 영국은 프로이센을 키워 프랑스를 제어하려 했다. 이런 영토 확대로 영국이 원하던 대로 프로이센은 프랑스를 감시하는 '라인의 파수꾼'이 됐다. 그러나 프로이센은 아주 이질적인 지역을 편입했기에 국민통합이라는 어려운 문제에 직면했다. 라인강 지역은 가톨릭이 주류였고 친프랑스 성향이 강했다. 반면에 독일 지역 북부에 기반을 둔 프로이센 국민은 대부분 개신교였고 프랑스에 적대적이었다. 경제적으로는 이득이었지만 종교도 다르고 심성도 다른 라인란트 주민들을 프로이센 왕국으로 통합하는 것은 쉽지 않았다.

반면에 오스트리아가 얻은 것은 그리 크지 않았다. 오스트리아는 이탈리아의 롬바르디아-베네치아, 티롤, 잘츠부르크 등을 얻었을 뿐이다. 이미 1806년에는 프랑스의 나폴레옹 황제가 신성로마제국을 해체했다. 1805년 12월 초 아우스터리츠 전투에서 약 68,000명의 프랑스 군대가 90,000명의 러시아-오스트리아 연합군을 물리쳤는데, 이 전투에서 이긴 나폴레옹은 이듬해 신성로마제국을 없애고 라인 동맹을 결성했다. 프랑스와 오스트리아-러시아 사이에 완충지대 역할로 이 동맹을 만들었던 것이다. 프로이센과 오스트리아를 제외한 독일 내 대부분의 영방국가가 이 동맹에 속했었다.

프랑스의 패배로 라인 동맹을 포함한 나폴레옹 시대의 유산도 개편됐다. 베스트팔렌 조약 당시 300개가 넘던 영방국가가 34개의 군주국과 4개의 자유도시로 재편됐다. 38개의 영방국가가 '독일 연방Der Deutsche Bund'을 구성했는데 이는 느슨한 국가연합체였다. 이후 1817년 이후에는 독일 연방 국가가 39개로 늘어난다. 독일 연방의 유일한 기구는 마인강 인근 프랑크푸르트에 설치된 연방의회Bundestag 였다. 이 의회는 신성로마제국 시절에 제국의회가 열렸던 도시에 들어섰다. 연방의회는 오스트리아가 의장국가인 상설 기구로, 각 영방의 전권 대표들로 구성된 사절 회의의 성격을 지녔다. 39개 영방국가

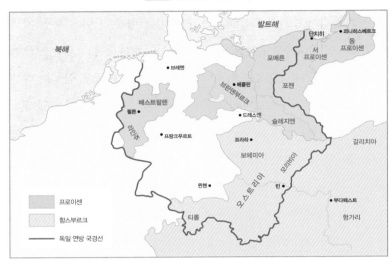

지도9 1815년 독일 연방

북해

발트해

단치히 • • 쾨니히스베르크
동 프로이센
서 프로이센
포메른
포젠
• 브레멘
베를린 •
브란덴부르크
베스트팔렌
쾰른 •
라인란트
드레스덴 •
슐레지엔
갈리치아
• 프랑크푸르트
프라하 •
보헤미아
모라비아
뮌헨 •
빈 •
오스트리아
• 부다페스트
헝가리
티롤

◻ 프로이센
▨ 합스부르크
— 독일 연방 국경선

1815년 성립된 독일 연방의 지도를 보면, 프로이센 못지 않게 합스부르크 가문의 영토도 꽤 넓다는 것을 알 수 있다.

는 각각이 외국과 독자적인 조약체결권을 보유했다. 중앙 행정기구가 없었기에 연합 혹은 연방국가가 아니라 느슨한 국가연합체라 할 수 있다. 비록 오스트리아가 연방의 의장이 됐으나 회원 가운데 프로이센이 가장 강력한 나라였다.

> 빈 회의로 확립된 당시 유럽의 전후 질서를 빈 체제라 부르며 1848년 2월 혁명이 발발할 때까지 이 질서가 유지됐다. 프로이센과 오스트리아, 러시아, 영국과 프랑스 등 주요 5개국이 참여했고, 현상 유지와 세력균형을 추구하며 민족주의 세력을 강경하게 탄압했다.

임마누엘 칸트, 영구평화론을 제시하다

계몽주의 철학자 임마누엘 칸트는 공화주의 통치 형태를 갖춘 주권국가들이 국가연합체 구성에 합의하여 평화를 보장하자는 영구평화론을 제시했다.

계몽주의 철학자, 임마누엘 칸트

임마누엘 칸트Immanuel Kant, 1724~1804는 프리드리히 대왕과 동시대인이다. 항구도시 쾨니히스베르크에서 출생해 평생 이곳에서 가르치며 책을 썼다. 매일 너무나 정확한 시간에 정해진 일을 했기에, 항도의 시민들은 철학자의 산책을 보며 시간을 맞췄다. 하지만 이런 그조차 1789년 7월 14일 파리 시민들이 바스티유 감옥을 급습해 혁명을 시작했다는 소식을 듣고 산책을 연기한 적이 있다. 이 혁명이 몰고 올 엄청난 파도를 직감했기 때문이었다.

15년간 무보수 강사로 수강생들이 지불하는 강사료에 의존해 어렵게 살던 그는 1770년 46살에야 철학과 정교수로 임명됐다. 철학사에서 칸트는 대륙의 합리론과 영국의 경험론을 통합했다는 평가를 받는다. 베를린과 쾨니히스베르크를 중심으로 전개된 프로이센 계몽주의 시대의 대표적인 철학자다. 그의 관념론은 이성을 중시한 계몽주의의 시대적 흐름에서 나왔다.

합리론과 경험론을 통합한 칸트

우리가 태어날 때부터 갖고 나온 게 선험적 지식이다. 대륙 합리주의 철학의 대표자인 프랑스의 데카르트René Descartes, 1596~1650는 현실에서 존재하는, 즉 실재實在하는 모든 것을 의심하고 정말로 존재하는지를 곰곰이 생각했다. 하지만 생각하는 본인의 존재는 의심할 수 없다고 확신했다. 그래서 "나는 생각한다. 고로 존재한다Cogito, ergo sum." 라는 명언이 나왔다. 우리는 신 덕분에 지식을 갖춘 채 태어난다고 여겼고, 그런 지식을 선험적 지식으로 이해했다. 인간의 내면에 선천적으로 이성이 존재하며 우리는 이 이성으로 세상을 인식할 수 있다고 봤다. 그는 정신과 육체가 분리되었다고 생각했는데, 정신의 우위를 강조했으며 지식을 얻는 방식으로 연역법을 주로 사용했다. 그의 사고는 만물의 근원을 '이데아'로 보고 현실 세계를 이데아의 그림자로 인식한 플라톤의 사고와 맥이 닿아 있다.

영국의 경험론은 이러한 데카르트의 선험적 지식과 정반대이다. 시각과 청각, 후각 등 우리의 감각이 인식해야 지식을 얻는다고 주장했다. 감각이 인식하기 전에 우리의 마음은 백지상태다. 감각이 작동하면서 이 백지가 지식으로 채워진다. 칠판에 글자를 쓰듯이 백지에 우리가 감각으로 얻은 지식을 써나간다. 플라톤의 제자 아리스토텔레스가 현실 경험을 중시한 것과 유사하다.

칸트의 3대 주저는 『순수이성비판』(1781), 『실천이성비판』(1788), 『판단력비판』(1790)이다. 그는 이 책들에서 각각 이성과 도덕, 미를 집중적으로 해부했다. 칸트는 선험적이고 종합적인 명제로 영국의 과학자 아이작 뉴턴의 열역학 법칙을 예시로 제시했다. 이와 같은 물리학의 법칙은 선험적이고 종합적이다. "총각은 결혼하지 않았다." 따위의 명제는 경험·분석적이고 동어반복이지, 새로운 지식을 전달하지 않는다. 그러나 뉴턴의 '작용과 반작용의 법칙'은 지구 어디에서나 작용하며 우리의 지식을 확장해 주기에 선험적이고 종합적인 명제다. 칸트는 이성을 하나의 원리로 통합시키며 추리하는 능력으로 봤다. 우리가 무엇을 인식하려면 감성이 먼저 작용하고 이어서 오성, 마지막 단계가 이성이다.

이 철학자는 인간을 목적 그 자체로 평가해야지, 수단이 되어서는 안 된다고 주장했다. 예컨대 "네가 내게 잘해준다면, 나도 잘해줄 것이다."와 같은 도덕명령은 잘못이라고 봤다. 그는 정언定言명령Kategorischer Imperativ을 제시했다.

첫 번째 정언명령은 "네 의지의 준칙이 언제나 동시에 보편적 입법의 원리가 될 수 있도록 행동하라."이다. 내가 어떤 행동을 할 때, 다른 모든 사람이 해도 괜찮다고 할 행동을 하라는 의미다.

두 번째 정언명령은 "너 자신과 다른 모든 사람의 인격을 언제나 동시에 목적으로 대하도록 행동하라."이다. 인간을 절대적인 가치를 지닌 인격체로서, 수단이 아닌 목적으로 대해야 한다고 강조했다.

공화정과 국제연맹으로 영구평화를 구축하라

칸트의 3대 주저는 비교적 잘 알려졌으나 그가 영구평화를 위한 구체적인 사상과 해법을 제시했다는 사실은 덜 알려졌다. 프리드리히 대왕 치세 때 그는 전쟁을 멀리서나마 자주 목도했고, 이에 따른 희생을 너무 잘 알고 있었다. 이런 시대적 배경에서 『영구평화론: 하나의 철학적 기획Zum ewigen Frieden, Ein philosophischer Entwurf』은 1795년에 출간됐다.

그는 전쟁이 인간사에서 어쩔 수 없이 일어남을 인정했다. 하지만 이를 극복하기 위한 도덕적 필연성을 강조했고 이것이 실천이성이 우리에게 부과하는 명령이라고 여겼다. 전쟁이라는 자연적 필연성을 넘어서고 평화를 확립해야만 인간의 자유와 존엄이 유지될 수 있다고 봤다. 칸트는 공화주의 통치 형태를 갖춘 주권국가들이 국가연합체 구성에 합의하여 우호적인 방문권을 보장하는 세계시민법 제정을 제안했다.

공화정 체제는 전제정 체제의 반대 개념이다. 자유로운 개인 모두가 하나의 공통된 입법에 의존하며, 국가 시민을 평등하게 대우하는 정치 체제다. 이를 국가 간의 관계로 확대하면 거대한 단일 세계정부가 아닌 여러 나라가 연대하는 국제연맹과 유사하다 할 수 있다. 지구상의 모든 국가가 하나의 세계국가로 통합된다면 더는 국제법이 필요하지 않고 이 나라 시민의 삶을 규정한 시민법만이 필요하다. 그렇다면 국제연맹과 같은 유사한 기구가 어떻게 평화를 보장해줄 수 있는가? 칸트는 이 문제의 해답을 자연의 섭리에서 찾았다.

인간들 사이에 자연스럽게 조성되는 전쟁상태 바로 그 자체가 인간을 평화로운 법적 상태로 이행하지 않을 수 없게 강제한다고 봤다. 이게 바로 자연(의 섭리)이다. 어느 한 나라에서 공화정 체제가 성립되는 이유는 간단하다. 한 국가 안에서 만연한 폭력 상태와 이로 인해 생기는 곤궁 때문에 시민들은 한 국가의 법체제를 만들어 이를 저지하려 했다. 이를 국가 간의 체제에서 본다면, 국가 간에 계속해서 전쟁이 발발하면 수많은 어려움을 겪는다. 이 때문에 개별 국가들은 결국 어쩔 수 없이 세계시민적 법체계를 향하여 나아갈 수 밖에 없다. 거듭되는 전쟁에 지치고 지친 인간이 전쟁을 포기하고 평화를 받아들이지 않으면 안 된다. 하지만 이런 견해는 너무 낙관적이고 이상적이다. 그는 자연의 섭리를 통해 전쟁을 궁극적으로 극복할 수 있다고 봤는데 철학자 김상봉 교수는 이를 현실과 동떨어진 환상이라고 비판했다.

9.11 테러 후 미국은 아프가니스탄을 침공했다. 2년 후 2003년 3월 말 미국과 영국은 이라크의 사담 후세인이 대량살상무기를 보유했다며 주권국가를 침략했다. 아이러니하게도 이런 침략의 바탕이 된 게 민주평화론(Democratic Peace)이다. 민주주의 국가 간에는 전쟁을 하지 않는다는 게 요지다. 그러니까 이라크에 민주주의를 강제라도 이식하면 평화를 정착할 수 있다는 주장이었다. 민주평화론은 칸트의 영구평화론에서 일부를 따 와 미국 정치학자들이 체계를 만들었다. 그렇지만 평화를 자연적 섭리의 과정으로 본 칸트의 사상을 왜곡했다는 비판을 받는다.

헤겔,
절대국가 프로이센을 칭송하다

철학자 헤겔은 역사를 절대정신의 전개 과정으로 봤고, 프로이센에서
절대정신이 실현됐다고 평가했다. 그는 철학과 법학 등에서
거대한 하나의 체제를 만들어냈고 카를 마르크스를 비롯한
사회주의 사상가들에게도 큰 영향을 끼쳤다.

끊임없이 지속되는 정반합의 변증법

"이성적인 것은 현실적인 것이고, 현실적인 것은 이성적인 것이다."

Was vernünftig ist, das ist wirklich; und was wirklich ist, das ist vernünftig

_헤겔, 『법철학』

게오르크 빌헬름 프리드리히 헤겔Georg Wilhelm Friedrich Hegel,
1770~1831은 프로이센의 국가 철학자로 대접받았다. 칸트와 함께 독일
관념론 철학의 양대 산맥으로 평가받는다. 칸트가 동프로이센의 항
구도시에서 어렵게 생활했다면 헤겔은 수도 베를린에서 풍요로운 생
활을 누렸다. 공인 철학자는 역사가 절대정신der absolute Geist의 전개과
정으로, 변증법적으로 발전한다고 봤다. 그는 철학과 법학 등 거대한
하나의 체제를 만들어냈고 카를 마르크스를 비롯한 사회주의 사상가
들에게도 큰 영향을 끼쳤다.

헤겔에 따르면 모든 개념은 반대 개념을 지닌다. 개념이 정These이라면 반대 개념은 반Antithese이다. 이 둘은 서로 충돌하고 갈등하면서 통합된다. 이게 합Synthese이다. 합에 이르러서도 이는 새로운 정이 되고, 해당하는 반이 생긴다. 다시 정-반-합 과정이 끊임없이 반복된다. 프리드리히 엥겔스F. Engels, 1820~1895가 헤겔의 변증법을 쉽게 정리하고자 정반합을 묘사한 도표를 그렸다.

헤겔의 정반합 이론

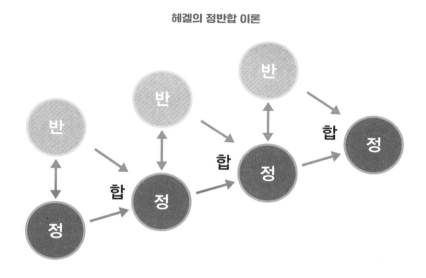

이 변증법은 사회변혁을 설명하기에 유용하다. 만물은 낮은 데서 높은 곳으로, 양에서 질로, 단순한 것에서 복잡한 것으로 전환되기 때문이다.

1789년 발발한 프랑스 대혁명은 주인과 노예의 변증법으로 설명이 가능하다. 당시 2,700만 명의 프랑스 인구 가운데 성직자는 10만 명 내외, 귀족은 40만 명 정도였다. 이들은 전체 인구의 2%에 불과했는데 막대한 토지를 소유하고 면세를 비롯한 각종 특권을 누렸던 '주인'이었다. 반면에 나머지는 제3신분이었고 조세 등 많은 부담에 시달린 '노예'와 비슷했다. 정(주인)과 반(노예)이 서로 투쟁하다가 혁명이 발발했다. '노예'였던 제3신분이 권력을 쟁취했다. 그러다가 혁명이 급진적으로 변모하자 1794년 7월 반동 세력이 정권을 잡았다. 이후 주인과 노예가 다시 역전된다.

주관 정신 – 객관 정신 – 절대정신의 3단계 변증법적 발전

헤겔은 절대정신이 3단계를 거쳐 발전한다고 봤다. 첫 단계는 주관 정신으로 개인의 내면에서 활동하며 예술로 자신을 드러낸다. 두 번째 단계는 객관 정신으로 주로 법과 도덕으로 나타난다. 이 단계에서 가족과 시민사회, 국가가 출현한다. 이런 변증법적 과정을 거쳐 두 정신을 통합한 절대정신이 철학에서 완성된다. 1807년 출간된 그의 주저 『정신현상학Phänomenologie des Geistes』에서 이를 체계적으로 설명했다.

그는 이런 시각에서 프로이센이 절대정신을 구현했다고 인식했다. 이성적인 절대정신이 현실로 나타난 모습을 자신의 조국으로 봤다. 1830년 프랑스에서 7월 혁명이 발발해 유럽 각국으로 자유주의 물결이 퍼지자 그는 걱정이 태산 같았다. 이 혁명의 영향을 받아 영국에서 1차 선거법 개정 움직임이 일자 그는 이를 강력하게 규탄했다. 부패 선거구의 하원 의석수 축소와 맨체스터와 같은 신흥 산업도시의 의석수를 늘리는 매우 온건한 개혁이었지만 그는 이런 움직임에서 민중혁명의 유령을 감지했다.

　원래 헤겔은 프랑스 대혁명을 찬양했다. 그는 프랑스 대혁명으로 근대시민국가가 탄생했고 인간의 자유가 완전하게 실현됐다고 인식했었다. 절대정신이 개인을 통해 자신을 드러내듯이, 나폴레옹도 절대정신이 그의 몸을 빌려서 자신을 보여준 것이라고 해석했다. 그렇기에 1806년 10월 예나 전투에서 대승한 나폴레옹이 흰 말을 타고 대학도시 입성하는 것을 보고 환호했다. "나는 오늘 말 위에 높이 앉아 세계를 지배하는 세계정신을 보았다."라고 그날의 감격을 일기에 썼다. 그랬던 그가 점차 보수적으로 변모하여 말년에는 온건한 개혁마저 싸잡아 비난하기에 이르렀다.

　그는 법철학 등 여러 다른 분야의 철학도 체계화해 거대한 체제를 구축했다. 특히 사회주의 창시자인 카를 마르크스는 헤겔의 변증법과 역사의 원동력 가운데 일부를 수용했다. 그러나 마르크스는 절대정신이 아닌, 생산력과 생산관계로 이뤄진 경제적 토대가 역사 발전을 이끌어 왔다고 봤다.

1868년 메이지유신으로 서양 문물을 수용한 일본은 1871년 이와쿠라 도모미를 전권대사로 하는 사절단을 미국과 유럽에 파견했다. 사절단은 100여 명 정도로 22개월간 수십 개 나라를 둘러보고, 프로이센을 자국이 따라야 할 모델로 정했다. 일본은 프로이센의 막강한 황제권과 효율적인 관료제의 장점을 채용하고자 했다.

괴테의 82살 생애로 보는
독일 문화의 황금기

대문호 괴테는 시인이자 소설가일 뿐만 아니라 자연과학자로도 유명하며,
다재다능한 르네상스형 인간이었다. 그는 쉴러와 함께 바이마르 고전주의를
대표한다.

독일의 셰익스피어, 독일의 찰스 디킨스, 독일의 존 키츠

영국의 한 역사가는 요한 볼프강 폰 괴테(Johann Wolfgang von
Goethe, 1749~1832)를 이렇게 표현했다. 그는 독일이 자랑하는 대문호, 극
작가이고, 소설가이며, 시인이었음을 강조한 셈이다. 여기서 존 키츠
John Keats는 19세기 초 영국 낭만주의 시인이다. 하지만 괴테는 이들
과 달리 자연과학자이기도 했다. 괴테는 1790년 『식물변형론』을 출
간했다. 이 소책자에서 그는 과학자의 눈으로 식물을 관찰하고 실험
한 결과를 담았다. 떡잎에서 출발하여 조금씩 변해가는 식물의 성장
과정을 설명했다. 그는 82년이 조금 넘는 긴 인생을 살며 다재다능한
실력을 뽐낸 르네상스형 인간이었다. 그는 독일은 물론이고 유럽과
우리 모두에게 많은 유산을 남겼다.

나폴레옹의 '최애' 소설이던 『젊은 베르터의 괴로움』

괴테는 1774년, 불과 25살의 나이에 『젊은 베르터(베르테르)의 괴로

움Die Leiden des jungen Werthers』이라는 소설을 출간한다. 한국어 번역본의 경우, 그 제목이 『젊은 베르테르의 슬픔』, 『젊은 베르터의 고뇌』, 『젊은 베르터의 괴로움』 등 다양하다. 해당 본문에서는 안삼환 교수가 번역한 『젊은 베르터의 괴로움』(부북스, 2019)을 기준으로 표기를 통일하였다.

시민계급이던 베르터가 다른 사람의 약혼녀 샤를로테(이하 로테)를 사랑하다가 권총 자살을 하는 편지체의 이야기이다. 하지만 이 이야기는 단순한 로맨스 소설이 아니다. 이루어질 수 없는 사랑 때문에 그가 자살을 결심하게 된 것만은 아니다. 그는 어느 백작의 집에서 열린 연회에서 사실상 쫓겨난다. 평소에 베르터를 인간적으로 대해주던 백작이었지만 시민계급이 주제도 모르고 귀족들의 연회에 참석한 상황을, 상류 계급으로서 도저히 용납하지 못했다. 이런 치욕을 겪은 그는 궁정 관료사회를 '노예선'에 빗대며, 이런 차별이 존재하는 세상을 '감옥'으로 보았다. 이를 계기로 그는 로테를 만나기 전에도 이런 감옥에서 벗어나고 싶은 자살 충동을 느끼며, 이게 신이 원하는 자유라 말한다.

소설은 첫 부분에서 인습과 차별이 만연한 대도시를 벗어나 대자연에서 희열을 느끼는 청춘을 묘사한다. 이런 큰 기쁨은 어머니를 여의고 여덟 명의 어린 동생들을 손수 키우는 로테를 만나면서 더욱더 솟구친다. 하지만 로테는 약혼자 알베르트와 결혼하고, 부부의 예의를 지키며 살아간다. 결국 고뇌에 빠진 이 청년은 극심한 조울증에 걸렸고 "내 가슴은 죽었다."라며 스스로 목숨을 끊는다.

이 소설은 출간 직후 폭발적인 반응을 일으켰다. 독일 전역에서

'베르터'를 모방한 자살이 잇따라 발생했을 정도다. 성직자들은 이를 이유로 자살과 불륜을 부추기는 책이라 규탄했고 독일 여러 지역에서 이 책은 판매금지 처분을 받기도 했다.

이 이야기는 괴테의 실연과 친구의 죽음에 바탕을 두고 있다. 라이프치히 대학교와 스트라스부르크 대학교에서 법학을 공부한 괴테는 1772년 신성로마제국의 최고 법원이 있는 베츨라Wetzlar로 인턴 근무를 하러 갔다. 그해 7월 그는 샤를로테 부프Charlotte Buff라는 여성을 만나 사랑에 빠졌다. 그러나 그는 약혼자가 있었기에 괴테는 단념하고 그해 9월 고향 프랑크푸르트로 낙향했다. 그런데 법원 동료였던 예루잘렘Karl Wilhelm Jerusalem도 어떤 유부녀를 사랑하여 괴로워하다 자살했다는 소식을 들었다. 자신이 느꼈던 아픔과 친구의 경험을 결합해 쓴 책이『젊은 베르터의 괴로움』이다. 괴테는 훗날 이 책을 이렇게 표현했다.

"나는 몽유병자처럼 거의 무의식중에 써 내려갔다. 작품을 통해 폭풍우처럼 격렬한 격정에서 구제되었고, 일생일대의 고해를 하고 난 후처럼 새로운 삶을 시작할 수 있었다."

_안삼환 옮김, 「젊은 베르터의 괴로움」

'베르터'를 쓰는 게 그에게 치유의 과정이었다. 그는 '베르터'를 통해 자신의 실연과 친구의 죽음에서 해방될 수 있었다. 이 책은 독일 문학사에서 질풍노도Sturm und Drang의 시기를 대표한다. 폭풍처럼 몰아치는 감정을 그대로 드러내고 돌진한다는 의미이다. 종교의 질곡에서 인간을 해방시키려는 계몽주의가 너무 이성을 강조하다 보니, 오히려 인간 해방을 가로막는 장애물로 인식되기에 이르렀다. 이에 따라 이런 장애물을 제거하고 폭풍우처럼 돌진하자는 아주 혁신적인 사조가 등장했다. 보통 독일 문학사에서는 1767~1785년을 독일 문학사의 질풍노도시기로 본다.

그런데 이 책은 나폴레옹 덕분에 더 유명해졌다. 괴테보다 스무 살 어렸던 나폴레옹은 이 책을 7번이나 읽었다. 이집트 원정 중에도 이 책을 챙겨갔을 정도였다. 그는 지중해의 자그마한 코르시카섬에서 이탈리아 하위 귀족 집안에서 태어나 전투에서 공을 세우며 승승장구했다. 그는 시민계급이기에 귀족으로부터 수모를 당했던 베르터를 보며 많이 공감했다. 나폴레옹은 1808년 10월 2일 에르푸르트 _{Erfurt} 소재 프랑스 점령군 총독의 집에서 괴테를 만났다. 괴테는 그날의 만남을 기록으로 남겼다. 나폴레옹은 『젊은 베르터의 괴로움』의 어떤 구절을 두고 "왜 이 구절은 이렇게 표현했냐?"라고 비판했는데, 괴테는 이런 비판을 수용했다고 한다. 괴테는 이후 나폴레옹을 '나의 황제'라 부르며, 그가 준 '레지옹 도뇌르 훈장'을 자랑스럽게 차고 다녔다.

이 책은 또 괴테를 출세의 길로 안내했다. 책이 출간된 이듬해 1775년 그는 바이마르 공국의 군주 카를 아우구스트 공작_{Herzog Karl August, 1757~1828}의 초청을 받아 그곳으로 가게 된다. 시민계급 출신이었던 괴테는 이 궁에서 일하며 1782년에 귀족 칭호를 받는다. 이때부터 괴테는 성 앞에 귀족임을 드러내는 전치사 폰_{von}을 쓰게 된다.

한편 책 제목과 관련하여, 한국에서는 '고뇌', '괴로움'이 아니라

'슬픔'으로 번역하곤 하였다. 그러나 21세기 이후 출간된 몇몇 번역본은 '고뇌', '괴로움'이라고 썼다. 독문학자 안삼환 교수는 베르터가 당대 신분 제도에서 겪었을 질곡과 고통을 포함하기 위해서는 '고뇌'나 '괴로움'이라는 표현이 더욱 적확하다고 평가했다. 단순한 슬픔이 아니라 아픔과 고통, 고뇌, 수난 따위의 의미가 훨씬 더 강하기 때문이다.

괴테와 쉴러가 꽃피운 바이마르 고전주의

이 시기 독일에 요한 프리드리히 폰 쉴러Johann Friedrich von Schiller, 1759~1805라는 문호가 한 명 더 있다. 괴테보다 10살 어렸지만 안타깝게도 46살을 채 넘지 못하고 폐렴으로 요절했다. 1788년 쉴러를 예나 대학 교수로 초빙한 것도 괴테였다. 빌헬름 폰 훔볼트의 집에서 종종 만나던 두 사람은 서로 우정을 주고받으며 작품을 썼다.

바이마르 국립극장 앞의 괴테와 쉴러 동상
왼쪽이 괴테이고 오른쪽이 쉴러이다.

'질풍노도' 시대의 문학이 날 것의 감정을 그대로 드러냈다면 고전주의는 고대 그리스와 로마의 정신을 이어받아 이성과 조화, 아름다움 등을 문학작품에서 표현했다. 11년간 바이마르 공국에서 재상으로 일했던 괴테는 심신이 피로해져 이탈리아로 여행을 떠나게 된다. 여행 중 고대 로마의 건축과 미에 심취된 그는 새로운 문학적 에너지를 충전하고 귀국한다. 괴테가 이탈리아 여행을 떠난 1786년부터 쉴러가 사망한 1805년까지 바이마르를 중심으로 문학이 꽃을 피웠기에 이 기간을 보통 바이마르 고전주의 시기1786~1805라 부른다.

괴테와 쉴러는 글도 서로 읽어주고 문학잡지도 함께 편집했다. 괴테가 1796년에 출간한 『빌헬름 마이스터의 수업시대Wilhelm Meisters Lehrjahre』는 교양소설Bildungsroman의 효시라 불린다. 한 개인이 태어나 성장하며 발전해 가는 과정을 그린 이야기인데, 상인의 아들 빌헬름이 연극에 빠져 방황하면서 인생의 답을 찾는다는 내용이다. 당시 유행하던 모험소설과 대비된다. 격무에 시달리던 괴테는 이 소설을 몇 년간 붙잡고 있었다. 초고를 읽은 쉴러가 조언과 격려를 해준 덕분에 괴테는 이를 완성할 수 있었다.

두 사람은 1795~1797년에 문학잡지사에서 일하며 『호렌Die Horen』과 『예술 연감Musen-Almanach』이라는 잡지를 발행했다. 그리고 괴테가 책임자였던 바이마르 극장은 쉴러의 작품을 무대에 올려 큰 성공을 거뒀다. 1797년 『예술 연감』에 게재된 행시 「크세니엔Xenien」에서 두 문호는 당시 명성이 자자하던 작가들을 과감하게 비판했다.

괴테의 파우스트는 1부가 1806년에 완성되었고 2부는 1832년에 발표됐다. 1부에 한정한다면 바이마르 고전주의 시대에 집필됐으나 이후 괴테가 평생 동안 수정하고 가다듬어 죽기 직전에 출간됐다. 악

마와 계약해 젊음과 권력을 얻은 파우스트가 마지막에 신의 은총으로 구원을 받게 된다는 내용이다.

쉴러는 바이마르에 머무르며 1799년에는 『발렌슈타인Wallenstein』을, 1804년에는 『빌헬름 텔Wilhelm Tell』을 출간했다.

바이마르 국립극장 앞에는 두 사람이 손을 맞잡고 서 있는 동상이 있다. 두 문호의 우정과 함께 당시 독일 문화의 황금시대를 보여준다.

괴테는 마인강가의 프랑크푸르트에서 출생했다. 이 도시는 현재 독일의 대표적인 금융 중심지이다. 하지만 삶의 상당 부분을 중부의 바이마르 공국에서 살았다. 그가 살던 집은 괴테 국립박물관이 되어 방문객을 환영한다. 프랑크푸르트의 생가도 괴테와의 인연을 강조하며 위대한 독일인을 활용한 마케팅에 전력을 다한다.

서양의 손자,
클라우제비츠의 『전쟁론』

"전쟁은 다른 수단에 의한 정치의 연속이다."

Der Krieg ist nichts als die fortgesetzte Staatspolitik mit anderen Mitteln

손자孫子, 기원전 535~?는 중국 춘추시대 제나라 사람이다. 전쟁이 빈번했던 시기에 그는 참전해 대승을 거뒀다. "적과 나를 알면 백 번 싸워도 위태롭지 않다."와 같은 명언이 담긴 『손자병법』을 썼다.

동양에 손자가 있다면 서양에는 클라우제비츠가 있다. 그는 1806년 나폴레옹과의 예나-아우어슈테트 전투에 참전했다. 프로이센 아우구스트 왕자의 부관으로 일했던 그는 이 전투에서 포로가 돼 2년간 프랑스에 억류됐다. 이후 귀국해 나폴레옹의 군홧발에 짓밟힌 채 몇 년간 신음했

클라우제비츠 초상화

던 프로이센의 군개혁위원회에 참여했고, 군의 전략과 전술을 개혁해 승리에 기여했다. 1815년 워털루 전투에서도 클라우제비츠는 군을 지휘했다. 이후 베를린 소재 프로이센 국방 대학 교장으로 장교들을 가르쳤다. 1831년 11월 바르샤바 인근에서 나라를 빼앗겼던 폴란드인들이 반란을 일으켰는데, 반란을 진압하던 그는 콜레라에 걸려 전선에서 사망했다. 이런 풍부한 참전 경험을 바탕으로 글을 썼다. 미완성의 글을 친구들이 모아서 『전쟁론』을 1832년에 출간했다. 이 프로이센인을 두고 일각에서는 전쟁 미치광이라고 혹평하지만 사실은 그렇지 않다. 오히려 전쟁이 불가피하기에 전쟁에서 승리할 수 있는 전략을 다루었을 뿐이다.

민중·군·정부의 전쟁 삼위일체론

"전쟁은 적으로 하여금 우리의 뜻에 따르도록 물리적 힘을 행사하는 행위이다."

이 문장은 전쟁에 폭력이 불가피하게 수반되며 전쟁 자체가 아니라 지도자들이 정치적 목적을 달성하기 위한 수단으로써 무력 충돌을 벌인다는 점을 강조한다. 클라우제비츠는 전쟁을 모순된 삼위일체로 봤다.

"전쟁은 폭력과 증오, 적대감으로 … 우연과 확률의 작용 … 정책 수단으로써의 굴복이라는 세 가지 요소로 구성된다."

이 세 가지 관계가 모순된 하나를 구성하는 삼위일체다. 그에 따르면 이 세 가지는 대체로 사회를 구성하는 민중, 군대, 정부에 부합된다. 민중의 격정과 흥분이, 차차 적대감으로 변화면서 국가가 전쟁에 나서게 된다. 군은 전쟁에서 늘상 싸움의 불확실성과 갈등을 다뤄야 한다. 정부는 이성적으로 고려해 전쟁의 목적과 수단을 결정해야 한다.

「전쟁론」 표지 사진

이런 삼위일체는 서로 영향을 미치며 전쟁의 성격을 규정한다. 또 전황에 따라 이 관계 간의 상대적 중요성이 변화한다.

이런 맥락에서 그는 아군의 상대적 우위를 정확하게 파악하고 적의 무게중심을 찾아 집중 공략할 것을 제안했다. 적의 무게중심은 모든 힘이 집중되는 축인데 적의 군대, 수도 혹은 동맹국이나 지도자, 국민 여론 등이 될 수 있다. 그는 이를 파악해 모든 힘을 집중해 무너뜨려야 한다고 조언했다. 나폴레옹 해방전쟁을 치렀던 역사적 경험, 그리고 이 전쟁에서 프로이센 백성 모두가 힘을 합쳐 승리에 기여한 경험이, '전쟁의 삼위일체론'을 구상하는 데에 단초가 되었다. 그는 전쟁을 단순하게 군대 만의 싸움이 아니라고 봤던 것이다.

전쟁의 목적과 비용을 합리적으로 계산해야

그는 영토 점령을 목적으로 하는 싸움을 '제한된 목적의 전쟁'으로, 적의 정권을 붕괴시키거나 무조건적인 항복을 요구하려는 싸움을 '무제한적 전쟁'으로 구분했다. 전쟁을 벌이는 국가는 전쟁에서 얻으려는 정치적 목적과 여기에 사용되는 수단 사이에 어느 정도 균형을 맞춰야 한다. 전쟁은 정치적 목적에 의해 제어되는데, 이 목적 달성에 드는 비용이 너무 과도해 목적의 효용가치를 초과한다면 이 목적을 포기하고 평화를 모색해야 한다고 강조했다. 비용이란 병사들의 지나친 희생, 국토의 지나친 파괴 등을 일컫는다. 그의 냉철한 주장은 분석력이 돋보이긴 하여도 그 비용이란 개념을 계산하기가 쉽지 않다. 마찬가지로 정치 지도자들은 안위가 두렵기 때문에 목적보다 비용이 너무 커진다 하더라도 전쟁 도중에 싸움을 그만두기가 어렵다.

그의 이런 시각은 현실에서 적용하기가 쉽지 않다. 1914년 여름, 제1차 세계대전이 발발했을 때 당시 유럽에서는 그해 성탄절 이전에 전쟁이 끝날 것이라는 예상이 많았다. 하지만 전쟁은 참호전으로 4년 4개월 넘게 지속됐다. 이 전쟁은 교전 국가들의 역량을 모두 동원한 총력전이었다. 독일이나 영국, 프랑스 등 주요 교전국들은 전쟁 목적을 달성할 수 없었고 인명이나 경제적 손실 등이 너무 컸는데도 교전국들은 전쟁을 계속했다. 역사가 에릭 홉스봄은 『극단의 시대: 20세기 역사』에서 제1차 세계대전이 삼국 협상과 삼국 동맹 간에 완전한 승리 아니면 완전한 패배만이 있을 수 있는 전쟁이 된 이유를 클라우제비츠의 논리와 유사한 맥락으로 분석했다. 홉스봄의 의견에 따르면, 이전의 전쟁과 다르게 무제한적인 목표를 위해 제1차 세계대전이 지속됐

다. 독일은 당시 영국이 누렸던 국제·정치·경제적 위상을 차지하고자
했으나 영국은 이를 용인할 수 없었다. 프랑스는 독일의 급속한 발전
에 비해 경제적 열세가 지속됐는데 전쟁을 계속해 이를 만회하고자 했
다는 게 홉스봄의 설명이다.

　거의 200년 전에 쓰인 글이지만 클라우제비츠의 『전쟁론』은 국제정
치에서 계속 연구되며 과거의 전쟁을 이 시각에서 분석한 글도 꾸준하
게 나오고 있다.

빈 회의 — 1815년 ●

1,800년

● 1830년 —— 프랑스에서 7월 혁명 발발
독일 첫 증기기관차 운영 — 1835년 ● ● 1832년 —— 영국 제1차 선거법 개정
● 1837년 —— 영국 빅토리아 여왕 즉위(1901년까지 재위)

● 1845~1847년 —— 아일랜드 감자 기근

마르크스 공산당선언 발표 — 1848년 ● ● 1848년 —— 프랑스에서 2월혁명 발발

그림 형제의 『독일어 사전』 8권 출간 — 1854년 ● 1,850년 ● 1854~1856년 —— 크림전쟁

비스마르크가 프로이센 총리가 됨 — 1861년 ● ● 1861~1865년 —— 미국 남북전쟁
라살, 전독일노동자동맹 설립 — 1863년 ● ● 1863년 —— 고종 즉위, 흥선대원군 집권
프로이센–오스트리아 전쟁 — 1866년 ● ● 1866년 —— 병인양요
프로이센–프랑스 전쟁 — 1870~1871년 ● ● 1870년 —— 프랑스 제3공화국 출범
독일제국 성립 — 1871년 ●
문화투쟁 본격 시작 — 1872년 ●
1차 삼제 협약 — 1873년 ●
독일사회주의노동자정당 출범 — 1875년 ● ● 1876년 —— 강화도 조약
사회주의자 탄압법 제정 — 1878년 ● ● 1877~1878년 —— 러시아–오스만 제국 전쟁
6월 베를린회의 — 1878년 ●
카를 마르크스 사망 — 1883년 ●
질병 보호법 제정 — 1883년 ●
노동재해보호법 제정 — 1884년 ●
독일–러시아 재보장조약 — 1887년 ●
노년 보험법 제정 — 1889년 ●
비스마르크 사임 — 1890년 ●
벤츠 상용 자동차 생산 — 1894년 ● ● 1894년 —— 동학 농민 운동
함대 건설법 발효 — 1898년 ● ● 1897년 —— 조선이 국호를 '대한제국'으로 변경
● 1904년 —— 영–프랑스 우호협정 체결
1,900년 ● 1907년 —— 영–프–러 삼국협상 성립

독 철강생산에서 영국을 앞서다 — 1910년 ● ● 1910년 —— 한일합병(경술국치)
제1, 2차 발칸 전쟁 — 1912~1913년 ●
제1차 세계대전 발발 — 1914년 8월 ● ● 1917년 4월 —— 미국, 제1차 세계대전 삼국협상 측에 참전
브레스트–리토프스크 강화조약 — 1918년 3월 ● ● 1917년 10월 —— 러시아 10월 혁명
제1차 세계대전 휴전 — 1918년 11월 11일 ●

1,920년

제**3**장

경제통합에서 정치통합으로, 뒤늦은 통일과 독일 제국의 발전

1834년 독일(도이치)어를 쓰는 수십 개의 제후국 가운데 강력했던 프로이센을 중심으로 관세 동맹이 체결돼 점차 하나의 경제권이 형성된다. 이 과정에서 철도 건설도 이어져 단일시장 구성이 촉진된다.

1848년 프랑스 2월 혁명의 영향으로 프로이센을 비롯한 도이치어를 쓰는 각 영방국가에서도 개혁을 요구하는 시위가 잇따랐다. 영방국가 대표들이 프랑크푸르트에 모여 국민의회를 구성해, 최초의 통일헌법을 제정했다. 그러나 국민의회의 핵심을 이뤘던 교양시민 계급이 노동자 계급과 갈등을 겪으며 독일의 3월 혁명은 실패했다.

프로이센의 철혈재상 비스마르크는 오스트리아, 프랑스와의 전쟁에서 잇따라 승리하면서 프로이센을 중심으로 통일을 이뤄 독일 제국이 출범하게 된다. 이 과정에서 같은 도이치어를 쓰는 오스트리아는 배제된다. 유럽 대륙의 중앙에 독일이라는 강대국의 출현은 세력균형을 근본적으로 변화시키는 하나의 혁명과 같았다. 영국은 제국주의에 몰두해 있었고, 러시아와의 관계가 좋지 않았기에 비스마르크는 이런 기회의 창을 최대한 활용해 통일을 이룰 수 있었다.

비스마르크는 통일 후 프랑스가 중심이 된 반독일 동맹을 저지하기 위해 오스트리아-헝가리 제국, 러시아, 이탈리아 등과 잇따라 동맹을 체결했고 식민지 개척을 극도로 자제했다. 이런 외교정책 덕분에 1890년 비스마르크가 사임할 때까지 유럽은 평화를 유지했다.

그러나 비스마르크 사임 후 빌헬름 2세는 드러내놓고 식민지 개척에 열중했고 해군력 증강을 내세워 영국과도 갈등을 빚는다. 여기에 범게르만주의와 범슬라브주의도 충돌하면서 제1차 세계대전이 발발한다.

독일은 프랑스와의 서부전선에서 신속한 승리를 거둔 후 병력을 동부로 이동해 러시아군을 격파한다는 슐리펜 계획을 짰으나 효과가 없었다. 독일의 무제한 잠수함전으로 미국의 민간인들이 사망하면서 미국이 삼국 협상 측에 참전하고 독일이 주도한 삼국 동맹 측은 패전한다.

19세기 말부터 유럽 각국 간의 교역이 크게 늘면서 무역이 평화를 촉진한다는 생각이 널리 퍼졌다. 전쟁이 초래하는 손실이 이익보다 훨씬 클 것으로 여겨졌기 때문이었으나 이런 사고는 환상임이 드러났다. 제국주의 정책으로 세계를 호령하던 유럽은 제1차 세계대전으로 쇠퇴의 길에 접어들게 된다.

관세 동맹, 통일의 밑거름이 되다

수십 개의 영방국가로 나누어진 독일에서 1834년 프로이센 주도로
관세 동맹이 구성된다. 이후 철도가 건설되자 18개 제후국과
2,500만 명의 인구를 거느린 단일시장이 형성됐다.

1834년, 18개국 2,500만 명의 관세 동맹 출범

라인강은 스위스 알프스에서 발원해서 독일과 오스트리아, 네덜란드 등 6개 나라를 흐르는 길이 1,233km의 하천이다. 역사가 시작된 이래 이 강은 독일 내륙 운송의 허브로 기능해왔다. 스위스와 국경을 맞댄 바이에른 왕국의 한 항구에서 출발해 프로이센령인 북해의 항구까지 선박에 짐을 싣고 간다고 생각해보자. 1830년대 당시 기록을 보면 평균 37개의 관세 관문을 통과해야만 했다. 나폴레옹 전쟁에서 승리했던 프로이센은 라인강 지역(라인란트)의 일부를 얻었을 뿐이었다. 여전히 헤센과 하노버 등 여러 영토를 지나야 했기에 지날 때마다 통행세는 물론이고 관세를 납부해야만 했다. 이런 관세는 경제발전을 방해하기에 대폭 줄여서 단일시장을 만들 필요가 있었다.

프로이센은 자국이 중심이 된 관세 동맹Zollverein을 만들어, 영방국가 간의 내국 관세를 철폐하고 외국 제품에 대해서만 관세를 부과했다. 19세기 초부터 작센과 슐레지엔, 라인란트에 근대적인 공장이 본

격 가동되면서 이 지역이 면방직업의 중심지가 됐다. 그러나 나폴레옹 전쟁 후 대륙봉쇄령이 해제되어 영국산 제품이 범람하자 독일 제품은 경쟁력을 잃었다. 상황이 이렇게 되자 프로이센은 새로 영토로 편입한 라인란트 지역을 포함해 자국의 전 영토를 1818년 자유 무역 지구로 만들었다. 이에 따라 프로이센이 아닌 다른 영방국가들은 경제력이 큰 프로이센과 교역을 하려면 높은 관세를 내야만 했다. 당시 프로이센의 재무장관 프리드리히 크리스티안 폰 모츠는 다른 영방국가에 높은 관세를 부과한 것을 "독일 통일을 위한 포석이다. 독일 연방의 이해관계에는 어긋나는 것"이라고 역설하며 이 정책의 정치적 의도를 숨기지 않았다. 헤센 대공국 등 다른 연방 회원국들은 높은 관세부과로 수입 곡물 가격이 대폭 올랐다며 불만이 컸다. 하지만 힘의 논리에 밀려 1828년에 헤센 대공국이, 1833년에 바이에른, 뷔르템베르크 왕국 등이 차례로 프로이센과 관세 동맹을 체결하게 된다. 프로이센의 경제력이 커지는 것을 본 오스트리아는 바이에른 왕국의 관세 동맹 가입을 만류했으나 허사였다. 결국 1834년 1월 1일 독일 관세 동맹이 출범했다.

출범 당시에는 독일 연방 내 18개국, 2,500만 명의 거대시장이 관세 동맹에 들어왔다. 1848년에는 39개의 영방국가 가운데 28개 나라가 이 동맹에 참여했다. 이후 시간이 지나면서 가입국은 점차 늘어났다. 프로이센의 경제력이 가장 컸기에 이 나라의 화폐 탈러가 관세 동맹 안에서 공동화폐가 돼 회원국들이 교역을 할 때 탈러를 사용했다. 1850~1870년 관세 동맹 안에서 유통됐던 은행권과 은행 수신고, 투자된 자본의 총량은 3배나 증가했다.

역사가들은 대체로 관세 동맹이 프로이센의 리더십 아래 독일의 정치적 통일을 위한 초석을 놓았다고 평가한다. 반면에 경제사가 한스−요아힘 포트Hans-Joachim Voth의 의견에 따르면, 관세 동맹에 가입한 작은 영방국가들은 관세 인하에 따른 교역촉진으로 얻은 이익을 자국의 독립을 강화하는 데 썼다고 봤다. 이들은 대국 프로이센이 주도한 관세 동맹에 가입할 수 밖에 없었지만 프로이센 주도의 통일에는 여전히 의구심을 가졌다는 것이다. 하지만 프로이센은 이 동맹을 운영하면서 오스트리아가 아닌 자국이야말로 독일어를 쓰는 독일권 전체를 대표한다고 여겼다.

철도 건설, 단일시장 형성을 촉진하다

관세 동맹과 함께 19세기 중반부터 건설된 철도가 독일 영방국가 내 교역을 더욱더 촉진했다. 1835년 12월 7일에 남부 독일의 뉘른베르크와 퓌르트 사이를 운행하는 증기기관차가 등장했다. 이때 철로 길이는 6km에 불과했다. 1840년에 철도 총길이가 550km로, 1870년대에는 20,000km까지 늘어났다. 1840년대 증기기관차는 1,000대 남짓했으나 30년 뒤에는 30배 정도 급증하게 된다.

철도 교통이 이처럼 급속하게 발전하게 된 배경에는 정부의 적극적인 지원이 있었다. 1850년에 철도 총길이가 10,000km를 넘었다. 당시 프랑스의 2배, 오스트리아의 4배 정도였다. 1850년대 독일의 주요 도시가 철도로 연결됐다. 영국에서는 1830년 공업도시 리버풀과 맨체스터를 연결하는 증기기관차가 철도 교통의 신호탄이었다. 독일은 철도 건설에서 후발주자였지만 1870년대에는 거의 영국을 따라

잡았다. 그 과정에서 정부의 역할이 컸다. 프로이센 정부는 1842년 철도기금을 마련해 600만 탈러를 이 기금에 투입했다. 또 민간 기업들이 철도 건설에 필요한 자금을 조달하기 위해 주식을 발행하면 철도기금은 이런 주식에 연 3.5%의 수익률을 보장해줬다. 안전한 투자처로 유명해져 투자금이 몰리자 민간 기업들은 자금을 조달할 수 있었다.

철도 건설은 또 연관산업의 성장도 촉진했다. 건설에 필요한 철과 강철, 석탄, 금속 수요가 크게 늘었다. 기관차 제작에 필요한 부속품

1849년 독일과 주변 국가의 철도 지도
F. 스포러(F. Sporer)가 제작한 지도 그림으로, 1849년 이후 유럽 대륙의 철도가
독일을 중심으로 연결되었음을 보여준다. 굵은 선은 철도, 얇은 선은 일반 도로이다.

과 객차와 선로의 수요가 늘면서 기계공장과 연관 부품산업이 호황을 누렸다. 라인강을 통한 내륙 운송에 철도가 더해져 물류 운송이 경쟁력을 지니면서 금속 공업과 화학 공업이 크게 발전하게 되었다. 독일 전역이 철도로 연결되어 시장을 장악하기 위한 기업 간의 경쟁이 치열해졌다. 영국에서는 1760년대에 산업혁명이 시작된 반면 독일에서는 19세기 중반에 시작됐다. 하지만 철도의 발달로 후발주자 독일이 머지않아 영국을 따라잡았고 이런 발전에 발맞춰 연관산업도 크게 성장했다.

전국 곳곳이 철도로 연결되면서 교통 요금도 크게 내렸고 이에 따라 인구 이동도 급격하게 증가했다. 프리드리히 빌헬름 4세_{재위: 1840~1861}가 가난한 사람들조차 자신만큼 빠르게 여행할 수 있다며 불평했을 정도다. 왕이나 귀족만 누리던 빠르고 쾌적한 교통을 이제 서민들도 큰 부담 없이 즐길 수 있었다.

프리드리히 리스트, 보호무역을 주창하고 철도 건설을 요구하다

철도 건설이 이처럼 단일시장의 발전을 더 촉진했다. 그런데 이런 정책을 앞서서 먼저 일관되게 주장한 인사들이 있었는데, 이 가운데 프리드리히 리스트_{1789~1846}가 대표적이다.

그는 세관 공무원으로 일하며 상공업자들과 자주 교류했다. 1819년에 그는 독일상공업 동맹을 대표해 관세 동맹이 필요하다는 청원서를 정부에 제출했다. 리스트는 복잡하게 얽힌 관세가 경제발전을 가로막고 있다며, 한 사람의 손과 발을 각각 따로 묶어서 손과 발 사이에 피가 통하지 않는 것과 유사하다고 봤다. 따라서 이같은 관세 체제를 철폐해야 무역과 경제의 발전이 가능하다고 주장했다. 기회가 있을 때마다 신문에 기고해 이런 의견을 전파했다. 다행스럽게도 그의 주장은 프로이센의 정치인들에게 수용돼 관세 동맹이 결성됐다. 반면에 오스트리아의 외무장관 메테르니히는 그를 '가장 위험한 선동자'로 여겨 정보기관을 이용해 그를 감시했다.

그는 관세 동맹의 필요성과 더불어 보호무역을 주장했다. 독일과 같은 후발산업국가는 경제발전의 초기 단계이기 때문에 영국산처럼 경쟁력이 있는 수입품에 관세를 부과해야 국내 산업이 발전할 수 있다는, 이른바 유치산업 보호론이다. 이런 관세는 국가의 경제발전에 필요한 투자라 여겼다. 반면에 국내에서는 자유무역을 해야 시장도 커지고 산업이 발전할 수 있기에 관세 동맹 체결을 건의했다. 그의 이런 사상은 1841년에 출간된『정치경제학의 민족적 체제Das Nationale System der Politischen Ökonomie』에 집대성돼있다. 이 책은 한국에서 '국민경제학'이란 이름으로 번역됐다. 그는 저서에서, 시장 개방보다 민족경제 보호와 육성이 우선이라고 피력했다.

프리드리히 리스트는 철도를 경제발전에 필수적이라 여겼다. 병력의 집중과 분산이 가능하기에 국방에 유리할 뿐만 아니라, 각 지역에 흩어져 있는 지식과 기술의 유통을 촉진해 문화 발전에 기여한다고 여겼다. 물류 수송이 촉진되어 일상 용품의 가격 변동이 줄어들고 공동체로 하여금 가뭄이나 기아에 대비할 수 있게 하며, 철도가 우리 몸의 신경망처럼 고립을 탈피하게 하고 지방색을 완화할 것이라 생각했다. 지금 보면 지극히 당연한 견해다. 하지만 당시 철도 반대가 컸음을 감안하면 깊은 통찰력이 스며 있다고 평할 수 있다. 당시 사람들은 철도의 소음, 지나친 속도를 두려워했다. 신기술이 공동체를 와해시킬 것이라 우려하기도 하였다. 또한 지나친 경쟁 압력에 노출되기를 꺼린 일부 상공업자들도 초창기에는 철도 건설을 반대했다.

독일 중고등학교 학생들은 역사 시간에 관세 동맹의 중요성을 배운다. 관세 동맹에서 시작된 독일 내 영방국가 간의 경제통합이 정치통합을 촉진했듯이 유럽 내 통합의 과정도 유사하게 이해한다. 제2차 세계대전 후 등장한 유럽연합도 처음에는 경제적 통합으로 시작됐다. 1990년대 냉전 체제 붕괴 이후 정치적 통합으로 이어졌다.

백설공주,
나폴레옹에 맞서다

그림 형제가 펴낸 동화집은 단순한 이야기가 아니다. 두 사람은 나폴레옹 점령기에
동화에서 민족적인 뿌리의 가장 순수한 정신적 근원을 찾고자 했다. 형제는 독일어
사전도 펴내기 시작해 민족 정체성 형성에 기여했다.

압제로 신음하던 도이치 민족에 동화를 선사하다

신데렐라(재투성이 아이), 백설공주, 잠자는 숲속의 공주(들장미
공주), 헨젤과 그레텔, 브레멘 음악대 ….

우리에게 익숙한 동화들이다. 이 동화를 수집하고 펴낸 사람이 그
림 형제다. 그런데 두 사람은 단순한 동화 수집가가 아니다. 왜 나폴
레옹이 독일을 점령하고 있을 때 형제의 동화집이 출간됐을까? 이런
맥락을 속속들이 따져 봐야 그들의 업적이 선명하게 읽힌다.

형 야코프1785~1863와 동생 빌헬름1786~1859은 한 살 터울이다. 중서
부 프랑크푸르트 인근 하나우Hanau에서 태어나 마르부르크 대학교에
서 공부했다. 형은 내성적이고 까다롭고 건강했지만 동생은 외향적
이지만 몸은 허약했다. 1829년 야코프가 먼저 괴팅켄 대학교의 교수
와 사서로 부임한 후 이듬해 동생을 이곳으로 천거해 함께 근무했다.

둘은 대학교에서 법률을 전공했다. 이때 형제의 인생에 전환점
을 만들어준 사람이 프리드리히 카를 폰 자비니Friedrich Karl von Savigny,

1779~1861 교수였다. 19세기 독일에서 가장 영향력이 큰 법학자 중의 한 사람이었던 그는 형제를 괴테 문학의 세계로 안내했을 뿐만 아니라 자신의 도서관을 마음대로 사용할 수 있게 해주었다. 또 그의 집에서 당시 낭만주의 문학가들과 문학을 토론하는 자리가 종종 있었는데, 야코프와 빌헬름도 초대받았다. 이를 계기로 형제는 점차 중세 문헌학 연구와 동화 및 전설에 관심을 두게 된다.

2장에서 언급했듯이 1806년 말 나폴레옹은 프로이센의 프리드리히 빌헬름 3세, 러시아의 알렉산드르 1세와 틸지트 조약을 맺는다. 그 결과로 나폴레옹은 헤센 지역의 도시, 카셀Kassel을 수도로 삼은 베스트팔렌 왕국을 세운다. 그리고 그 왕국의 군주로 자신의 막내 동생 제롬Jérôme을 임명했다. 야코프는 점령군 밑에서 일하는 게 내키지 않았지만 5명의 동생을 부양하려고 왕궁 도서관에서 사서로 일했다. 이때부터 형제는 옛 문서와 고서적을 틈틈이 뒤지기 시작한다. 그들은 역사와 문학, 언어와 신화를 수집하고 해석해야 독일 민족의 정신을 찾을 수 있다고 여겼다. 시간을 내어 형제는 헤센주와 다른 왕국을 여행하며 수십 명의 이야기꾼으로부터 구전된 동화를 채집했다.

6년의 노력 끝에 두 사람은 1812년 초판『어린이와 가정을 위한 동화Kinder-und Hausmärchen』를 펴냈고 3년 후 수십 편을 추가해 2권도 출간했다. 형제는 동화에서 민족적인 뿌리의 가장 순수한 정신적 근원을 찾고자 했다. 많은 동화에서 숲이 종종 무대로 등장한다. 숲은 게르만족의 고향과 같았기에 동화에서 숲이 빠질 리가 없다. 많은 어려움을 극복하고 동화를 출간한 형제 덕분에 독일뿐만 아니라 많은 나라의 사람들이 그림 동화를 읽을 수 있게 됐다. 이 동화집은 지금까지 모두 160개 언어로 번역됐다. 200년이 더 지난 현재에도 미국 할리우드는 이 동화에 기초한 영화나 애니메이션 등을 계속해서 제작한다.

독일어 사전의 편찬자, 독어독문학과의 창시자

"언어의 거인들이다."

형제가 1822년에 『독일어 문법Deutsche Grammatik』을 출간하자 이를 읽은 괴테는 이처럼 형제를 극찬했다. 서로 다른 전공 분야였지만 거물은 거물을 알아보는 법이다. 형 야코프 또한 대학교 시절에 괴테의 작품을 읽으며 "괴테는 위대한 인간이다. 우리 독일인들이 아무리 신에게 감사해도 부족할 정도다."라고 평가했다.

당시 대학에서는 그리스어와 라틴어 연구가 대다수였고 모국어인 독일어 연구는 미미했다. 두 사람의 노력은 당시 시류와는 맞지 않았다. 그런데도 그림 형제는 『독일어 문법』에서 게르만어의 역사적인 변화 과정 속 파열음 계열의 소리들이 보이는 규칙적인 음운 변화를 규명해 냈다. 그래서 이를 '그림의 법칙'이라 부른다. 인도유럽어족 가운데 게르만어에는 독일어와 영어, 네덜란드어, 스웨덴어 등이 속한다. p,t,k가 보통 단어의 첫머리에 올 때 게르만어에서는 f, th, d, h 등으로 변했다. 그들은 이런 언어학적인 면뿐만 아니라 독일의 여러 왕국에서 사용되는 방언의 뿌리가 하나임을 학문적으로 규명했다. 즉 이 책은 독일 민족이 하나의 언어에 뿌리를 두고 있으나 수십 개

하나우 시청 앞에 있는 그림 형제 동상
왼쪽이 형 야코프, 오른쪽이 동생 빌헬름이다.

의 영방국가로 나뉘어 살고 있는 현실, 그리고 그 현실을 극복해 하나로 통합되어야 한다는 당위성을 암묵적으로 드러낸다.

형제의 또 다른 업적은 사전 편찬이다. 두 사람은 동화를 출간한 후 1838년부터 독일어 사전 편찬을 시작했다. 단어의 역사와 활용 예를 세밀하게 분석했기에 16년이 지난 1854년에 일단 8권을 출간할 수 있었다. 그럼에도 두 사람은 A부터 E까지만 완성하고 세상을 떠났다. 이『독일어 사전Deutsches Wörterbuch』은 이후 학자들이 작업을 계속해서 1961년에 32권 전권이 완성됐다. 영국에『옥스퍼트 영어 사전』이 있다면, 독일에는『독일어 사전』이 있다. 1854년 사전이 출간됐을 때 독일 언론은 "위대한 민족적인 작업"이라고 사전 편찬을 극찬했고, 첫 출간 당시 예상보다 훨씬 많은 10,000부가 판매됐다. 야코프는 사전 편찬 작업 중에도 연구를 계속해 1848년과 1853년에『독

형제와 동화를 따라가는 '동화의 길'(Märchen Strasse) 홈페이지 화면
홈페이지 첫 면에 '마인강부터 바다까지'라는 표어가 있다.

일어 역사Geschichte der deutschen Sprache』도 펴냈다. 그림 형제는 이런 작업을 지속해 독어독문학Germanistik의 창시자라고 평가를 받는다. 독일어의 역사와 문학을 두 사람이 심층적으로 연구했기 때문이다.

두 사람은 독일이 나폴레옹의 압제에서 신음하고 있을 때 동화를 수집해 출간했다. 또한 독일어 문법을 체계적으로 정리했고 독어독문학이라는 학문 분과를 세우는 데에 기여했다. 이런 작업 모두 독일 민족주의와 독일인 정체성을 강화하는데 기여했다. 대영박물관의 관장 닐 맥그리거가 평가했듯이 백설공주가 나폴레옹에 맞서 싸운 셈이다.

필자도 개인적으로 그림 형제의 도움을 받은 적이 있었다. 1999년에 몇 개월 정도 독일 베를린에서 체류했다. 당시 어느 대형서점에서 그림 형제의 동화집 보급판을 구매해 읽은 적이 있었는데, 그림 형제가 사용한 독일어가 매우 간결하여 독일어 공부에 큰 도움이 됐다. 지금도 종종 그 보급판을 보는데, 독일어 공부에 활용하기 적합한 책이라 생각한다.

'동화의 길'은 중서부의 프랑크푸르트 인근 하나우에서 시작해 마르부르크, 카셀, 괴팅겐, 하멜른, 함부르크 밑의 브레멘까지 총 600km가 넘는 길이다. 60여 개의 도시와 마을, 그리고 8개의 국립공원이 포함돼 있다. 이 길에는 그림 형제의 동화에 등장하는 도시와 마을, 형제의 인생 역정이 함께 녹아 있다. 1975년 슈타이나우 시청이 이 길을 공식 선포했다.

민중들의 봄,
1848년 3월 혁명

1848년 3월 프로이센 등 독일 영방국가에서 시민혁명이 발발해
프랑크푸르트 국민의회가 결성됐고 첫 통일헌법이 제정됐다.
그러나 국민의회의 핵심을 이뤘던 교양시민 계급이 노동자 계급과
갈등을 겪으며 혁명은 실패했다.

온건한 자유주의자들, 프랑크푸르트 국민의회에서
통일 헌법을 제정하다

"혁명의 둔탁한 소리가 들려온다. 이 혁명은 아직은 땅속에 묻혀있
지만, 파리라는 광산의 중심 수갱竪坑에서부터 그 지하 갱도가 유럽
의 모든 왕국 밑으로 뻗어나가고 있다."

_프랑스의 빅토르 위고, 1831년의 글

독일 역사학에서는 중요한 시대 구분점으로써 '3월 혁명 전Vormärz'
이라는 개념을 사용한다. 독일 연방 내 많은 회원국을 휩쓴 이 사
건이 역사적 분기점이 됐기 때문이다. 왜 이 혁명이 발발했고 독일
의 여러 영방국가를 하나로 아우르는 통일이 왜 이때에는 불가능했
을까?

유럽에서는 18세기 중반부터 100년간 인구가 두 배로 증가했다.

19세기 독일에서는 농촌 인구가 이보다 더 급증했다. 하지만 폭증하는 인구를 먹여 살릴 식량이 부족했기에 곡물 가격은 폭등했고 농촌 실업자가 늘었다. 이들이 도시로 이주하면서 도시 빈민도 늘어나게 된다. 1846~1847년 독일과 프랑스, 네덜란드 등 유럽 각국에서 감자 마름병이 발생하자 많은 사람이 영양실조에 걸리거나 굶어서 죽었다.

경제적으로 어려워지는 시기, 프랑스에서는 1848년 2월 혁명이 발발했다. 프랑스의 왕 루이 필리프가 퇴진했다는 소식이 도화선이 되어 곧 독일 전역에서 농민과 수공업자들의 폭동이 발발했고 일부 자유주의자들도 변화를 요구하기에 이르렀다. 글 첫머리에 인용한 것처럼 파리의 중심 수갱에 연결됐던 유럽 각국의 지하 갱도가 거대한 혁명의 굉음에 흔들리게 됐다. 나폴레옹 전쟁 후 수립된 빈 체제가 몹시 흔들렸다.

3월 중순 오스트리아 각 지방에서 농민봉기와 수공업자들의 폭동이 일어나자 황제는 헌법 제정을 약속하고 의회를 소집했다. 오스트리아 왕국의 지배를 받던 헝가리와 이탈리아에서도 반란이 있었다. 독일 내 영방국가의 군주들은 자유주의적 성향의 인물들로 내각을 새로 구성했다. 프로이센 곳곳에서도 시위가 잇따랐다. 시위대들은 흑적황의 삼색 깃발을 사용했다. 1813년 나폴레옹의 침략에 맞서 봉기한 의용군과 군인들이 검은색 제복에 붉은 버튼, 황금색 장식을 덧댄 옷을 입었다. 여기에서 삼색이 유래했다. 이후 당국은 삼색기 사용을 금지했는데 1848년에 이 깃발이 시위 현장에 다시 등장했다. 이 삼색기는 특정 왕국을 나타낸 것이 아니라 자유와 평등과 같은 새로운 가치를 상징했다. 시위에서는 또 '독일의 노래'도 등장했다. 독일어를 쓰는 여러 왕국과 지역이 뭉쳐서 하나가 되자는, 통일을 염원한 노래다. 첫 소절 '독일, 독일, 모든 것 위에 있는 독일Deutschland, Deutschland über alles'은 특정 지역에 국한된 독일어를 쓰는 나라가 아니라 독일어를 쓰는 모든 왕국의 사람들이 하나의 민족을 구성하자는 의미를 담았다. 이 노래는 하이든의 곡에 시인 아우구스트 호프만August Hoffmann, 1798~1874이 가사를 붙여 태어났다. 훗날 히틀러는 이 노래를 독일 아리아인이 세계 최고라는 의미로 곡해하여 사용했지만 1848년 당시의 시위 참가자들은 이 노래를 부르며 통일과 정의, 자유를 외쳤다. 1848년 3월 18일 베를린에서 대규모 봉기가 발생했다. 잇

1848년 독일 혁명
1848년 3월 18일 베를린 거리에서 흑적황의 삼색기를 휘두르는 혁명가들과 군의 충돌 장면을 묘사했다.

따른 시위에 놀라 프로이센의 프리드리히 빌헬름 4세재위: 1840~1861는 처음에 자유주의적 내각을 구성했고 새로운 헌법을 제정하겠다고 약속했다.

제방이 터진 물결처럼 흐르던 민족주의가 국가의 제도와 만났다. 영방국가 독일의 통일을 모색할 프랑크푸르트 국민의회Frankfurter Nationalversammlung 선거가 5월 초에 실시돼 그해 5월 18일 성 바울 교회에서 개원했다. 당시 영방국가마다 선거제도가 조금씩 달랐는데 오스트리아와 프로이센은 보통선거로 성인 남성이 참정권을 지녔고 작센 왕국은 여기에서 농민을 제외했다. 프랑크푸르트는 독일 연방 대표자들의 상설 회의장이 있던 곳이어서, 이곳이 국민의회의 모임지로 선택됐다. 당시 선출된 의원들은 모두 585명이었다. 법률가가 157명으로 가장 많았고, 이어 고위 공무원이 138명, 교수와 교사가 100여 명을 각각 차지했다. 여기에 작가와 언론인, 성직자를 포함한 중간계급 전문가들이 대다수를 구성했다. 그림 형제 가운데 형 야코프도 의원으로 뽑혀 여기에 참여했다. 수공업자는 단 4명, 농민은 1명뿐이었다. 국민의회 내 대다수를 차지한 중산 계급은 대체로 자유주의적 성향을 지녔다.

의원들은 수많은 논의 끝에 1849년 3월 말에 독일 제국의 헌법Verfassung des Deutschen Reiches을 제정했다. 이 헌법은 당시로서는 획기적인 여러 조항을 담았다. 계급에 기반한 특권의 폐지와 종교 및 양심의 자유, 이사의 자유, 언론과 출판의 자유와 같은 기본권이 헌법에서 규정됐다. 통일 독일은 연방적인 골격을 지니지만 황제가 있고 내각은 의회에 책임을 지지 않는다고 합의됐다. 또 성인 남성 보통 선거권을 도입한다고 결정됐다. 급진파는 이런 민주적인 선거권을 얻는 대가로, 온건 자유주의자들이 주장한 '프로이센 왕에게 황제 자리를 준다'는 제안에 동의해 타협이 이뤄졌다. 논란이 많았던 영토 논쟁에서, 오스트리아를 포함하지 않는 프로이센 중심의 소독일Kleindeutschland을 주장한 온건파가 승리했다. 오스트리아를 포함한 독일어 사용지역 전체를 아우르자는 대독일Grossdeutschland 방안은 현실적으로 어려웠다. 오스트리아와 프로이센이 주도권 싸움을 하는데 오스트리아가 여기에 응하지 않았기 때문이다.

국민의회 대표단은 1849년 4월 2일, 통일 독일 황제의 관을 프리드리히 빌헬름 4세에게 수여했으나 거부당했다. 그는 왕의 권한은 신으로부터 받았다는 왕권신수설을 신봉했다. 통일 헌법은 주권이 인민에게 있다는 점을 드러냈다. 프로이센의 왕은 한 편지에서 "혁명의 냄새가 묻어 있는, 더럽기 짝이 없는 왕관을 받을 수가 없다."라고 썼다. 그는 의회가 바친 제국의 관을 '노예들의 철목걸이'로 표현했다.

이러는 사이 각 왕국의 보수주의자들이 집결하고 점차 권력을 되찾았다. 1848년 여름에 노동자들이 노조 합법화와 임금 인상 등을 요구하고 계속해서 시위를 벌였다. 이들은 국민의회가 길드의 특혜를 폐지하고 자유로운 시장을 도입하려 하자 생존에 위협을 느꼈다. 자유주의자들이 중심이 된 국민의회는 점차 노동자들과 갈등을 겪었고 이들과 연대할 수 없게 됐다. 국민의회의 핵심을 이뤘던 교양시민 계급이 원한 건 통일과 자유였지 평등은 아니었다. 이들은 급격한 사회질서의 변화를 원하지 않았다. 이런 내부적인 갈등 이외에도 국제적인 정세도 국민의회에 불리하게 돌아갔다. 1848년 3월 말 슐레스비히-홀슈타인 신분제 의회는 덴마크로부터 독립을 선언하고 임시정부를 수립한 뒤 국민의회에 도움을 요청했다. 국민의회는 독일어 사용자가 대다수인 이 두 공작령을 새로운 독일 연방의 일원으로 가입시키려 했기에 그해 8월 프로이센 군대의 힘을 빌렸다. 의회가 아무런 군사력을 보유하지 못했기 때문이었다. 그러나 프로이센군이 공작령 인근으로 진격하자 영국과 러시아 등이 이를 저지하기 위해 무력 시위에 나섰다. 통일된 독일이 유럽 대륙의 중심에서 유럽의 세력 균형을 크게 뒤흔들 것을 우려했기 때문이다. 결국 철혈재상 비스마르크가 통일을 이룰 때까지 독일의 통일은 23년을 더 기다려야 했다. 국민의회는 결국 1849년 5월 사실상 유명무실화됐다.

"독일 역사의 전환점이었지만 전환에 실패했다."

이 혁명은 여러 가지로 중요하다. 독일 역사가 볼프강 몸젠은 시민계급, 즉 부르주아지bourgeoisie와 함께 산업사회에서 급증한 노동자들이 하나의 세력을 형성해 정치적 전면에 등장했다는 점을 이 혁명의 특징으로 꼽았다. 영국 역사가 에릭 홉스봄은 그런데도 이 혁명이 실패한 까닭은 부르주아지와 노동자들이 하나의 세력을 형성하지 못했기 때문이라고 분석한다. 1848년 혁명 초기에 부르주아지와 노동자가 혁명에 동참했다. 그러나 프랑크푸르트 국민의회의 핵심을 구성한 중간계급은 노동자들의 이해관계를 거스르는 길드의 규제 철폐 등을 제정했고 노동자들의 요구를 수용하지 않았다. 부르주아지와 노동자들의 계급적 이해관계가 충돌하면서 3월 혁명은 더 이상 나아가지 못했다는 것이다. 다만 홉스봄은 "1789년 프랑스 대혁명은 단한 나라의 봉기였다. 그러나 1848년 혁명은 전 유럽 대륙에 걸쳐 '전 국민의 봄the springtime of peoples'으로 활짝 피어났다는 느낌이다."라고 평가했다.

영국의 역사가 테일러A.J.P. Taylor, 1906~1990는 "3월 혁명은 독일 역사의 전환점이었지만 독일은 전환에 실패했다."라고 결론지었다. 그러나 반론도 만만치 않다. 조나탄 스퍼버 교수는 이 혁명이 차후 독일역사에 끼친 영향이 크다는 점을 강조한다. 자유민족주의자들이 꿈꿨던 민족통일의 이상이 공론화되어 사라지지 않았다는 점, 그리고이후 시민들이 폭발적으로 정치에 참여했다는 점을 강조한다. 3월 혁명 후 정당에 가입한 시민의 수가 최소 3~4배 정도 급증했다. 영국의 역사가 메리 풀브룩도 독일 전역에서 농촌의 봉건적 사회관계가1850년까지 사실상 폐지됐고 자유주의적인 경제질서가 수립돼 경제발전의 기반을 다졌다며, 이 혁명을 단순히 실패라 단정할 수 없다고평가했다. 이런 이유에서 혁명 150주년인 1998년 독일에서는 이 혁명을 대대적으로 기념했다. 통일 헌법의 기본권 내용은 이후 제1차세계대전 후 성립된 바이마르 공화국, 그리고 1949년 서독 헌법에서도 일부 수용됐다. 비록 이 혁명은 당시에는 실패했지만 긴 역사의흐름에서 볼 때 장기적으로 긍정적인 영향을 끼쳤기 때문에 새롭게평가된다.

> 1871년 성립된 독일 제국은 흑백흑의 깃발을 채택했다. 프로이센과 한자동맹의 깃발을 섞어서 만들었다. 1919년 바이마르 공화국이 성립된 뒤 흑적황의 삼색기가 국기로 정식 채택됐다. 1922년부터 독일의 노래가 독일 국가가 됐다. 1절과 2절의 내용이 현재에는 맞지 않아서 국가로는 3절만 불린다.

카를 마르크스,
독일 사회주의 운동을 촉진하다

독일 출신의 카를 마르크스는 사회주의의 창시자이다. 1863년 5월 유럽 최초의
노동자 정당인 '전독일노동자동맹'이 프로이센에서 설립됐고 마르크스는
독일의 사회주의들과 교류하면서 독일의 노동자 운동에 큰 영향을 끼쳤다.

『공산당선언』, 1848년 혁명 전야에 출간되다

"철학자들은 이제까지 세계를 다양하게 해석만 해왔다. 이제 세계
를 변화시키는 게 중요하다."

_카를 마르크스, 「포이어바흐에 관한 테제」 중 11번째

카를 마르크스Karl Marx, 1818~1883는 널리 알려진 사회주의 혁명가이
다. 그는 또 철학자, 경제학자, 역사학자로서 사회과학 연구자들이 반
드시 올라야 하는 거대한 봉우리의 하나이다. 마르크스는 19세기 독
일과 유럽에서 발발한 혁명을 지켜보거나, 일부는 참여하기도 했고
이론적, 실천적으로 분석했다. 그는 왜 노동자들의 혁명이 불가피하
다고 보았을까? '혁명의 시대'를 겪은 증인이자 실천가, 학자로서 그
가 끼친 영향은 크고도 깊다.

마르크스는 1818년 독일 중부의 소도시 트리어에서 태어났다.

1841년 예나 대학교에서 철학박사 학위를 받고 강의를 원했지만 그의 급진적인 성향 때문에 교수가 되지 못했다. 대신 자신의 생각을 널리 알릴 수 있는 언론에 투신했다.

1842년 초부터 쾰른시에서 라인신문 기자, 이어서 편집국장으로 일했으나 이듬해 4월에 프로이센의 강화된 검열로 신문사가 문을 닫았다. 그는 프로이센 비밀경찰에 쫓겨 파리, 브뤼셀을 거쳐 1849년 가을에 도착한 런던에서 34년 넘게 무국적자로 살았다.

그는 언론사에서 일할 때 책 출간을 위해 찾아온 프리드리히 엥겔스Friedrich Engels, 1820~1895와 알게 됐고 이후 평생 절친이 됐다. 엥겔스는 부유한 사업가의 아들로 영국의 공업 도시 맨체스터에서 공장을 운영 중이었다. 두 사람의 협업으로 노동자, 프롤레타리아 혁명의 불가피성을 널리 알린 책이 1848년 세상의 빛을 봤다.

공산주의자 동맹은 1847년 6월 마르크스와 엥겔스가 런던에서 설립한 비밀조직이었다. 그해 12월 런던에서 열린 공산주의자 동맹 회의에는 독일 연방뿐만 아니라 프랑스, 네덜란드, 스웨덴, 스위스, 영국 등 유럽 각국의 공산주의자들이 참가했다. 마르크스와 엥겔스는 동맹을 위한 강령을 만들어달라는 부탁을 받았다. 약 2달 만에 두 사람이 완성한 게 『공산당선언Das Manifest der Kommunistischen Partei』이다. 이 책은 1848년 3월 초 독일에서 혁명이 발발하기 직전에 런던에서 23쪽의 작은 팸플릿으로 출간되었다.

이 책에서 그는 계급투쟁과 사적 유물론이라는 사회주의의 토대가 된 핵심 사상을 평이하게 풀어냈다. 이 책의 첫 문장은 "지금까지 존재한 모든 사회의 역사는 계급투쟁의 역사이다."라고 시작한다. 중세 봉건시대 영주와 농노처럼 착취자와 착취를 당하는 사람 간의 투쟁임을 밝힌다. 이어 자본주의 사회의 계급투쟁에 상당한 지면을 할애한다. 자본가 부르주아지는 노동자를 착취한다. 자본가들은 심각한 경쟁에 직면해 전 지구에 상품을 팔아 경쟁한다. 그는 부르주아지가 봉건제 파괴의 일등 공신임을 인정하며 이들 역시 노동자 혁명으로 사라질 것으로 봤다.

마르크스는 인류 사회가 계속해서 변화한다는 설명에서 헤겔의 변증법을 차용했다. 그러나 헤겔이 주장한 절대정신이 아니라 생산력과 생산관계라는 토대가 역사를 추동한다고 봤고 이게 사적 유물론이다. 변증법에서 주체를 정신이 아니라 경제라는 토대로 바꿨다. 물질적 토대가 변하면 상부구조인 이념(법이나 문화 등)이 변한다고 마르크스는 주장했다. 두 사람은 『공산당선언』에서 역사는 원시 공산사회-고대 노예사회-중세 봉건사회-자본주의 사회로 이행됐다고 규

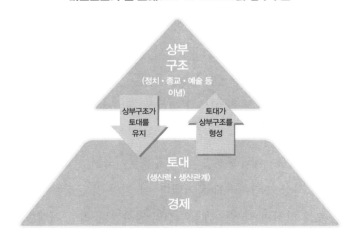

마르크스가 본 토대(생산력과 생산관계)와 상부구조

상부
구조
(정치·종교·예술 등
이념)

상부구조가
토대를
유지

토대가
상부구조를
형성

토대
(생산력·생산관계)

경제

명했다. 각각의 사회에서 누가 생산을 하고 생산수단(예컨대 중세에는 물레방아, 자본주의 사회에서는 기계, 토지 등)은 어떻게 변했는지를 살펴보면 자본주의 사회 다음에는 사회주의 사회가 온다고 마르크스는 진단했다. 사회주의 단계에서는 사유재산을 철폐하고 이후 계급 자체도 사라진다. 능력에 따른 분배에서 필요에 따른 분배로 바뀐다.

『자본론』, 독일 사회주의자들에게 큰 영향을 끼치다

간결하고 힘찬 글이어서, 사회주의자들은 『공산당선언』을 '기도서'로 봤다. 마르크스는 자본주의 발달의 운동법칙을 심층 서술한 『자본론』을 집필했다. 당시 과학이 크게 발달해 많은 현상을 법칙으로 설명하려 했다. 이 책은 1867년 출간됐으며 공산주의자에게 성경과 같다. 그 누구도 범접할 수 없고 믿고 따라야 한다.

그에 따르면 자본은 축적되는 경향이 있다. 자본가들은 자본을 축적해야 경쟁에서 승리할 수 있다. 그래서 자본가들은 더 많은 이득을 얻으려 하기에 노동자에게는 적은 임금을 주고, 상품 생산과 유통에서 잉여가치를 만들어낸다. 유사한 맥락에서 자본은 또 집중된다. 자본가들의 치열한 경쟁 결과로, 승자는 더 많은 자본을 투자해 시장 점유율을 높이고 그만큼 특정 산업에서 몇 개 기업이 시장을 장악한다. 마르크스는 또 이윤은 장기적으로 하락하며 자본가와 노동자(프롤레타리아) 간의 계급투쟁을 피할 수 없을 것이라고 봤다. 자본주의의 무한경쟁에 따라 과잉생산이 이루어지고 주기적인 경제위기는 불가피할 것으로 전망했다. 이윤이 하락하면 노동자들의 급여는 추가로 더 떨어질 수밖에 없다.

마르크스가 제시한 자본주의의 장기적인 운동 법칙

> 자본은 축적되고 집중된다

> 이윤율은 하락하고 자본가와 노동자 간의
> 계급투쟁은 불가피하다

> 과잉생산과 주기적인 경제위기는 불가피하다

그는 이런 논리에서 자본주의가 고도로 발달한 영국에서 노동자들이 주도하는 사회주의 혁명이 일어날 것으로 봤다. 자본주의가 발달할수록 자본가의 초과 이득(잉여가치)은 늘어나고 노동자들은 더 착취를 당한다. 이에 따라 착취를 당한 노동자들은 계급의식을 형성하고, 단결해 혁명을 일으켜서 과감하게 족쇄를 부수어 버릴 것으로 예상했다.

"노동자가 잃을 것은 족쇄이오, 얻을 것은 세계이다.
만국의 노동자여, 단결하라!"

1848년 발간된 『공산당선언』 마지막 구절은 이런 격문으로 끝난다. 마르크스의 사상은 산업혁명의 후발주자로서 당시 급속하게 발전하던 독일에 큰 영향을 끼쳤다. 1863년 5월 전독일노동자동맹All-gemeiner Deutscher Arbeiterverein, ADAV이 라이프치히에서 설립됐다. 유럽에서 최초로 설립된 노동자 정당이다. 페르디난트 라살Ferdinand Lassalle,

_{1835~1864}은 수년간 노동자들의 권익을 위해 투쟁해왔으며 초대 회장이 됐다. 라살과 마르크스는 3월 혁명 때 만나 계속 교류했고 카를은 독일에서 자신의 책 출간에 도움을 요청하기도 했다. 그러나 두 사람은 매우 불편한 관계였다. 마르크스가 프로이센을 증오하고 국경을 초월한 프롤레타리아의 연대를 지지한 반면, 라살은 프로이센 안에서 선거를 통한 사회주의 실현을 내세웠다. 라살이 1864년 사망한 후 마르크스와 엥겔스는 전독일노동자동맹 회원들과 수시로 편지를 주고받으며 신진 정당의 진로를 조언했다. 1869년에는 마르크스의 견해와 비슷하게 반_反프로이센 입장을 취한 사회민주노동당_{Die Sozialdemokratische Arbeiterpartei, SDAP}이 창당됐다. 급진적인 사회주의자 아우구스트 베벨_{1840~1913}과 빌헬름 리프크네히트_{1826~1900}가 공동 의장이었는데 두 사람은 마르크스 및 엥겔스와 자주 소통했다. 이처럼 마르크스와 엥겔스는 독일 내 사회주의 운동에 큰 영향을 끼칠 수 있었다.

40여 년간을 마르크스의 동지로, 극심한 가난에 신음한 친구를 자주 도와주었던 엥겔스는 1883년 마르크스의 장례식장에서 그를 아래와 같이 평가했다.

> "찰스 다윈이 유기체의 발전법칙을 발견한 것처럼 카를 마르크스는 인간 역사의 발전법칙을 발견했다. 인간은 정치나 과학, 예술이나 종교 활동을 하기 전에 무엇보다도 먹고, 마시고, 휴식처와 옷을 구한다는 것은 단순한 사실이다. 그런데 이런 사실조차 이념의 과잉성장으로 이제까지 감추어져 있었다."

장례식 연설 마지막 구절은 "그의 이름은 수백 년에 걸쳐 지속될 것이고 그의 저서도 그럴 것이다."라고 끝을 맺는다. 그렇지만 마르크스의 명성과 저서는 세계 역사에 따라 부침을 거듭했다.

러시아 제국에서 1917년 10월 혁명이 일어났다. 세계 최초의 사회주의 혁명이다. 이후 점차 사회주의 국가들이 건국된다. 특히 영국이나 프랑스와 같은 유럽 열강의 식민지였다가 제2차 세계대전 후 독립을 쟁취한 아프리카와 아시아 국가에서 소련식 사회주의 모델을 채택한 경우가 제법 있었다. 유럽 열강과 같은 억압자에 대항한 이들은 사회주의 모델에 더 끌렸다. 1980년대 말 세계인구의 1/3 정도가 사회주의 체제에서 살고 있었다. 그러나 1990년대 소련을 비롯한 공산주의 국가들이 붕괴하고, 상당수가 시장경제 체제로 전환하며 마르크스와 그의 핵심 사상은 점차 잊혔다. 하지만 2008년 미국발 경제위기가 발발하고 선진국인 여러 나라에서 경제·사회적 불평등이 커지면서 마르크스는 다시 부활했다. 현실의 실험으로 사회주의는 실패했지만 하나의 사상으로 사회주의는 아직도 남아 있다.

1999년 9월 한 달 동안 영국의 방송국 BBC가 지난 1000년간 가장 위대한 사상가를 뽑는 투표를 실시했다. 투표 결과, 1위에는 카를 마르크스가 뽑혔다. 마르크스가 자본주의 사회를 분석하는 큰 틀을 제시했기 때문이다.

철혈재상 비스마르크,
프로이센 주도로 독일을 통일하다

프로이센의 철혈재상 비스마르크는 영국이 제국주의 개척에 분주하고
러시아와의 관계가 틀어진 것을 활용해 오스트리아, 프랑스를 격파하고
프로이센 주도로 독일 통일을 이뤘다. 이는 19세기 유럽 대륙의 세력균형을
뒤흔든 역사적 사건이다.

'소독일' 통일의 첫걸음, 쾨니히그레츠에서
오스트리아를 격파하다

"오늘날의 중요한 문제는 언론이나 다수결(이것이 1848년과 1849년의 오류
였다)이 아니라 철과 피에 의해서만 해결될 수 있다."

_비스마르크 총리, 1862년 9월 30일 프로이센 의회 연설 중에서

1848년 프랑크푸르트 국민의회에서 실패한 독일의 통일이
1871년 프로이센의 철혈재상 비스마르크 주도로 이루어졌다. 그렇다
면 프로이센의 총리는 어떻게 통일을 이루었을까? 당시 유럽 강대국
간의 힘의 역학관계가 어떻게 변했고 비스마르크는 이를 어떤 방식
으로 최대한 활용할 수 있었을까?

프로이센의 빌헬름 1세재위 1861~1888는 1862년 9월 24일 파리주
재 프로이센 대사 오토 폰 비스마르크Otto von Bismarck, 1815~1898, 총리 재

프란츠 폰 렌바흐(Franz von Lenbach)의
〈비스마르크 초상화〉

_{직 1862~1890}를 총리로 전격 임명했다. 당시 언론은 비스마르크를 반자
유주의와 반민족주의의 화신으로 묘사해왔다. 비스마르크는 왕권 강
화와 의회 내 자유주의 세력의 약화를 약속하여 총리가 될 수 있었
다. 그는 1890년 이 직에서 물러나기까지 28년간 총리직과 외무장관
직을 겸임했다. 처음에 그는 프로이센의 총리로, 1871년 독일 제국이
성립된 후에는 프로이센과 독일 제국의 총리를 겸직했다.

그는 원래 독일 북동부 엘베강 동쪽에 터를 잡은 토지 귀족 융커
출신이다. 이 지역은 슬라브족과 국경을 맞댄 곳이어서 프로이센 정
부는 대규모 토지를 주겠다는 인센티브를 제시해 여기로 주민들을
이주하게 했다. 융커라는 말은 젊은_{jung} 도련님_{Herr}, '융거헤어_{junger Herr}'

를 줄여서 발음하다가 생긴 단어이다. 비스마르크는 뼛속 깊숙이 프로이센인이었고 융커였다. 프로이센이 중심이 되는 소독일주의를 신봉해 실천한 현실주의자였고 융커의 이익을 해치는 정책을 강력하게 반대했다.

대학을 졸업한 그는 의원으로 일하며 정치와 외교 분야에서 경험을 쌓았다. 독일 연방 내 최고기관 연방의회에 프로이센 대표로 파견된 그는 1850년대 어느 날 모욕을 당했다. 당시 오스트리아의 대사 프리드리히 폰 툰호엔슈타인Friedrich von Thun und Hohenstein 백작이 담배를 피우고 회의장에서 멋대로 겉옷을 벗었다. 프로이센의 대표였던 그 역시 오스트리아와 동등하다고 여겨 이처럼 행동했으나 제지당했다. 비스마르크가 오스트리아를 배제한 통일을 결심한 시기는 이때부터라고 종종 해석하기도 한다. 그러나 원래 프로이센이 주도하는, 오스트리아를 배제한 독일어 사용지역의 통일을 당연하다고 품어왔던 비스마르크는 이 사건으로 모멸감을 느꼈을 듯하다. 따라서 이 사건은 비스마르크의 소독일 통일 구상을 더 굳게 결심한 계기가 됐을 뿐이다. 그는 치밀한 준비를 거쳐 통일의 걸림돌인 오스트리아, 프랑스를 차례로 격파했고 이를 위한 외교도 병행했다.

전격 발탁된 비스마르크는 의회와 크게 충돌했다. 의회가 군비증강 예산을 거부하자 신임 총리는 글 첫머리에 인용된 철혈정책 연설을 하고 긴급 명령권을 발동해 의회의 승인 없이 예산을 집행했다. 통일은 병력과 군비를 증강하고(철), 국민이 피를 흘려야(혈) 가능하다고 강조했다. 빌헬름 1세는 총리 임명 직전에 병력 증강을 골자로 하는 군 개혁안을 의회에 제출했다. 이를 관철시킬 인물로 비스마르크를 총리로 임명했다. 1817년 이후 해마다 40,000명으로 고정된 신규 징병 규모를 63,000명으로 늘리고, 일반 병사들의 현역 복무 3년, 이후 예비군 4년, 지방군 7년 복무가 골자였다. 이를 위해 국방비의 대폭 증액이 필요했다.

이처럼 군사력을 증가해 왔는데, 독일권 최북단에 위치한 슐레스비히 공국에서 문제가 터졌다. 1863년 11월 덴마크는 이 공국을 재차 합병했다. 비스마르크는 오스트리아와 협력해 공국으로 진입하여 그곳을 공동 통치했다. 1848년 동일한 문제로 프로이센군이 진군했으나 영국과 러시아 등의 무력시위로 철군한 경험이 있다. 따라서 두 나라 군이 공동으로 진군해 함께 점령하면 유럽 강대국들도 함부로 철군 요구를 할 수 없을 터였다. 철혈재상은 공동 점령 때 러시아와 프랑스에 접근해 전쟁이 발발하면 양국이 오스트리아 편에 가담하지 않도록 설득했다. 또 오스트리아를 대상으로 독립운동을 벌이던 이탈리아와도 군사 동맹을 체결했다. 이런 사전 준비를 끝낸 비스마르크는 오스트리아가 점령 중인 공국의 의회 소집이 약속을 파기한 것이라며 문제를 계속 제기한 후 여기에 프로이센군을 들여보냈다. 이에 격분한 오스트리아는 1866년 6월 중순 프로이센을 공격했다. 7월 3일 작센 왕국의 쾨니히그레츠에서 프로이센군은 오스트리아군을 격파했다. 전쟁의 장기화를 우려한 프랑스의 나폴레옹 3세가 중재를 해 7월 22일 양측은 휴전을 했고 이어 프라하에서 강화조약을 체결했다. 전쟁 개시 후 휴전까지 7주 걸려서 보통 '7주 전쟁'으로 부르기도 한다. 당시 빌헬름 1세는 빈까지 진격해서 오스트리아에 치욕을 안겨주려 했으나 비스마르크가 만류했다. 오스트리아의 불필요한 적대감을 키우고 영국과 프랑스 등 주변국이 비우호적으로 변할 수 있다고 보았기 때문이다. 이 대목에서 철혈재상의 신중함이 드러난다.

오스트리아는 7주 전쟁에서 독일 연방의 의장국으로서 싸웠기에 작센과 바이에른과 같은 연방 내 국가들도 오스트리아 편에서 참전했다. 이들은 흑적황의 삼색기 완장을 두른 반면에, 프로이센은 검은색과 흰색의 기치 아래 싸웠다. 이 전쟁에서 프로이센이 승리하면서 독일통일의 방안으로 소독일주의가 유일한 대안이 됐다. 1867년 프로이센은 북독일 연방Norddeutscher Bund을 만들었다. 중부에 있는 마인강을 경계로 강 이북에 있는 작센, 하노버, 나사우 등과 프로이센이 포함된 22개 영방국가로 구성된 조직이다. 이 기구는 독일 연방과 다르게 중앙권력을 갖춘 연방국가의 성격을 띠었다. 프로이센 국왕이 연방 의장이 되어, 국제법상 연방을 대표하고 전쟁 선포권, 연방군 최고 지휘권, 연방 총리를 임명하고 해임하는 임면권任免權을 지녔다. 입법권은 연방 각 정부의 대표들로 구성된 연방참의원(상원 역할), 보통과 평등 선거로 직접 선출된 연방의회(하원 역할)에 귀속됐다. 연방참의원의 결의는 다수결이 원칙이었고 총 43표 가운데 프로이센이 17표를 차지해 연방 내 최고 영향력을 행사했다. 북독일 연방의 총 인구 3,000만 명 가운데 프로이센 인구가 2,500만 명일 정도로 연방 내 프로이센의 힘이 압도적이었다. 전쟁에서 압승한 덕분에 비스마르크는 긴급 명령권으로 강제 통과시킨 군 개혁안을 사후에 승인받았다. 이제 철혈재상의 통일정책을 의회가 지지할 수밖에 없었다.

프랑스를 전쟁에 끌어들인 덫, 엠스 전보

이제 통일의 마지막 걸림돌은 프랑스였다. 프랑스는 바로 이웃에 또 다른 강대국이 들어설 경우 안보 위협이 될 것이기에 독일의 통일을 반대했다. 19세기 초까지 수백 개, 빈 회의 후 수십 개의 영방국가로 독일이 분할되어 있었기 때문에 프랑스에 이로웠다.

두 나라 간의 갈등이 표면으로 드러난 계기는 스페인의 왕위계승 문제였다. 1870년 초 스페인은 호엔촐레른 가문이 지배하는 프러시아 왕국의 레오폴트 왕자를 왕으로 추대하려 했다. 이렇게 되면 개신교 프러시아와 가톨릭 스페인이 프랑스를 포위하는 상황이 되기에 프랑스는 강력하게 반대했다. 나폴레옹 3세가 압력을 넣어 이 왕위계승은 무산됐다. 빌헬름 1세에게 이를 공식적으로 다짐받으라는 지시를 받은 프랑스 대사는 온천지 엠스Ems에서 산책 중이던 왕을 만나 서류로 공식화를 요구했으나 거절당했다. 비스마르크는 전보 원문을 일부 삭제해 7월 13일 언론에 공개했다. 프랑스가 전쟁을 위협하며 왕위계승 포기를 요구했고 빌헬름 1세는 이를 거부했다는 내용이다. 그런데 이 기사를 본 독일 국민은 프랑스 대사가 무례했다고 이해했고, 프랑스 국민은 프랑스 대사가 모욕당했다고 이해했다. 격노한 프랑스의 황제는 7월 19일에 프로이센에 선전포고를 했다. 당시 프랑스군은 허겁지겁 전쟁에 돌입했다. 철혈재상이 교묘하게 설치한 덫에 프랑스가 걸려들게 됐다. 비스마르크는 엠스 전보를 언론에 알리기 전에 군부와 사전에 긴밀하게 소통해 충분히 승산이 있다고 봤다. 4년 전 오스트리아와의 전쟁에서 승리를 거둔 정예 프로이센군이 있었기 때문이었다. 헬무트 폰 몰트케1800~1891 참모총장이 그 주역이다. 그는 1857년부터 30년 간 참모총장으로 일하며 프로이센군을 유럽의 정예군으로 양성했다. 4년 전 오스트리아와의 전쟁 승리도 그의 공이 컸다.

개전 한 달 반도 지나지 않은 그해 9월 2일 프랑스 황제가 스당 전투에서 10만 명이 넘는 프랑스군과 함께 포로가 됐고 항복했다. 파리에서는 공화제의 시정부가 수립(파리 코뮌)되어 프로이센에 항쟁을 계속했으나 1871년 1월 하순에 항복했다.

전쟁의 승리가 확실시된 1871년 1월 18일 빌헬름 1세는 파리 교외의 베르사유 궁전 거울의 방에서 독일 제국을 대내외에 선포하고 황제에 즉위했다. 1703년 프로이센의 프리드리히 1세가 대내외에 왕국을 선포한 바로 그날이다. 18세기 초 프랑스의 루이 14세가 50여 년

독일 제국의 선포
1871년 1월 18일 베르사유 궁전 거울의 방에서, 독일 제국 선포 및 황제 즉위식이 거행됐다.
안톤 폰 베르너(Anton von Werner)가 그린 이 그림에서, 연단 위에 있는 황제 빌헬름 1세와
연단 아래 하얀 옷을 입은 총리 비스마르크가 보인다

에 걸쳐 유럽 최고의 궁으로 건설한 곳에서 독일이 제국을 선포했다. 유럽의 강대국임을 자부하던 프랑스에 씻을 수 없는 치욕이었다. 이후 제2차 세계대전까지 74년간 독일과 프랑스의 보복, 맞보복이 유럽사를 관통한다.

전쟁에서 승리한 프로이센은 프랑스의 알자스와 로렌 지역을 영토로 편입했고 프랑스로부터 50억 프랑의 전쟁 배상금을 받게 됐다. 배상금 전부는 금으로 받았다. 알자스 지방은 철과 석탄의 주산지여서 독일은 전쟁 필수물자를 쉽게 조달할 수 있게 됐다.

1848년과 다르게 영국과 러시아는 프로이센의 독일 통일을 저지하지 않았다. 크림 전쟁1853~1856에서 영국과 프랑스가 러시아의 남하를 막으면서 영국과 러시아의 사이가 틀어졌다. 영국은 당시 산업혁명이 최고 절정기에 있어 제국 개척에 분주했다. 『영국사』를 쓴 프랑스의 작가 앙드레 모루아는 "유럽대륙의 세력균형 유지를 외교정책의 기조로 하던 영국이 왜 독일 통일을 방관했냐?"라고 강력하게 비판을 쏟아붓는다. 유럽 대륙의 중앙에 또 다른 강대국 독일이 등장해 세력균형을 바꾸는 큰 사건인데 말이다. 엄연한 현실을 번복할 수 없는 학자의 사후 비판에 불과하다.

독일 사학자 하겐 슐체나 다른 역사가들도 당시 프로이센 주도 이외에 다른 대안이 없었다고 결론지었다. 나아가 당시 비스마르크가 독일 통일에 주어진 기회의 창(문)을 매우 적절하게 이용했다고 평가한다. 1848년에 실패했던 통일을 비스마르크의 철혈정책은 성공시켰다. 이런 기회의 창문은 당시 현장에 있던 사람들이 알아차리기가 쉽지 않다. 사건이 발생한 뒤 수십 년 뒤에 이를 해석하는 역사학자들은 이게 기회의 창문이었음을 알지만 말이다. 만약에 비스마르크가 의회의 권한 요구에 굴복해 군 개혁을 추진하지 못했더라면, 오스트리아와의 7주 전쟁, 프랑스와의 전쟁에서 프로이센이 압승해 통일을 이룰 수 있었을까? 이런 질문의 답이 'NO'이기 때문에 독일 통일에서 비스마르크의 리더십이 단연 돋보인다.

통일 독일은 프로이센의 확대판이었다. 북독일 연방에 속하지 않았던 남부 독일의 여러 왕국과 도시가 추가로 가입해 제국을 구성했다. 프로이센과 작센, 뷔르템베르크의 4개 왕국 등 22개의 영방국가와 자유도시 함부르크, 프랑크푸르트, 뤼베크로 이뤄졌다. 연방국가였기 때문에 독일 제국은 외교정책과 전쟁의 권한을 독점했다. 프로이센 국왕이 독일 제국의 황제를 겸했고 각 주(영방)에서 차출해 조직한 연방군의 최고 사령관이 됐다. 비스마르크도 마찬가지로 프로이센과 제국의 총리를 겸직했다. 제국의 재정은 각 주의 분담금에 의존했지만 프로이센이 사실상 돈주머니를 쥐었다. 제국 영토의 2/3, 인구의 3/5을 차지했기 때문이다. 제국의회Reichstag 의원은 25세 이상의 남자들 중 선거로 선출됐으나 제정된 법을 거부할 수만 있었고 이들에게는 세비가 없었다. 각 주의 대표로 구성된 상원 역할을 하는 연방참의원Bundesrat이 입법권을 보유했다. 프로이센이 연방참의원에서 사실상 거부권을 행사했다. 현재의 내각제와 다르게 총리는 의회에 책임을 지지 않았고 의회가 총리를 불신임할 수도 없었다. 의회는 또 군대를 통제할 수 없었다. 1883년에 제국의회는 군 예산 통제권을 상실해 군 통제에 필요한 마지막 정책 수단까지 상실했다. 의회가 군을 통제하지 못했기에 제1차 세계대전의 개전과 종전에서 군이 막강한 영향력을 행사했다. 행정관료의 3/5이 프로이센 사람들로 채워졌다. 황제와 총리가 취약해 권력의 공백이 생기면 관료의 힘이 이 공백을 채울 수 있었다.

독일이 통일되는 과정

1848년	① 독일 북부 슐레스비히-홀슈타인 공국, 덴마크로부터 독립을 선언 ② 프랑크푸르트 국민의회, 프로이센군이 공작령 인근으로 진격하도록 조치 ③ 영국과 러시아 등이 이를 저지하고자 무력시위에 나섰고, 그해 8월에는 프로이센군이 철수함
1853~1856년	① 크림전쟁 발발: 러시아가 흑해를 통한 유럽 진출로를 확보하고자 오스만 제국을 공격 ② 영국, 프랑스, 오스트리아가 오스만 제국을 지원해 러시아의 남하를 저지함 ③ 1856년 파리조약 체결: 이후 러시아와 영국의 관계가 소원해짐
1863년	11월, 슐레스비히-홀슈타인 공국이 덴마크에 다시 합병됨
1864년	1월, 프로이센과 오스트리아군이 공국으로 진입해 공동으로 통치함
1866년 6~7월	① 오스트리아와 프로이센의 7주 전쟁이 발발: 쾨니히그레츠 전투에서 프로이센이 압승 ② 프로이센의 압승으로 오스트리아를 배제한 소독일주의 통일 정책이 부각됨
1870년	7월 17일, 프로이센과 프랑스가 전쟁: 프로이센의 승리
1871년	① 1월 18일, 프랑스 베르사유 궁전에서 독일제국을 선포: 빌헬름 1세가 황제로 즉위 ② 독일은 알자스-로렌 지역을 차지하고, 프랑스는 배상금 50억 프랑을 전부 금으로 지급 ③ 프랑스에서 나폴레옹 3세가 퇴위하면서 프랑스 제3공화국이 출범

21세기 초에 중국의 공영방송 CCTV는 세계 역사상 강대국의 흥망성쇠를 분석하는 다큐멘터리를 여러 편 제작해 방송했다. 강대국으로 올라서는 데에 평화적 부상을 강조하려는 의도에서다. 당시 CCTV 다큐멘터리에서는 비스마르크 주도로 통일을 이룩한 독일이 강대국으로 부상해 평화를 지킨 정책을 강조했다. 덩달아 중국은 비스마르크의 통일과 외교정책을 상세하게 분석하기도 했다. 통일을 달성한 후 비스마르크가 총리직에서 물러나기까지 19년간 유럽은 강대국 간의 전쟁이 없는 평화를 유지했다.

비스마르크가
복잡한 동맹 체제를 구축한 이유

비스마르크는 독일 제국을 건설한 후 프랑스의 반(反)독일 동맹 형성을
저지하려고 프랑스를 고립시키는 동맹을 만들고 유지했다.
또 최소한의 제국주의 정책을 실시해 유럽대륙에서 평화를 유지할 수 있었다.

"프랑스를 고립시켜라."
비스마르크 체제의 핵심

1878년 6월 13일 독일 베를린의 총리실. 철혈재상 비스마르크가 영국의 벤저민 디즈레일리 총리, 러시아의 알렉산드르 고르차코프 외무장관, 오스트리아-헝가리 제국의 언드라시 줄라_{Andrássy Gyula} 외무장관 등 당시 유럽의 주요국 인사들을 반갑게 환영했다. 이때부터 한 달간 베를린에서 발칸반도의 문제 해결을 위한 외교 협상, 베를린 회의가 진행됐다. 바야흐로 베를린이 세계 외교의 중심지로 떠올랐다.

기회의 창을 아주 잘 이용해 독일은 통일을 달성했다. 그렇지만 유럽의 강대국, 특히 영국은 통일 독일의 팽창과 이것이 가져올 유럽 내 세력균형의 변화를 예의주시했다. 1871년 영국 야당의 당수였던 보수당 벤저민 디즈레일리는 독일 제국의 성립을 19세기의 가장 큰 혁명으로 간주했고, 이로 인해 유럽 내 세력균형이 완전히 붕괴됐다

고 말했다. 그만큼 독일의 외교 정책에 우려가 컸다.

비스마르크는 독일이 통일에 만족하며 팽창주의적인 대외정책을 실행하지 않음을 다른 강대국에 지속적으로 알려서 그들을 안심시켜야 했다. 따라서 1890년 총리에서 물러날 때까지 철혈재상은 현상 유지 그리고 프랑스의 고립화를 외교정책의 핵심으로 실행했다. 프랑스의 동맹 체결을 저지하고 독일이 중심이 되는 복잡한 동맹 체제를 구성했는데, 이게 '비스마르크 체제'다. 대개 오스트리아가 이런 동맹에 독일과 같은 편에 섰다.

먼저 철혈재상은 오스트리아와의 관계를 개선했다. 러시아의 발칸반도 진출을 우려하던 오스트리아는 독일이 필요했다. 또 러시아도 발칸반도의 현상 유지에 오스트리아와 의견을 모았다. 이런 과정을 거쳐 1873년 세 나라 간에 삼제 협약三帝協約(삼제 동맹)이 체결됐다. 삼국 모두 황제가 통치하는 제국으로 군주제를 수호하고자 했고, 군사적 목적보다는 프랑스를 고립시키자는 목표가 더 뚜렷했다. 2차 삼제 협약은 1881년에 합의됐다. 당시 러시아는 중앙아시아와 아프가니스탄에 진출해 영국과 대립 중이었다. 이 협약은 세 나라 가운데 한 나라가 오스만 제국과 전쟁을 하는 경우 중립을 지키기로 공약한 군사적 성격이 강화된 내용을 담았다.

독일은 이탈리아와도 동맹을 체결했다. 1882년 튀니지 원주민이 알제리로 침입하자 프랑스는 튀니지를 보호국으로 만들었다. 식민지 경쟁에 합류 중이던 이탈리아는 튀니지에 눈독을 들였고, 여기에 철도 부설도 계획 중이었다. 이런 불만을 느끼던 이탈리아에 비스마르크가 접근해 오스트리아, 이탈리아가 포함된 삼국 동맹이 성립됐다.

삼국이 프랑스 이외의 국가로부터 공격을 받으면 우호중립을 지켜야 하지만, 프랑스가 독일이나 이탈리아를 공격하면 조약 당사국들에 원조 의무가 발생한다. 이처럼 삼국 동맹은 명확하게 프랑스를 겨냥했다. 1887년에 독일과 러시아 간의 재보장조약도 프랑스 고립을 노렸다. 당시 프랑스와 독일의 긴장이 고조됐었기 때문에 체결됐는데, 이 조약에 따르면 제3국의 공격을 받을 경우 중립을 지킨다고 합의됐다.

비스마르크 체제

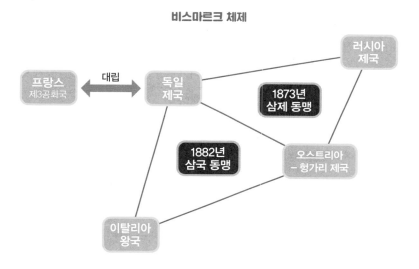

동방 위기와 1878년의 베를린 회의

오스만 제국의 지배를 받던 불가리아인들이 1876년 4월과 5월에 대규모 반란을 일으켰다. 반란 진압에 동원된 오스만 제국의 비정규군은 반란군과 주민들을 한 곳에 모아 놓고 닥치는 대로 살해했다.

당시 진상 보고서에 따르면 약 12,000명~15,000명이 숨졌다. 러시아는 이때를 틈타 러시아 정교회를 보호한다는 명분으로 1877년 5월 오스만 제국에 전쟁을 선포했다. 영국은 러시아의 남하 저지가 외교 정책의 기조였기에 이런 대학살에도 불구하고 오스만 제국을 지원했다. 이듬해 러시아가 큰 승리를 거두면서 전략적 요충지인 콘스탄티노플까지 함락될 위기에 처했다. 영국이 이 지역에 해군을 급파했고 독일과 오스트리아도 영국의 해군 파견을 지지했다. 유럽의 강대국들은 러시아의 세력 확대를 원하지 않았다. 결국 러시아와 오스만 제국은 산스테파노 조약1878을 체결해 종전했다. 하지만 영국과 오스트리아가 러시아의 영향력이 지나치게 커질 것을 우려해 이 조약을 반대했다. 그래서 1878년 6월 13일부터 한 달간 비스마르크의 중재로 베를린 회의가 열려 이 조약을 수정했다.

독일은 '정직한 중재자'로 회의를 주재했다. 이 회의 결과는 영국과 터키에 유리했고 러시아에 불리했다. 원래 지금의 불가리아보다 훨씬 넓은 지역에 대★불가리아를 건국하기로 러시아와 오스만 제국이 합의했었는데, 베를린 회의에서 이를 삼등분해 불가리아가 독립했다. 나머지 대불가리아의 핵심 지역은 오스만 제국 차지가 됐다. 영국은 오스만 제국과 합의해 사이프러스 확보를 국제적으로 공인받아 자국 땅으로 만들었다.

반면에 러시아는 산스테파노 조약보다 크게 후퇴한 영토 축소로 불만이 컸다. 하지만 1881년 러시아는 중앙아시아로 진출해 영국과 대립 중이었기 때문에 이런 불만을 접어두고 독일, 오트스리아와 2차 삼제 협약을 체결했다. 이때 발칸반도가 분할되기로 결정되자 불가리아를 비롯한 슬라브권에서는 슬라브 민족주의 운동이 지속적으로 발발했고, 오스만 제국과 오스트리아가 이를 계속해서 저지하게 됐다. 결국 이런 민족주의 갈등은 이후 제1차 세계대전의 발발을 초래한 원인들 중 하나가 됐다.

헨리 키신저는 1970년대 미국의 국무장관으로 일했지만 원래 19세기 유럽정치를 연구한 국제정치학자이다. 그는 비스마르크를 외교의 천재로 극찬했다. 당시 유럽 강대국의 복잡한 셈법 속에서 현상유지와 프랑스 고립을 목표로 동맹체제를 구축해 효과적으로 동맹을 운영했다고 평가했다.

가톨릭 세력을 오히려 강화한 문화투쟁

프로이센은 개신교 국가였으나 독일 통일 후 가톨릭이 주류인
남부 지역을 중심으로 중앙당이 창당됐다. 중앙당은 급속한 산업화로
경제적 곤궁에 처한 산업노동자의 이익을 대변하면서 정부와 갈등을 빚었다.
비스마르크는 교회를 통제하려 했으나 실패하고 오히려 중앙당의
세력 강화에 기여하게 된다.

가톨릭이 중심이 된 중앙당 출현

개신교 국가인 프로이센은 통일 과정에서 가톨릭이 주류인
라인 지방과 남부 독일의 각 영방을 아울렀다. 가톨릭 국가인 오스
트리아가 통일에서 배제돼 가톨릭 세력이 소수로 전락할 처지가 됐
다. 이런 소외와 불만을 해결하고자 가톨릭교도가 중심이 된 중앙당
Zentrumspartei이 출현했다.

중앙당의 세력 기반은 바이에른 왕국을 비롯한 남부 독일이었다.
이들은 국가로부터 가톨릭 교회의 자주권을 지켜내고, 독일 제국을
구성한 각 영방의 독립성 수호를 전면에 내세웠다. 프랑스와의 전쟁
에서 새로 얻은 알자스-로렌 지방의 가톨릭 주민과 동부 폴란드계
주민들도 이 정당과 연계했다. 1870년 12월 13일 제국의회에서 48명
의 의원들이 중앙당을 창당했다. 초대 의장은 카를 프리드리히 폰 자
비니Karl Friedrich von Savigny, 1814~1875였다. 의회의 중앙에 앉은 의원들이
주로 참여해 정당 이름이 이렇게 불리게 됐다.

상이한 종교와 함께 차이가 큰 산업구조도 중앙당의 세력 강화에 도움이 됐다. 프로이센의 북부 독일이 산업 지대인 반면에 남독일은 농업이 큰 비중을 차지했다. 산업화가 본격화하면서 남독일의 많은 농민이 산업노동자가 됐고 이들은 경제적 곤궁에 시달렸다. 중앙당은 온정주의적 전통을 유지해 이런 경제적 약자의 보호를 요구했다.

문화투쟁, 중앙당의 세력을 크게 강화하다

통일 제국이 종교적, 계층적 갈등을 겪는 상황 속에서 당시 교황 비오 9세는 교황의 무오류성을 제시하고, "진보와 자유, 근대 문명과의 타협을 무조건 거부한다."라고 선언했다. 당시 프로이센은 근대 문명으로 여겨졌다. 교황을 따르던 중앙당은 이런 프로이센의 문화에 반대하는 투쟁을 내세웠다. 반대로 비스마르크가 중심이 된 프로이센의 개신교 측은 기존 문화를 지키기 위한 투쟁을 전면에 제시하면서 서로 상반된 의미의 문화투쟁Kulturkampf이 본격화했다. 비스마르크는 가톨릭이 국가가 아니라 교황을 지지해 적을 이롭게 한다고 봤다.

비스마르크 정부는 가톨릭의 정치 세력화 저지를 목표로 1872년 5월 법을 제정했다. 이 법은 교회의 권한을 크게 줄였다. 성직자가 되려면 반드시 독일의 인문계 중고등학교, 김나지움Gymnasium과 대학 교육을 받아야 했다. 또 철학과 독일 역사 등의 시험을 의무적으로 통과해야 하고 출생과 혼인 등도 행정 당국에 신고하도록 규정했다. 종교학교(미션스쿨)는 국가의 감독을 받아야 했다. 국공립학교에서 종교인 출신 교사들이 배제됐다. 이전에도 정부는 가톨릭 성직자를 감독하고 기존 질서를 해치는 성직자의 언동을 금지했다. 다만 이는 어디까지나 비공식적인 규제였다. 이제는 새 법을 지키지 않는 교구는 국가의 지원금을 받을 수 없었다.

이 법의 시행으로 가톨릭의 반발은 걷잡을 수 없이 커졌다. 프로이센 영내에서 모든 수도원이 해산되자 가톨릭은 물론이고 프로테스탄트 측도 너무 지나치다며 이런 정책에 반발했다. 국가가 정한 요건에 따라 사제 임명을 강행하려 했지만 1,400여 개의 사제 자리가 공석으로 남았다. 정부가 국가 사제의 선출을 종용했으나 주민들이 격하게 반발해 시행되지 못했다. 또한 국가의 탄압을 받은 중앙당의 세력도 커졌다. 1874년 총선에서 28%의 득표율을 얻어 제2정당의 입지를 굳혔는데, 이 득표율은 3년 전보다 9.4% 포인트가 오른 수치이다. 탄압을 했으나 가톨릭 세력이 오히려 더 커진 정반대의 결과를 초래했다.

코너에 몰린 철혈재상은 결국 교회와 타협했다. 1870년대 중반에 사회민주당(이하 사민당으로 줄임)의 세력이 커지자 비스마르크는 더 큰 적인, 사회주의자들의 세력을 꺾기 위해 중앙당이 필요했다. 1878년 레오 13세가 교황이 되면서 관계가 다소 개선됐다. 1880년대 말, 관련 법이 시행한 가혹한 조치 가운데 일부는 폐지됐고 일부는 완화됐다.

제2차 세계대전 후 서독에서 기독교민주연합(CDU, 기민련)과 기독교사회연합(CSU, 기사련)이 창당됐다. 두 정당 모두 개신교와 가톨릭을 아우르는 정당이었지만 중앙당의 후신으로 볼 수 있다. 기민련 창당의 주역이고 서독의 초대 총리이던 콘라트 아데나워도 과거 중앙당 의원이었다.

채찍과 당근, 1878년 사회주의자 탄압법과 최초의 복지정책 등장

급속한 산업화로 노동자들의 세력이 커지고 사회민주당이 이들을 대변하자
비스마르크는 사회주의자 탄압법을 만들었다. 그는 또 1883년에
질병 보호법(의료보험), 1884년 노동 재해 보험법(산재보험) 등의 복지정책을
세계 최초로 제정하여 노동자들을 회유하려 했다.

"독일에서도 혁명이 임박했다."

1871년 5월 5일, 독일 베를린의 제국의회. 노동자들이 중심
이 된 독일사회민주노동당을 이끌던 당수 아우구스트 베벨이 일장
연설을 했다. 그해 3월 중순부터 급진 노동자들이 정권을 장악한 파
리 코뮌을 적극 지지한 그는 "유럽의 모든 프롤레타리아와 자유와 독
립을 신봉하는 사람이면 누구나 다 파리 코뮌을 주목한다."라고 말했
다. 베벨은 마지막으로 "독일에 임박한 혁명에 비교하면 코뮌은 전초
전에 불과하다."라고 강조했다.

이 발언은 비스마르크를 비롯한 지배계급에 공포감을 심어줬다.
급속한 산업화의 진전으로 공장 노동자와 도시빈민이 급증했고 사회
민주노동당은 이들에게 파고들었다. 가톨릭과 문화투쟁을 벌이던 정
부는 사회주의자들을 또 다른 제국의 적으로 여겨 탄압하기에 이르
렀다.

채찍: 사회주의자 탄압법

1878년 초 황제 암살 기도가 있었다. 사회민주노동당과 무관하다는 사실이 차후에 밝혀졌지만 정부는 이를 급진 노동자들의 테러로 몰아갔다. 비스마르크는 이를 빌미로 1878년 10월 중순에 사회주의자 탄압법을 제정했다. 공포된 법의 정식 명칭은 '사회민주당의 공익을 해치는 활동에 대항하는 제국법'이지만 줄여서 사회주의자 탄압법, 혹은 반反사회주의자법이라 불린다.

이 법에 따라 사회주의자와 공산주의자의 집회와 언론, 조직 등이 금지됐다. 노동조합도 큰 타격을 받았다. 이 법을 위반하면 투옥되거나 국외로 추방됐다. 법의 시행 후 1,500여 명이 체포됐고 900여 명이 다른 나라로 추방됐다. 원래 3년 시한의 법이었으나 계속 연장돼 1890년까지 효력이 유지됐다. 이런 가혹한 조치에도 불구하고 사회민주노동당원의 선거와 의회 활동은 허용됐다.

라살이 1863년에 설립한 전독일노동자동맹, 베벨과 리프크네히트가 6년 뒤 설립한 사회민주노동당은 노선 차이가 매우 컸다. 라살 세력은 프로이센 국가 안에서 온건한 개혁을 원했지만, 사회민주노동당은 좀 더 급진적인 개혁을 원했다. 정부의 탄압 움직임이 점차 가시화하자 두 파벌은 1875년 독일사회주의노동자정당Die Sozialistische Arbeiterpartei Deutschlands, SAPD으로 통합됐다. 통합된 정당은 사회주의 탄압법이 발효된 후 이론상 더 급진적인 방향을 추구하면서도 의석 확보에 주력했다. 이에 따라 사회주의자 탄압법이 시행되는 동안 SAPD의 의석은 꾸준하게 늘었다. 1871년 제국의회 선거에서 3.2%의 지지를 얻는데 그쳤지만 1890년 선거에서는 지지율이 19.8%에 육박했다. 1890년부터 독일사회민주당 Sozialdemokratische Partei Deutschlands, SPD, 사
민당으로 개칭해 현재에 이른다.

독일 사회민주당의 역사

1863년 5월	• 전독일노동자동맹(Allgemeiner Deutscher Arbeiterverein, ADAV)이 라이프치히에서 설립, 페르디난트 라살이 의장을 맡음 • 프로이센 국가 안에서의 사회주의를 추구
1869년 8월	• 사회민주노동당(Die Sozialdemokratische Arbeiterpartei, SDAP)이 아이제나흐에서 창당 • 급진적인 성향의 사회주의자 아우구스트 베벨과 빌헬름 리프크네히트가 공동 의장을 맡음
1875년 5월	두 정당이 합당하여 독일사회주의노동자정당(Sozialistische Arbeiterpartei Deutschlands, SAPD)이 됨
1890년	독일사회민주당(Sozialdemokratische Partei Deutschlands, SPD, 사민당)으로 개칭하여 현재에 이름

당근: 사회복지정책

1883년에 질병 보호법(의료보험), 1884년 노동 재해 보험법(산재보험), 1889년 폐질환 및 노년 보험을 위한 법(연금보험). 1880년대 비스마르크 정부가 실행한 일련의 사회복지정책이다. 원래 정부는 노동자들의 부담을 덜어주려 국가와 기업이 각각 절반씩 부담하는 안을 고려했다. 그러나 의회의 반대로 노동자와 사용자가 공동 분담하는 안을 채택했고, 1889년의 법에 한정하여 정부가 다 부담했다.

질병 보호법은 환자와 부상자를 지원하며, 1884년의 법은 일하던 중 다친 노동자를 도와준다. 이런 일련의 법은 당시의 영국이나 프랑스보다 훨씬 진보적이었다. 철혈재상은 사회주의자를 탄압하는 채찍

을 휘두르면서, 노동자들에게 당근을 주었다. 어진 황제와 재상이 노동자들에게 시혜를 베푼다는 생각에서 이런 사회정책을 실행했다.

한편 이 정책을 두고 사회민주주의자들은 분열됐다. 사회복지정책이 노동자들의 삶을 개선하고 있다고 보고 수용하는 사람들과 이를 거부하고 사회 체제를 근본적으로 변혁시키려는 사람들로 나누어졌다.

2013년 5월 23일 독일사민당은 창당 150주년 기념 행사를 라이프치히에서 성대하게 거행했다. 150년 전 페르디난트 라살이 그곳에서 '전독일노동자동맹'을 설립했다. 이날 행사에는 80개국에서 1,600여 명의 귀빈이 참석했다. 집권 기민련의 앙겔라 메르켈 총리, 프랑스의 사회당 프랑수아 올랑드 대통령도 참석해 세계에서 가장 오래된 노동자 정당의 150년을 축하했다.

'메이드 인 저머니'가
영국을 앞서다

산업화 후발주자 독일은 정부 주도로 전략산업을 적극 육성하고,
직업교육도 강화했으며, 철도와 같은 기간산업에 대규모로 투자했다.
이런 정책 덕분에 20세기 초에 후발 산업국가 독일은 철강 총생산량과
제조업 생산량에서 영국을 앞지르게 된다.

독일산 수입품을 통제하는 법안이
최상품의 품질 보증서가 되다

1887년 공산품의 원산지 표기를 의무화하는 상품표기법Mer-
chandise Marks Act이 영국에서 제정됐다. 범람하는 독일산 제품의 수입
을 줄이기 위해서다. 하지만 법이 원한 것과는 정반대의 결과가 나왔
다. 영국 소비자들은 값싸고 품질 좋은 독일 제품을 앞다투어 구매했
다. '메이드 인 저머니'가 '메이드 인 브리튼'을 제쳤다. 독일은 급속
한 산업화 정책으로 1870년대부터 많은 제품을 영국으로 수출했다.
수출 초창기에 독일산은 당시 최고로 여겨진 영국산으로 표기돼 수
출됐다. 하지만 20년도 안 되어 독일 제품의 경쟁력이 그만큼 높아진
것이다.

독일에서 산업혁명은 영국보다 훨씬 뒤늦은 19세기 중반부터 본
격 시작됐다. 뒤늦은 산업화를 실행한 독일은 어떻게 영국을 따라잡
았을까?

정부의 적극적인 산업육성, 은행의 성장, 직업교육의 강화

농업 위주의 산업구조를 제조업으로 바꾸려면 초기에 많은 자본이 필요하다. 최초의 산업화를 이룩한 영국의 경우 경쟁 국가가 없었고 기술 자체도 초기 단계여서 대규모 자본이 필요하지 않았다. 그래서 대개 가족이나 지역 공동체 등 비공식적인 자본에 의존했다. 반면에 뒤늦게 산업화에 착수한 독일은 프랑스나 벨기에 등 비슷한 시기에 산업혁명을 시작한 국가들과 치열한 경쟁을 펼쳤고 선발 주자의 기술도 도입하며 체질을 개선해야 했다. 독일에서는 정부의 적극적인 지원으로 전략 산업에 집중 투자가 가능했다. 1842년 프로이센 정부가 마련한 철도기금은 철도 건설에 뛰어든 기업들의 안정적인 투자를 가능하게 했고 연관산업도 발전하게 해줬다.

쾰른에 기반을 둔 샤프하우젠 은행연합Schaaffhausen'scher Bankverein은 1848년에 설립됐다. 라인 공업지대를 중심으로 전국에 철도 붐이 일면서 이 투자은행은 철도회사의 주식 상장을 담당했을 뿐만이 아니라 관련 회사의 주식도 상당수 매입했다. 철도회사의 대주주가 된 이 은행은 직원을 철도회사의 이사로 임명해 회사 운영에 깊이 관여했다. 도이체방크Deutsche Bank, 1870년 설립와 드레스덴방크Dresdner Bank, 1872년 설립와 같은 은행들도 이와 유사하게 운영됐다. 투자은행들은 철도 건설이 절정에 이르자 중화학공업과 같은 신규 산업에 투자하며 마찬가지로 관련 기업과 밀접한 관계를 이어갔다. 은행의 입장에서는, 위험 부담이 높은 신규 산업의 투자를 하기 때문에 주식을 매입하면 자신들이 직접 회사 경영에 관여할 수 있다. 그러면서 산업계 전반을 아우르는 안목을 키울 수 있었다. 1914년에 독일의 16개 대형은행이 437개 대기업의 이사회 운영권을 거머쥐었다. 금융자본이 회사 경영에 관여하면서 기업의 인수합병은 물론이고 기업 간 연합이나 담합을 의미하는 카르텔도 늘었다. 같은 분야에 있는 기업 간 시장을 분할하여 가격을 일정 정도 유지할 수 있어 기업의 수익을 어느 정도 보장할 수 있었다. 1875년 카르텔의 수는 8개에 불과했으나 1920년대가 되면 3,000개로 폭증했다. 1882년부터 1908년 사이에 5명 이하의 종업원을 둔 제조업체 비중은 59.8%에서 31.2%로 크게 줄었다. 반면에 200명 이상의 직원을 거느린 제조업체는 11%에서 21.6%로 급증했다.

직업교육도 강화돼 산업계가 필요로 하는 인력을 공급할 수 있었다. 1890년대에 화학과 전기공학, 자동차와 같은 주력산업이 독일의 경제발전을 선도했다. 기업들은 대졸자가 아닌 현장에 바로 투입할 수 있는, 비교적 저렴한 초급기술 인력을 요구했다. 이에 따라 1884년 56개에 불과했던 전문학교는 20년이 지난 1913년에 93개로 거의 2배 가까이 늘었고, 현장 경험이 있는 근로자를 재교육하는 보습학교는 같은 기간에 664개에서 2,400개로 4배 정도 급증했다. 이 기간에 정부가 이런 학교에 지원한 액수도 24배 폭증했다. 18세기 말부터 경제계와 민간단체 등이 인력 양성에 필요한 학교를 계속해서 설립했는데, 이 시기에 접어들어 정부가 교과과정도 표준화하고 일정한 기준을 충족하는 직업학교 지원을 훨씬 더 늘렸다.

독일이 네 번째 인구대국이 되다

독일에서 이처럼 교육과 산업계가 밀접하게 협력하자 개발된 기술을 현장에 적용하는 속도가 빨라졌다. 1896년 영국 잡지에 「커다란 말이 없는 마차(자동차)를 판다」는 광고가 실렸다. 처음에 자동차라는 단어가 없어 말이 없어도 훨씬 빠른 마차라고 소개했다. 1883년 독일의 고틀리프 다임러Gottlieb Daimler는 동업자와 연구소를 차려 이듬해 내연기관차를 처음으로 개발했다. 경쟁자 카를 벤츠는 1894년 상용 자동차를 생산했다.

이런 급속한 산업발전은 인구 급증과 도시화, 그리고 정당의 세력 변화를 가져왔다. 1871년 통일 후 한 세기 만에 독일은 농업사회에서 공업사회로 급격하게 변했다. 1871년 통일 당시 인구는 4,100만 명, 노동력의 50%는 농업에 종사했다. 10년 후 대부분 시민은 산업 혹은 제조업과 관련된 직종에서 일했다. 1907년까지 독일 노동자의 3/4이 제조업에서 일하는 블루칼라였다. 사무직 노동자, 화이트칼라의 수도 급증했다. 1882년 전체 노동자에서 2% 미만이던 사무직 노동자는 그 수치가 1907년에 6%가 넘었다. 제1차 세계대전이 발발한 1914년 독일 인구는 6,780만 명으로 중국, 인도, 러시아 다음으로 많았다. 프랑스의 인구는 1871년의 3,600만 명에서 1914년에 4,000만 명으로 증가했을 뿐이다. 수도 베를린과 공업 지대의 인구가 폭증했다. 1850년 42만 명에 불과하던 수도의 인구가 1910년에 207만 명으로 5배 정도 늘었다. 루르 공업지대의 경우 1850년 36만 명에서, 1913년 350만 명으로 거의 10배가 늘었다.

급격한 산업화는 도시화와 함께 이주를 동반한다. 엘베강 동쪽 낙후된 지역의 빈농이나 소작인들은 이곳을 떠나 서부로 이주했다. 중부 독일과 루르 공업지역 및 라인강 인근의 산업도시로 이주 행렬이 이어졌다. 동쪽 농장 지역에는 폴란드 이주 노동자들이 들어 왔다. 산업화는 정치에 영향을 미쳐 사회민주당 의석수는 꾸준히 늘어났다.

정부의 적극적인 산업육성, 은행의 성장, 직업교육의 강화에 힘입어 20세기 초에 후발 산업국가 독일은 영국을 앞지르게 된다. 1910년 철강 총생산량에서 독일은 1,480만t을 기록해 영국보다 460만t을 더 생산했다. 1913년 세계 제조업 생산에서도 독일이 영국을 앞질렀다. 1880년 영국은 세계 제조업 생산의 23%를 차지했으나 1913년에는 9%가 줄어 14%를 차지했다. 반면 이 기간 독일의 비중은 9%에서 15%로 급증했다. 미국의 경우, 1880년 15%였던 제조업 생산 비중이 이후 32%까지 증가했다. 제1차 세계대전 전에 이미 미국은 세계 최대의 공업국으로 발돋움했다. 후발주자들이 최초의 산업혁명 국가 영국을 앞지른 것이다.

폴 케네디(Paul Kennedy)는 영국의 역사가로, 현재 미 예일대 교수다. 그는 초기 연구에서 19세기 말부터 영국과 독일의 적대적 관계가 형성되는 흐름을 분석했다. 독일이 산업혁명에서 영국을 따라잡고 독일 상품이 영국에서 인기를 끌면서 독일을 비판하는 영국 언론의 보도가 늘었다. 독일인은 영국인들이 너무 물질적인 것만 앞세운다며 '상인의 나라'로 얕잡아봤고, 영국인은 독일인이 관념에만 함몰됐다며 '영웅의 나라'라고 비판했다. 독일이 영국의 경쟁자가 되지 않았을 때는 비판적인 보도나 상호 비방이 별로 없었다.

빌헬름 2세의 세계정책과
제국주의 열강의 충돌

1890년 철혈재상 비스마르크가 총리직에서 사임한 후 빌헬름 2세는
제국주의 정책을 적극 실시했다. 해군력을 크게 증강했고, 아프리카에서
식민지 개척에 열중하면서 영국과 프랑스, 러시아와의 갈등을 초래했다.
이런 정책 때문에 독일은 비스마르크가 가장 우려했던, 프랑스가 주도하는
반(反)독일 동맹에 포위당하게 된다.

킬리만자로가 독일에서 가장 높은 산이 된 이유

"독일 제국은 세계제국이 되어 전 세계 어느 곳이나 우리 국민이
거주하고, 독일의 상품과 학술, 산업은 바다를 건너고, 해외용 상품
의 양은 수십 배가 넘는다."

_1896년 1월 18일, 독일 제국 건국 25주년 기념식에서 빌헬름 2세의 연설

1890년대 독일에서는 아프리카의 킬리만자로가 바로 독일의 최고
봉이라는 자부심이 곳곳에서 드러났다. 이 산은 적도 바로 밑에 있는
해발 5,895m의 산으로 어느 산맥에도 속하지 않은 채 열대 기후에서
우뚝 솟은 봉우리다.

1885년 철혈재상은 독일 상인들과 모험가들이 획득한 동아프리카
를 마지못해 보호령으로 만들었다. 여기에 킬리만자로산이 있었다.
인근 지역을 더 추가해 현재의 르완다와 부룬디를 합한 지역을 식민

지로 만들어 1891년 '독일 동아프리카'로 이름을 붙였다. 그렇다면 독일은 왜 뒤늦게 식민지 개척에 뛰어들었을까?

마지못해 시행한 정책에서 공식 정책이 된 세계정책

비스마르크는 총리로 재직하는 동안 식민지 개척에 신중했다. 영국과 프랑스가 아프리카와 아시아에서 식민지 개척 경쟁에 혈안이 돼 있는데 독일마저 여기에 참여하면 영국과의 관계도 소원해질 수 있거니와 현상유지에 만족한다는 그의 외교정책을 영국 등이 신뢰할 수 없을 것이 분명했기 때문이었다. 1880년대에 시민들의 식민지 개척 요구가 거셌지만 그는 이런 확고한 생각 때문에 마지못해 응했다. 1880년대 중반 경제침체가 시작되자 상품 판매시장과 값싼 원자재 공급지로 이용하기 위해 식민지를 일부 개척했을 뿐이다. 1884~1885년에 동아프리카, 토고, 카메룬, 솔로몬 제도, 마샬 제도 등 주로 프랑스 및 영국과 경쟁이 없는 곳을 식민지로 만들었다. 불필요한 갈등을 막기 위해서였다.

하지만 비스마르크가 사임한 후 상황이 바뀌었다. 1888년 6월 중순에 즉위한 빌헬름 2세는 1918년 11월 9일, 제1차 세계대전의 패배로 망명하기까지 독일 제국을 다스렸다. 29살에 황제가 된 그는 몽상가였고, 군국주의자였다. 그는 자신보다 45살이나 많은 철혈재상과 자주 충돌했다. 결국 비스마르크는 1890년 3월 중순, 74살의 나이에 총리에서 물러났다. 이후 '전독일연맹der Alldeutsche Verband'과 같은 이익단체들이 식민지 개척 확대를 강력하게 요구했다. 이제 독일 제국의 세계정책Weltpolitik이 공식 외교정책이 됐다. 산업화의 진전으로 중산

층이 부상했는데 이들에게는 식민지 개척이 당연한 일이었다. 영국과 프랑스가 미개 지역에 문명을 전파한다는 '문명화 임무'를 내세우며 식민지를 확대하는데 독일도 응당 여기에 동참해야 한다고 이들은 주장했다.

독일 내부 정치적 고려도 작용했다. 노동자가 급증하자 사회민주당의 의석수도 늘어만 갔다. 중산층과 민족주의자들이 요구하는 해외 식민지 개척은 사민당의 세력 강화를 저지하고 의회 내 보수세력의 확대에 기여할 것으로 보였다. 빌헬름 2세도 전독일연맹과 같은 단체의 요구를 적극 수용했다. 이 글의 첫머리에 인용된 연설에서 알 수 있듯이 황제는 독일의 상품과 학술 등이 세계 각지로 나가는 것을 지지했다. 당시 독일의 최고 지성 가운데 한 사람이던 사회학자 막스 베버Max Weber는 한 연설에서 "만약 독일의 통일이 세계정책의 출발점이 아니라 그 결과로 머문다면, 그렇게 값비싼 대가를 치르고자 그런 장난(통일)을 하진 않았을 것이다."라고 말하며 당시의 사회 분위기를 정확하게 표현했다. 독일의 통일을 완성하려면 영국이나 프랑스처럼 식민지를 개척해 다른 나라와 동등한 위치에 서야 한다는 의견이 상당수였다.

그렇지만 이런 응당한 정책에 따르는 경제적 이익은 그리 크지 않았다. 20세기 초 독일 수출액의 0.1%가 식민지로 가고, 수입 원자재의 0.1%만이 식민지에서 왔을 뿐이었다. 그리고 1905년까지 독일의 해외 투자 가운데 2%만이 식민지에 투자됐다. 독일의 주요 교역상대국은 여전히 러시아나 영국, 베네룩스 삼국 등 유럽 대륙의 나라들이었다.

영국, 프랑스, 러시아에 포위당한 독일

독일의 세계정책은 영국, 프랑스, 러시아 등과 계속해서 갈등을 고조시킨다. 결국 이 정책은 프랑스를 중심으로 하는 반反독일 동맹을 형성하게 만들었는데, 비스마르크가 그토록 피하고자 한 악몽이 현실이 된 셈이다.

1897년부터 독일에서 본격적으로 함대 건설이 시작된다. 식민지 운영을 위해 함대가 필요하기도 했지만 '우월한 영국 사촌'을 따라잡으려는 열등감도 함대 건설의 주요한 이유 중 하나다. 1898년 설립된 '독일함대협회der Deutsche Flottenverein'는 100만 명의 회원을 거느린 단체였다. 이들은 신속하게 전함을 건조해야 한다고 요구했다. 그해 제국의회는 함대법을 통과시켰다. 1904년까지 16척의 전함, 1917년까지 추가로 36척의 전함 등의 건조를 승인했다. 이 전함 건조 정책은 당시 최고의 해군력을 보유한 영국을 긴장시켜, 전함 건조 경쟁을 불러왔다. 철혈재상은 영국과의 관계를 무척 중요하게 여겨 우호적인 관계를 유지해 왔는데 이게 점차 어려워졌다. 1901년 6월 18일, 빌헬름 2세는 함대 건설이 진행 중인 함부르크 항구를 방문해 "우리는 햇볕 아래 한 자리를 정복했습니다. 우리의 미래가 바다 위에 있기에 이 자리를 온전히 보전하는 게 내 임무입니다."라며 건조를 적극 격려했다.

함대 건설에 그친 게 아니다. 1899년에 독일 제국이 베를린과 빈, 바그다드를 연결하는 철도를 건설하겠다는, 이른바 '3B 정책'에 착수하자 러시아와 영국은 독일을 우려스럽게 바라보았다. 두 나라가 해당 지역들에 이권을 보유하고 있었기 때문이었다. 영국은 이집트의

빌헬름 2세의 세계정책과 제국주의 열강들의 충돌

카이로, 남아공의 케이프타운, 인도의 콜카타(캘커타)를 잇는 3C 정책
으로 응수했다. 이런 정책 때문에 독일은 사방에서 포위당하게 된다.
1904년 영국과 프랑스는 식민지를 둘러싼 갈등을 종결하는 우호협
정entente cordiale을 체결했다. 이듬해 빌헬름 2세는 러시아와의 옛 동맹
관계 복원을 시도했으나 실패했다. 1907년 영국과 러시아는 중동에
서의 분쟁을 종결하는 협약을 맺었다. 이로써 영국-프랑스-러시아
간의 삼국 협상이 완성됐다. 독일의 동맹으로는 오스트리아-헝가리
제국이 있었지만, 오스트리아는 발칸 지역에 발이 묶여 있었기 때문
에, 오히려 오스트리아와의 동맹 때문에 러시아와의 갈등이 커질 우
려가 있었다.

　제1차 세계대전의 참화를 일으킨 원인은 다양하다. 이 가운데 독
일을 포위하는 삼국 협상이 결성된 것은 장기적이고 구조적인 요인

이다. 비스마르크의 퇴임 후 독일에서는 당연히 영토가 확대되어야 한다는, 큰 나라를 향한 본능도 더욱 거세졌다. 그런데 영토를 확장할 방법이 식민지 개척 외에는 거의 없었다. 대륙 중앙에 위치한 지정학적인 불리함 때문이었다.

'독일 동아프리카'에 거주하던 헤레로(Herero)족과 나마(Nama)족은 식민통치에 항의해 1904년 1월부터 4년간 무장봉기를 벌였다. 독일은 대규모 군을 동원해 봉기를 진압한 후 전사와 주민들을 강제수용소에 억류했다. 여기에서 약 2만~10만 명 정도가 숨진 것으로 추정된다. 독일 정부는 2015년 이를 '인종학살'이라고 인정했다.

무제한 잠수함 작전, 독일 패전의 원인이 되다

오스트리아 황태자 부부 암살사건이 방아쇠가 되어 제1차 세계대전이 발발했다. 독일은 서부전선에서 신속한 승리를 거둔 후 병력을 동부로 이동시켜 러시아군을 격파한다는 슐리펜 계획을 짰으나 효과가 없었다. 1914년 12월부터 서부 및 동부 전선에 수천km에 이르는 참호가 구축돼 그리 큰 변화 없이 거의 4년간 교착상태가 지속된다. 1917년 미국이 삼국 협상 측에 개입하면서 전세가 기울어 독일은 휴전에 응하게 된다.

왜 친척끼리 4년 3개월 넘게 살육전을 벌였을까?

"9명의 왕이 말을 탄 채 에드워드 7세의 운구행렬을 뒤따라갔던 1910년의 5월 아침은 너무나 화려했다. … 구세계의 태양이 다시는 보지 못할 화려한 빛 속에서 사라지고 있었다."

제1차 세계대전 초기를 심층 분석한 바바라 터크먼의 책 『8월의 총성The Guns of August』은 글의 첫머리를 장례식으로 시작한다. 그해 5월 20일 에드워드 7세재위: 1901~1910의 장례식이 런던에서 거행됐다. 행렬의 첫 줄에는 갓 즉위한 조지 5세재위: 1910~1936와 서거한 왕의 동생, 그리도 독일의 황제 빌헬름 2세가 말을 타고 운구를 뒤따랐다. 독일 카이저는 서거한 영국 왕의 조카였다. 뒤 행렬에는 프란츠 페르디난트Franz Ferdinand 오스트리아-헝가리 제국의 황태자, 그리고 오스만 제국의 유수프 왕자 등이 있었다.

에드워드 7세의 장례식에 참석한 여러 나라의 국왕
뒷줄 왼쪽부터 노르웨이 국왕 호콘 7세, 불가리아 차르 페르디난트 1세, 포르투갈 국왕 마누엘 2세,
독일 제국 황제 빌헬름 2세, 그리스 국왕 요르요스 1세, 벨기에인의 왕 알베르 1세다.
앞줄은 왼쪽부터 스페인 국왕 알폰소 13세, 영국 국왕 조지 5세, 덴마크 국왕 프레데릭 8세다.

거리에 운집한 수만 명의 시민은 반짝이는 왕관을 쓰고 참가한, 70여 개 나라를 대표하는 왕과 왕자들을 경외하는 눈으로 지켜봤다. 그런데 장례식 후 여기에 참석했던 유럽 주요 국가의 왕과 지도자들은 제1차 세계대전에서 서로 총부리를 겨누게 된다. 왜 친척끼리 4년 3개월 넘게 살육전을 벌였을까?

정책결정자들의 오판이 대참화를 부르다

앞에서 설명했듯이 1907년 독일은 프랑스와 영국, 러시아에 사실상 포위됐다. 그러나 전쟁은 이로부터 7년이 지난 1914년 8월 초에 발발했다. 이전에 유사한 위기가 삼국 협상 세력(프랑스, 영국, 러시아)과 독일과 오스트리아-헝가리 제국 간의 전면전으로 번지지는 않았다. 1912년과 1913년 발칸 전쟁에서는 오스만 제국이 약화한 틈을 타서 불가리아와 세르비아 등이 오스만 제국의 영토를 빼앗았다. 그러나 앞선 두 번의 전쟁은 지역전쟁으로 끝나고 유럽 열강 간의 전면전으로 비화하지 않았다. 모로코를 둘러싼 두 번의 위기_{1905년, 1911년}에서 독일은 영국이 프랑스를 강력하게 지원하자 한발 물러섰다.

그렇다면 1914년 황태자 암살사건은 이전의 사건과 무엇이 다른가? 1910년 5월 런던의 장례식에 참석했던 오스트리아-헝가리 제국의 페르디난트 황태자는 1914년 6월 28일 보스니아의 수도 사라예보에서 세르비아 민족주의자에게 암살당했다. 오스트리아는 거의 최후통첩에 가까운 강력한 항의를 전달하고, 답변이 만족스럽지 못하다며 7월 28일 세르비아에 선전포고했다. 영국은 이전의 모로코 위기 때처럼 전쟁 발발을 막기 위해 국제회의를 제안했으나 효과가 없었다. 이틀 뒤 러시아가 총동원령을 내려 세르비아 편에 섰다. 독일은 러시아에 총동원령 취소를 요구했으나 러시아가 이를 거부했다. 이에 독일은 8월 1일에는 러시아에, 8월 3일에는 프랑스에 전쟁을 선포했다. 독일이 중립국 벨기에를 침략하자 8월 4일 영국도 독일에 선전포고했다. 베네룩스 지역은 영국으로 향하는 통로여서 영국은 이곳을 적대국의 손에 맡겨 둘 수 없었다. 그해 11월 오스만 제국이 독일과 오스트리아-헝가리 동맹에 가담하면서 전쟁이 삼국 협상과 삼국 동맹 간의 세계대전이 됐다.

8월 전쟁이 시작됐을 때 상당수 정책결정자나 참전국 병사들은 늦어도 성탄절은 집에서 보낼 수 있으리라 생각했다. 하지만 전쟁은 4년 3개월간 계속됐다. 10만 명의 영국 원정군British Expeditionary Force, BEF이 8월 하순 프랑스로 건너가 서부전선에서 독일군의 신속한 돌파를 저지했다. 그해 12월 스위스 국경부터 영국해협에 이르는 1,000km에 가까운 긴 참호가 구축됐다. 1914년 말 동부전선에서도 역시 그리 큰 변화 없이 거의 4년간 교착상태가 지속된다.

독일이 전쟁에 대비해 마련한 작전계획 슐리펜 계획Schlieffen plan은 소용없었다. 1905년 독일 육군참모부의 총사령관 알프레트 폰 슐리펜 장군은 프랑스와의 전쟁이 발발하면 러시아와의 동부전선, 프랑스와의 서부전선에서의 동시 전쟁이 불가피하다는 전제 아래 계획을 짰다. 동부전선의 경우 러시아의 국토가 너무 방대하기에 군 동원에 최소 한 달 넘게 걸린다고 예상했다. 따라서 독일군은 서부전선에서 신속한 승리를 거둔 후 병력을 동부로 이동시켜 러시아군을 격파한다는 것이다. 이 계획에 따라 독일은 영국의 참전을 무릅쓰고 중립국 벨기에와 북부 프랑스를 공격해 파리 인근의 80km 지점까지 접근했다. 그러나 러시아군이 예상외로 빨리 공격해오자 서부전선의 일부 군을 동부전선으로 빼냈다. 이 틈을 타서 9월 초 프랑스와 영국군이 서부전선에서 독일군을 국경선까지 후퇴시켰다. 이후 지루한 참호전이 계속된다. 독일은 초기에는 공격에 집중했지만 희생이 커지자 영국과 프랑스군처럼 참호전에 돌입했다. 원래 참호전은 방어에 유리하다. 장거리 대포와 근접 거리에서 기관총도 발사하고 몇 겹의 철조망이 쳐져 있기 때문이다.

러시아는 1877년 오스만 제국과의 전쟁 이후 발칸반도에서 범슬라브주의 세력을 계속 지원했다. 세르비아와 군사동맹을 체결하지 않았지만 러시아는 이곳을 자국의 영향권으로 보고, 오스트리아가 강경하게 나오자 동원령을 내렸다. 독일의 빌헬름 2세는 비록 오스트리아-헝가리 제국과 동맹관계에 있었지만 세계전으로 비화하리라 예상했다면 좀 더 신중하게 행동할 수 있었다. 카이저(독일 제국 황제)가 오스트리아 지지를 명확하게 밝혔기 때문에, 오스트리아는 세르비아가 수용할 수 없는 요구를 내걸었다. 황태자 암살에 연계된 세르비아 관리들과 군인들에게 조치를 취할 것, 거명된 장교 2명의 체포, 그리고 오스트리아에 반대하는 선전을 중단할 것을 요구했다. 오스트리아가 세르비아 민족주의 세력을 탄압하겠다고 요구하니, 오스트리아를 상대하는 세르비아 입장에서는 도저히 받아들일 수가 없었다.

이런 상황들을 고려한다면, 전쟁을 막을 수 있었던 정책결정자들이 아주 결정적인 순간에 오판을 했다는 사실을 알 수 있다. 비스마르크의 퇴임 후 점차 독일을 포위하는 동맹이 형성됐고 독일은 영국과 전함 건조 경쟁을 벌이는 바람에 관계가 악화됐다. 이러한 구조적, 장기적 요인과는 별개로 결정적 순간마다 정책결정자들은 연신 오판을 내렸다. 이로 인해 인류 역사의 대참화인 제1차 세계대전이 발발했다.

무제한 잠수함 작전, 미국의 참전으로 이어지다

2년 반 넘게 동부전선과 서부전선에서 지속되던 전쟁은 1917년 4월, 미국의 참전으로 전황이 바뀌게 된다.

영국의 압도적인 해군력 앞에서 무력함을 느낀 독일은 1915년부터 무제한 잠수함 공격을 감행해 상선이나 여객선을 침몰시켰다. 삼국 협상 측의 선박들이 일부 무기나 식량을 싣고 운행한다는 이유에서다. 1916년 10월부터 1917년 1월까지 독일 해군은 약 140만t의 영국 물자를 잠수함으로 파괴했지만 영국은 항복하지 않았다. 그래서 독일은 1917년 2월부터 잠수함 작전에 이전보다 두 배의 전력을 쏟아부었고 그해 3월에 3척의 미 상선을 침몰시켰다. 미국의 참전을 우려하던 독일은 이전에 영국을 굴복시키려 무제한 잠수함 작전에 전력을 쏟았는데 오히려 정반대의 결과를 가져왔다. 당시 여객선 루시타니아가 독일 잠수함의 공격을 받아 128명의 미국인이 숨졌다. 여기에 치머만 전보Zimmermann Telegram가 미국을 결정적으로 삼국 협상 편에 참전하게 했다. 당시 독일의 치머만 외무장관이 멕시코 주재 독일 대사에게 비밀지령을 내렸다. 비밀지령의 내용인즉 미국이 제1차 세계대전에 참전하면, 미국에 빼앗긴 뉴멕시코 등을 되찾도록 멕시코의 참전을 독려하라는 것이었다. 영국 해군이 이 비밀 전보를 해독해 미국에 전달했다. 결국 이런 여러 가지 요인이 합쳐져 1917년 4월 미국은 독일에 선전포고했다.

전황이 불리하게 바뀌자 독일은 전쟁 막바지에 러시아의 사회주의 혁명을 지원했다. 1917년 4월 독일은 스위스 취리히에 망명 중이던 공산주의 지도자 레닌과 그의 동지들에게 접근해 러시아 잠행을 도왔다. 봉인된 기차를 탄 레닌과 볼셰비키들은 4월 중순 상트페테르부르크에 도착했다. 이후 볼셰비키는 임시정부에 대한 지지를 거부하며 평화와 토지를 내세워 혁명을 획책했고 10월 혁명에 성공했다. 집권한 레닌은 혁명 공약으로 내세운 평화를 실천했다. 이 결과로

1918년 3월 초 러시아(소련)는 독일과 브레스트-리토프스크Brest-Li-
tovsk 강화조약을 맺었다. 소련 입장에서는 매우 굴욕적인 이 조약으
로 현재의 우크라이나, 핀란드, 폴란드, 발트 삼국에 있던 자국의 땅
을 독일과 오스트리아-헝가리 제국에 넘어갔다. 독일은 강화조약 체
결 후 동부전선의 병력을 빼내 서부전선에서 총공세를 감행했다. 그
러나 미국의 압도적인 병력 앞에 전세가 반전되어 삼국 협상 측에 유
리하게 됐다. 독일 편에 섰던 오스트리아-헝가리 제국, 오스만 제국,
불가리아 등이 동부전선에서 패배했다. 독일은 1918년 11월 11일 휴
전에 서명할 수밖에 없었다.

제1차 세계대전 주요 사건

1904년 4월	영국과 프랑스의 우호 협정 체결
1905년	1차 모로코 위기
1907년	영국-러시아 우호협정 체결, 영-프-러 삼국협상 형성
1911년	2차 모로코 위기
1912~1913년	1차 발칸전쟁
1913년	2차 발칸전쟁
1914년 8월	제1차 세계대전 발발
1915년	이탈리아가 삼국동맹에서 탈퇴, 연합국 측에 참전
1917년 4월	독일의 치머만 전보 및 연합국 여객선 '루시타니아'호 침몰, 이후 미국 참전 결정
1918년 3월	독일과 러시아의 브레스트-리토프스크 단독 강화조약 체결, 이후 춘계 대공세 개시
1918년	11월 11일 휴전
1919년	1월 18일, 파리강화회의 시작
1919년 6월	승전국, 독일과 베르사유 조약 체결

본문 131쪽의 '서양의 손자, 클라우제비츠의 『전쟁론』'에서 설명했듯이 제1차 세계대전은 일부 땅 빼앗기가 아닌 무제한적인 목표를 추구한 전쟁이 돼버렸다. 참전의 두 당사자인 삼국 협상과 삼국 동맹은 완전한 승리를 원했다. 독일은 영국을 제치고 유럽의 최강대국으로 등극하고자 했으나 영국이 이를 막았다. 경제적으로 열세였던 프랑스는 보불 전쟁에서의 패전을 복수하고 독일을 꺾으려 했다.

1916년 4월 부활절 때 당시 영국의 식민지였던 아일랜드에서 독립을 요구하는 무장투쟁이 발발했다. 당시 독일은 무장 단체에 소총 20,000정 등을 지원했다. 영국의 후방을 교란하여 제1차 세계대전에서 전황을 유리하게 만들기 위해서다.

제1차 세계대전
책임 논쟁

제1차 세계대전이 끝난 지 100년이 훨씬 더 지난 현재도
전쟁 책임 논쟁이 계속된다. 초기에는 독일이
오스트리아-헝가리 제국을 무조건 지지했기 때문에
독일 책임이 크다는 입장이 다수였지만 지금은 프랑스와 러시아의
공동 책임을 강조하는 학자들도 제법 있다.

독일의 책임인가, 프랑스와 러시아의 책임인가

1961년 독일의 역사학자 프리츠 피셔Fritz Fischer는『세계 권력 쟁취Griff nach der Weltmacht』를 발간했다. 그는 1950년대 동독 포츠담에 있는 동독문서보관소에서 새로 발견한 문서를 이용해, 제1차 세계대전 발발은 독일에 책임이 있다고 주장했다. 이른바 '피셔 테제'로, 그 주장을 요약하면 다음과 같다.

> "독일은 1911~1912년 발칸 전쟁 당시부터 세계 패권을 추구했고, 페르디난트 황태자 암살사건은 유럽 전쟁이나 세계대전을 위한 단순한 빌미에 불과하다."

피셔는 1912년 12월 8일 빌헬름 2세가 소집한 회의와 1914년 7월 5일 회의를 집중적으로 해부했다. 1912년 회의는 당시 발칸반도에서 전쟁이 벌어지고 있었는데 오스트리아가 여기에 개입하려고 했기에

소집됐다. 영국은 러시아가 발칸 전쟁에 간섭할 경우 독일의 개입 여부를 베를린주재 영국대사를 통해 문의했다.

당시 회의에 참석한 육군과 해군 수뇌부는 아직은 개입할 때가 아니라는 결론을 내렸다. 해군부 장관 티르피츠Tirpitz는 아직까지 영국 해군과 전쟁을 치를 만큼 독일 해군이 막강하지 않다고 판단했다. 그는 헬골란트Helgoland에 건설 중인 잠수함 기지가 완공될 때까지는 영국 해군과 전쟁을 피해야 한다고 말하며 18개월 후에 완공된다고 설명했다. 그래서 독일은 발칸 전쟁에 휘말린 오스트리아를 적극 지원할 수 없었고, 이에 따라 발칸 전쟁은 해당 지역의 소규모 전으로 매듭지었다.

하지만 페르디난트 황태자 피살 후 소집된 1914년 회의에서 빌헬름 2세는 오스트리아가 요구한 세르비아 강경 대응에 동의했다. 황제를 비롯한 군 수뇌부는 러시아가 개입할 여지를 주지 않기 위해서는 오스트리아가 신속하게 공격해야 한다는 공통된 의견을 표명했다. 빌헬름 2세는 오스트리아가 세르비아를 응징한다고 해도 러시아와 프랑스는 전쟁을 수행할 준비가 되어있지 않기 때문에 개입하지 않을 것으로 판단했다. 당시 독일 정부는 세르비아에 대한 오스트리아의 응징은 8일 정도면 충분하고 세르비아의 굴복으로 사태는 종료될 것이라 판단했다. 피셔는 1912년 12월 회의 때 독일 군부가 18개월 후에 전쟁이 가능하다고 판단한 점, 그리고 1914년 7월 회의 직전에 황제가 오스트리아 사절에게 백지수표를 줬다는 점에서, 독일이 전쟁을 미리부터 치밀하게 준비해왔고 황태자가 피살되자 '이때다 싶어' 준비해왔던 전쟁을 일으켰다고 봤다. 군부뿐만 아니라 민간 정치가들도 전쟁을 지지했다는 것이다. 하지만 이 주장은 격렬한 논쟁을 야기했고 이후 이를 반박하는 수많은 글이 나왔다.

피셔 테제를 반박하는 많은 역사가는 당시 독일만이 팽창주의 정책을 실시한 건 아니라고 강조한다. 사회적 다원주의에 따라 강대국이 약소국을 정복하는 것이 당연하게 여겨진 시대였고 특히 발칸반도는 러시아와 오스트리아-헝가리 제국, 독일의 이익이 첨예하게 대립해 온 분쟁지역이었다.

따라서 독일의 책임뿐만 아니라 프랑스와 러시아의 공동 책임을 강조한 학자도 제법 있다. 영국의 역사가 크리스토퍼 클라크는 어떻게 열강 간의 전쟁으로 가는 결정이 내려졌는지에 초점을 맞춰, 당시 주요 당사자들의 상호작용이 서로 맞물려 전쟁에 이르렀음을 세밀하게 진단했다. 클라크는 교전국들의 전쟁 책임 순위를 매기는 것은 설득력이 떨어진다고 봤다. 역시 마가렛 맥밀런Margaret MacMillan 교수도 "유럽이 세계대전을 겪을 필요가 없었다."라고 말하며 제1차 세계대전을 유발한 장기적, 단기적 요소를 종합적으로 검토했다. 비스마르크의 퇴임 후 본격 시작된 독일의 세계정책, 영국과의 군함 건조 경쟁, 발칸반도에서 벌어진 범게르만주의와 범슬라브주의의 지속적인 갈등, 마지막으로 결정적인 순간마다 잘못된 판단을 내린 정책결정자들의 오판을 주요한 전쟁 요인이라 지적했다.

"언젠가 유럽의 큰 전쟁이 발칸반도에서의 어리석은 짓 때문에 일어날 것이다."

_비스마르크, 1888년

발칸반도의 분쟁이 반드시 세계대전으로 비화할 필요는 없었지만 비스마르크의 발언처럼 그리 터지고야 말았다. 그만큼 정치 지도자들의 책임이 무겁다.

21세기에 들어 과거 프랑스 대통령 레몽 푸앵카레Raymond Poincaré, 재직: 1913~1920의 일기가 공개되면서 프랑스와 러시아의 공동 책임론은 더 설득력을 갖게 됐다. 푸앵카레는 세르비아 문제가 고조되고 있던 1914년 7월 20일부터 4일간 러시아를 방문했다. 그는 독일과 오스트리아─헝가리 제국이 세르비아에 강경하게 대응하니 러시아와 프랑스가 공동으로 대응해야 한다고 강조했다. 러시아와 프랑스의 연대는 정식 군사동맹이 아니라 비공식 동맹이었다. 반면에 독일과 오스트리아─헝가리 제국은 1873년의 삼제 협약부터 시작해, 1882년의 삼국 동맹에 이르기까지 수십 년간 군사동맹을 유지했다. 1870~1871년 프로이센과의 전쟁에서 패배 후 프랑스는 일관되게 독일에 보복할 기회를 노렸다.

프랑스의 이런 행동과 비교해 당시 독일의 일부 행동이 오히려 더 신중했다. 1914년 7월 5일 독일 황제가 소집한 회의는 그렇게 중요함에도 해군부 장관과 육군 참모총장이 참석하지 않았다. 이튿날 카이저는 노르웨이 등 원래 예정된 북유럽 순방을 시작했다. 7월 4일 황태자 장례식에 참석하는 것만으로도 독일과 오스트리아─헝가리 제국의 동맹을 대외에 과시해 러시아를 자극할 수 있다고 판단했기 때문에 독일 황제는 장례식에도 불참했다.

독일과 프랑스의 책임론이 서로를 반박하는 가운데 전쟁의 우연성을 강조한 사람도 있다. 제1차 세계대전 당시 영국의 총리였던 데이

비드 로이드 조지재직: 1916~1922는 "그때의 강대국들이 제1차 세계대전에 미끄러져 들어갔다."라고 말했다. 그러나 데이비드 로이드 조지 본인이 당시 중요한 정책결정자 중 한 사람이었던 점을 고려한다면, 이 진술은 세계대전의 책임자라는 비판을 모면하기 위한 변명에 가깝다.

발칸 전쟁은 1911년에 시작해 1913년까지 발칸반도에서 두 차례 일어난 전쟁을 뜻한다. 이때부터 유럽인들은 발칸반도를 '화약고'라 부르기 시작했다. 1990년대 유고슬라비아가 붕괴되어 유고 내전이 발발했을 때에도 언론은 이 용어를 다시 사용했다.

제1차 세계대전, 무역이 평화를
촉진한다는 환상을 깨버리다

　우리는 자유무역협정, FTA를 흔히 최근의 현상이라고 여기곤 하
는데, 사실은 그렇지 않다. 아래 그래프를 분석해보면 국가 간 무역이
19세기 말부터 급증했음을 알 수 있다.

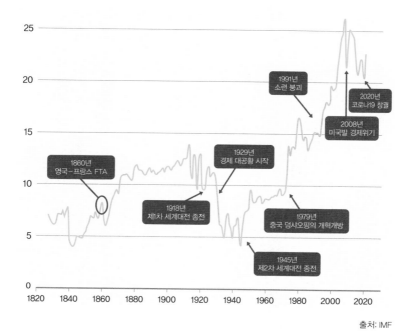

1820~2020 세계 총생산 중 상품 교역이 차지하는 비중

출처: IMF

이 그래프는 1820년부터 세계 총생산에서 상품 무역(수출입)이 차지하는 비중을 나타낸다. 비중이 높을수록 국가 간 상품 교역이 많으니 경제적 세계화가 진전됐다는 의미다. 1860년 약 7%를 차지했던 비중이 제1차 세계대전 직전에는 14%로 거의 두 배 증가했다. 그래서 이 때를 '첫 번째 세계화의 시대'라 부른다. 제1차 세계대전으로 세계 교역이 급감한 후 소폭 회복됐다. 하지만 상품 교역은 1929년 대공황 시기부터 폭락을 거듭해 1945년 제2차 세계대전이 끝날 무렵에는 5% 이하로 떨어져 1840년대 초기처럼 최저를 기록했다.

그렇다면 1860년대 초부터 국가 간 교역은 왜 급증했을까? 1860년 영국과 프랑스 간에 체결된 자유무역협정에 주목해야 한다. 이 협정은 영국과 프랑스 협상 대표의 이름을 따서 코브던Richard Cobden—슈발리에Michel Chevalier 조약으로도 불리며, 근대적 의미에서 최초의 통상협

리처드 코브던

미셸 슈발리에

정이었다. 구체적인 내용을 보면, 두 나라는 경쟁력이 있는 상품의 관세를 점진적으로 내렸다. 영국은 프랑스산 포도주와 완제품에 대한 관세를 철폐했고, 프랑스는 영국의 면직물류와 같은 1차 생산품과 공산품 관세를 기존의 절반 정도인 30% 수준으로 내렸다. 이 조약은 10년마다 갱신여부가 논의되고 발효된 이후 5년이 지나면 관세 상한선을 25%로 묶어 두기로 합의됐다. 여기에 최혜국대우 Most Favoured Nation 원칙이 포함됐다. 조약 당사국이 다른 국가와 교역할 때 부여하는 최상의 대우를 조약 상대국에도 보장한다는 원칙이다. 제2차 세계대전후 대한민국이 가입했던 관세 및 무역에 관한 일반협정 GATT 이나 한국이 미국이나 유럽연합등과 체결한 자유무역협정에도 이 원칙이 적용된다.

코브던-슈발리에 조약 체결 후 영국과 프랑스의 교역은 두 배 이상 늘어났다. 조약 후 1860년부터 10년간 유럽 안에서 120개가 넘는 무역조약이 체결되었다. 영국과 프랑스 간의 무역조약이 자유무역 체제를 유럽 각국으로 확산하는 데 크게 기여했다.

영국 하원에서 코브던은 프랑스와 자유무역 조약을 체결해야 한다며 무역이 평화를 가져올 수 있다는 이유를 들었다. 당시 프랑스의 나폴레옹 3세는 군함 건조에 열을 올려 영국 일부에서는 이에 맞서 군비를 증강해야 한다는 요구가 거셌다. 하지만 자유무역 옹호론자들은 나라 간의 경제적 상호의존이 커지면 전쟁에 따른 손실이 너무 크기에 관련 나라들이 전쟁을 꺼리게 될 것이라고 봤다.

자유무역이 평화를 촉진한다는 신념은 1910년 영국의 노먼 에인절 Norman Angell, 1872~1967 이 『대환상The Great Illusion: A Study of the Relation of Military

Power to National Advantage』을 발간하면서 더 널리 퍼졌다. 경제학자이자 언론인이며, 노동당 하원 의원이기도 했던 그는 적극적으로 평화운동을 펼쳐왔는데 이를 정리한 게 이 책이다. 이 책은 크게 인기를 끌어 독일과 프랑스, 스페인 등 11개국에서 15개 언어로 번역됐다. 앞의 그래프에서 봤듯이 19세기 후반부터 20세기 초까지 독일과 영국, 프랑스, 러시아 간의 교역이 크게 늘어났다.

에인절은 당시 영국과 독일 간의 건함 경쟁이 격화되는 상황을 우려하며 전쟁은 불가능하지는 않지만 경제적으로 아무 이득도 가져오지 못한다고 주장한다. 설령 전쟁에서 승리를 거둔다 해도 영토확장이나 시장 확대와 같은 목표를 달성할 수가 없다고 봤다. 여러 국가가 교역을 늘리면, 경제적 상호의존이 높아진다. 선진국에서 자산은 신용(금융기관에 넣은 돈)과 기업 간 계약의 형태로 존속한다. 승전국이 신용을 몰수하려면 신용에 기반한 점령국의 경제가 붕괴될 수 있다. 이렇게 되면 점령국이 이겼어도 손해만 본다는 논리를 전개했다. 하지만 그의 이런 예측은 제1차 세계대전의 대참화로 틀렸음이 증명됐다. 그는 1933년 노벨평화상을 탔는데 "전쟁이 환상임을 글로 드러냈고 국제협력과 평화를 지속적으로 호소해왔다."라고 노벨

영국의 교수, 작가, 언론인, 노동당 의원이었던
노먼 에인절

상위원회는 선정 이유를 밝혔다. 평화상 수상은 그에게 자그마한 위로가 됐을 뿐이다.

우리에게 『역사란 무엇인가』라는 책으로 유명한 영국의 역사가 카 E.H. Carr 는 에인절과 동시대인이다. 그는 『20년의 위기 The Twenty Years' Crisis』(1939)에서 에인절을 대표적인 몽상가로 맹렬하게 비난한다. "전쟁이 그 누구에게도 경제적 이득을 주지 않는다는 점을 설득시키면 전쟁은 일어나지 않을 것이다."라는 에인절의 주장에 대해, 카는 "국제정치의 냉혹한 현실을 모르는 유토피아적 사고"라고 규정했다. 에인절은 이런 비판에 대해 "카는 히틀러의 지적 동맹"이라고 응수했다. 카는 진보적 지식인으로 사회주의 지지자였다. 그런데 카가 위의 책에서 분석한 것이 전쟁광 히틀러와 유사하게 전쟁을 지지한다면서, 에인절은 카의 현실적 사고에 맹공을 퍼부었다.

중국은 2001년 세계무역기구 회원이 됐다. 당시 유럽연합은 중국이 WTO에 가입하면 교역이 증가해 중국이 세계시장에 통합될 것이고 중국이 국제사회의 책임감이 있는 이해당사자가 되어 이에 걸맞은 역할을 하게 될 것으로 예상했다. 중국의 세계무역기구 가입 허용을 결정할 당시에도 '무역이 평화를 촉진한다'는 오랜 사고가 바탕에 깔려 있었다.

1910년

바이마르 공화국 출범 — 1918년 11월 ●

베를린과 뮌헨 등에서 — 1918년 11월~1919년 1월 ●
사회주의 혁명 발발

　　　　　　　● 1919년 1월~6월 — 베르사유 강화회의

6월 베르사유 조약 — 1919년 6월 ●

바이마르 헌법 공포 — 1919년 8월 ●

1920년　● 1921년 — 아일랜드 자유국 수립

나치, 뮌헨에서 봉기했으나 실패 — 1923년 11월 ●

도즈 안 체결 — 1924년 ●

영 안 체결 — 1929년 ●　● 1929년 10월 24일 — 10.24 미국에서 대공황 시작

1930년

히틀러 총리 취임 — 1933년 1월 30일 ●　● 1933년 — 미국, 프랭클린 루스벨트 대통령 당선

수권법으로 히틀러 독재 시작 — 1933년 3월 ●

독일, 국제연맹 탈퇴 — 1933년 10월 ●

자르 지방 주민, 주민투표에서 — 1935년 1월 ●
90.8%가 독일 잔류 결정

독일군, 라인란트에 진군 — 1936년 3월 7일 ●　● 1936년 1월 15일 — 일본, 런던 해군 군축조약 탈퇴

독일-이탈리아 우호조약 — 1936년 10월 ●

독일-일본 반(反)코민테른 조약 — 1936년 11월 ●

　　　　　　　● 1937년 7월 7일 — 중일전쟁 발발

독일의 오스트리아 병합 — 1938년 3월 ●

뮌헨회담에서 히틀러의 — 1938년 9월 29일~30일 ●　● 1938년 10월 10일 — 김원봉이 조선의용대 창설
주데텐란트 병합 승인

독일의 체코슬로바키아 합병 — 1939년 3월 ●

독-소 불가침조약 — 1939년 8월 ●

독일군 폴란드 침공 — 1939년 9월 1일 ●

1940년　● 1940년 5월 — 영국 체임벌린 사임, 처칠의 거국내각 출범

독일군 파리 점령 — 1940년 6월 ●

영국 본토 항공전 — 1940년 7월~10월 ●

독일군, 소련 침공 — 1941년 6월 ●

독일, 미국에 선전포고 — 1941년 12월 ●　● 1941년 12월 — 일본 진주만 기습 공격, 태평양전쟁 발발

스탈린그라드 전투에서 소련 승리 — 1942년 8월~1943년 2월 ●　● 1943년 11월 28일~12월 1일 — 테헤란 회담

히틀러 제거 군부 쿠데타 실패 — 1944년 7월 ●　● 1944년 6월 6일 — 연합군, 노르망디 상륙, 사상 최대의 작전

　　　　　　　● 1944년 8월 25일 — 미영의 연합군, 파리 해방

5월 8일 독일 항복 — 1945년 5월 8일 ●　● 1945년 8월 — 제2차 세계대전 종결

　　　　　　　● 1945년 8월 15일 — 한반도 광복

바이마르 공화국과
나치의 제3제국,
그리고 제2차 세계대전

제1차 세계대전을 마무리한 베르사유 강화회의는 '유럽의 파괴'에 몰두한 모임이었다. 유럽 최대의 경제대국 독일의 군을 감축시키고, 영토를 빼앗았으며 경제를 약화하려는 게 주 내용이다. 1871년 프로이센 전쟁에서 대패한 프랑스의 대독일 보복 의지가 그대로 반영됐다.

독일은 감당할 수 없는 천문학적인 전쟁 배상금 때문에 엄청난 인플레이션을 겪었고, 1923년에는 경제 상태가 바닥을 쳤다. 그러나 1924년 구스타프 슈트레제만이 총리와 외무장관으로 재직하면서 서방 및 소련과의 관계를 개선했다. 또 미국 자본의 도움을 얻어 전쟁 배상금을 합리적으로 조정하여 독일 경제는 차차 회복됐다.

하지만 1929년 10월 미국 월가의 증시 폭락으로 시작된 경제위기가 유럽으로 확산하면서 독일 경제는 또다시 급강하했다. 사상 최악의 경제위기와 베르사유 체제에 대한 불만을 등에 업고 아돌프 히틀러의 나치당이 1933년 정권을 장악하기에 이른다.

나치 정권은 유대인과 집시 등을 차별하는 인종주의적 정책을 실시했고, 일당 독재, 언론 통제 등 전제주의 정책을 실시한다. 고속도로 건설과 주택 건설 등에 박차를 가하고 자동차도 생산해 경기를 부양하지만 중공업 우선의 전시경제에 매진한다.

1939년 9월 1일 나치 독일이 폴란드를 전격 침공해 제2차 세계대전이 시작된다. 프랑스와의 서부전선에서도 전격적으로 승리를 거두지만 영국 본토를 침략하기 위한 공중전에서는 패배한다. 이후 1941년 6월 기습

적으로 소련을 침공한 나치는 초기에 승리를 거두지만 1943년 2월 스탈린그라드 전투에서 크게 패배해 서서히 패망의 길에 접어들었다.

1941년 12월 일본의 진주만 공습 후 나치는 미국에 전쟁을 선포했는데 이 역시 제2차 세계대전의 전세를 바꾼 결정이다. 미국과 영국, 프랑스 등 자유주의 진영은 더 큰 악, 파시즘을 물리치기 위해 공산주의 국가 소련과 대동맹을 맺어 제2차 세계대전에서 승리했다.

나치의 독재정권 치하, 독일에서는 뮌헨 대학교 의과 대학생들이 중심이 된 저항운동 백장미, 그리고 1944년 슈타우펜베르크 대령이 주도한 히틀러 암살이 모두 실패했다. 나치 시대 독일 내부에서의 저항은 아주 미미했다.

유럽의 파괴에 몰두한
파리강화회의와 베르사유 체제

제1차 세계대전을 마무리한 파리강화회의에서 독일이 감당할 수 없는
천문학적인 액수의 전쟁 배상금이 부과됐다. 독일은 인구의 15%,
영토의 10%를 잃었다. 프랑스는 1871년 프로이센과의 전쟁에서 당한
설움을 앙갚음했다. 당시 회의에 참가했던 영국의 경제학자
존 메이너드 케인스는 유럽 제1의 경제대국 독일을 무력화해
유럽의 파괴에 몰두한 회의였다고 비판했다.

베를린 란트베어 운하 밑에 흩뿌려진 두 혁명가의 시신

"48년 전인 바로 이날, 1871년 1월 18일 침략군이 베르사유 궁전
에서 독일 제국을 선포했습니다. … 이 제국은 부정의하게 태어났
고 치욕으로 끝났습니다. 여러분들은 이 제국이 저지른 악을 바로
잡고 재발을 막기 위해 여기 모였습니다."

_프랑스 레몽 푸앵카레 대통령, 1919년 1월 18일 파리강화회의 개막식에서

베를린은 운하의 도시다. 이 시의 랜드마크인 브란덴부르크 문 바
로 옆에 동물원이 있다. 옛날에는 프로이센 왕들의 사냥터였지만 이
제는 드넓은 녹지를 품은 도심 속의 오아시스와 같은 곳이다. 같은
이름의 지하철역도 있어 쉽게 찾을 수 있다. 동물원 초입의 리히텐슈
타인 Lichtenstein 다리 밑으로 란트베어 Landwehr 운하가 흐른다. 무심코
지나치기 쉽지만 이 다리 바로 밑에 비운의 혁명가 로자 룩셈부르크

Rosa Luxemburg와 카를 리프크네히트Karl Liebknecht를 추모하는 자그마한 기념판이 있다. 두 사람은 1919년 1월 초 베를린에서 무장봉기를 일으켰지만 제1차 세계대전 참전 용사들로 구성된 자유군단Freikorps에 붙잡혀 사살됐다. 두 혁명가의 시신은 훼손된 채 운하 곳곳에 뿌려졌다. 아래 추모판과 바로 옆 벽에 새겨진 여성 혁명가 룩셈부르크와 남성 혁명가 리프크네히트 벽화 사진은 필자가 직접 촬영했다.

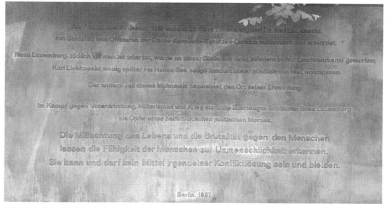

베를린 동물원 인근에 있는 로자 룩셈부르크와 카를 리프크네히트 추모판
2019년 5월에 필자가 직접 촬영했다.

11월 11일, 독일을 주축으로 하는 삼국 동맹 측과 삼국 협상 측은 휴전협정에 서명했다. 그러나 베를린과 뮌헨을 비롯해 독일의 몇몇 도시에서 공산주의자들이 무장봉기를 일으키는 등 정치·사회적 혼란은 계속됐다.

혁명 속에서 출범한 바이마르 공화국

미국의 윌슨 대통령은 1918년 10월 초부터 독일에 민주적인 정부가 구성돼야 휴전이 가능하다고 압박했다. 할 수 없이 제국의회 안에서 제1정당이던 사회민주당이 황제 빌헬름 2세의 퇴위를 계속 요구했다. 1918년 11월 9일 황제는 폐위됐고 다음 날 네덜란드로 도피했다. 삼국 협상 측은 전쟁범죄 혐의로 그를 재판에 세우려 했고, 황제는 제1차 세계대전 때 중립을 지킨 이웃 나라로 황급히 도망쳤다. 사민당 의원 필리프 샤이데만Philipp Scheidemann, 1865~1939은 11월 9일 국가의회 의사당에서 민주공화국임을 선포했고 프리드리히 에베르트Friedrich Ebert, 1871~1925가 사민당이 다수를 차지한 내각을 구성했다. 사민당은 군부의 지지를 얻는 대가로 사회주의 혁명을 진압하기로 군부와 합의해 정권을 쥘 수 있었다.

하지만 전국 각지에서 혁명의 불길이 치솟았다. 독일 북부의 항구 킬Kiel에서 11월 3일 수병들이 반란을 일으켜 병사와 노동자들의 평의회(소비에트, Soviet)를 만들었다. 이들은 이미 패배한 전쟁임에도 자신들을 전쟁터로 보낸 명령을 거부했다. 다른 도시에서도 유사한 평의회가 결성됐다. 나흘 뒤에는 남부 바이에른주에서 공화국이 선포됐고 주도 뮌헨에 사회주의 정부가 수립됐다. 이 정부는 다음 해 4월

군에 의해 붕괴됐다. 수도 베를린의 상황은 더 심각했다. 11월 초부터 공산당 및 급진 사민당 일부가 총파업을 시작했다. 11월 말 의회 내 각 정파는 제헌의회가 구성될 때까지 임시정부 구성과 운영에 합의했으나 노동자와 병사 평의회는 철도와 철강 등 주요 산업의 국유화 등을 지속적으로 요구했다. 사민당에서 탈당한 로자 룩셈부르크와 카를 리프크네히트는 독일공산당을 창당했다. 두 사람이 중심이 된 공산당원들은 제헌의회 선거 보이콧을 결정하고 1919년 연초에 무장 봉기를 시도했으나 결국 두 지도자는 1월 15일 죽임을 당했다. 무장봉기 진압 후 독일에서는 제헌 총선이 치러졌고 2월 8일 수도의 혼란을 피해 괴테의 도시 바이마르에서 의회가 개원했다. 개원한 도시 이름을 따서 바이마르 공화국1918~1933, 그리고 여기서 제정된 헌법을 바이마르 헌법이라고 부른다. 프리드리히 에베르트가 초대 대통령이 되고 사민당 샤이데만이 초대 총리가 됐다. 연립정부 내각에는 사민당 이외에 중앙당 등이 참여했다.

강력한 대통령제와 국유화 원칙을 확립한 바이마르 헌법

패전의 혼란 속에서 바이마르 헌법은 1919년 8월 11일에 공표됐다. 이 헌법은 1848년 3월 혁명 후 제정됐지만 실행되지 못해 묻혔던 헌법에 뿌리를 뒀고 국민 주권을 확인하고 민주적 제도를 규정했다. 역사상 처음으로 여성에게도 투표권이 주어졌고 20세 이상의 시민들이 선거권을 행사했다.

이 헌법은 언론과 결사, 집회, 양심의 자유와 같은 기본권과 함께 주요 기간 산업의 국유화 원칙도 명시했다. 당시 강력했던 노동자 계층의 기대를 어느 정도 반영했다. 비례대표제를 도입해 소수 정당이라도 의회에 진출할 수 있었다. 무엇보다도 새 헌법은 강력한 대통령 중심제가 특징이다. 국민이 직접선거로 뽑는 임기 7년의 대통령은 군 통수권을 보유하고, 각료 임면권, 하원의 소집 및 해산권을 가졌다. 1871년 독일 제국의 헌법에서 군은 사실상 정치적 통제 밖에 있어서 문제가 많았는데, 이 점을 보완했다. 차후에 문제가 됐던 것은 헌법 48조의 긴급 명령권 행사였다. 이 조항에 따르면 대통령은 비상시에 시민의 기본권을 제한하고 법과 질서의 회복에 필요한 모든 조치를 취하도록 규정했다. 대통령이 보유한 하원 해산권과 긴급 명령권 행사는 의회의 정부 신임권을 사실상 무력화할 수 있었다. 총리와 장관은 의회에 책임을 지게 돼 있었지만, 대통령이 의회를 해산하면 이런 권한은 쓸모가 없었다.

독일에만 전쟁 책임을 묻고 유럽의 파괴에 몰두한 파리강화회의

제1차 세계대전의 패배로 독일 전역은 큰 충격에 빠지고 혁명과 무장봉기가 빈번했다. 이런 와중에 1919년 1월 18일 파리 교외 베르사유 궁전에서 파리강화회의가 열렸다. 미국의 우드로 윌슨 대통령은 전쟁 막바지에 민족자결주의를 대외에 천명했고 국제평화를 유지하기 위한 새로운 기구(국제연맹) 창설을 제안했다. 그는 미국 대통령 가운데 처음으로 장기간 유럽에 체류하면서 강화회의에 참석했다. 윌슨 대통령을 비롯해 영국의 로이드 조지 총리, 프랑스의 조르주 클레망소 총리, 이탈리아의 비토리오 에마누엘레 오를란도 총리가 전후 질서를 결정했다. 특히 프랑스가 요구한 독일 무력화가 이 회의에서 철저하게 관철됐다.

이 글의 첫머리에 인용됐듯이 프랑스의 레몽 푸앵카레 대통령은 강화회의 개회식 연설에서 1871년 1월 18일 독일 제국의 출범을 부정의한 결과로 봤다. 그 부조리에 희생됐던 프랑스가 이제 제1차 세계대전에서 승리했기에 이를 바로잡아야 한다는 것이 그의 정책이었다. 베르사유 궁전에서 독일 제국이 선포된 과거를 치욕으로 여겼기에 강화회의 개회 일자를 똑같은 날로 잡았다.

삼국 협상 측은 베르사유 조약에서 독일을 전쟁 책임국으로 규정하고 천문학적인 배상금을 부과했으며, 군 병력 제한 등을 요구했다. 독일은 이를 강제명령으로 규정하고 휴전 종료 직전까지 거부했다. 그러나 조약에 서명하지 않으면 다시 협상 측과 전쟁을 치러야 했기에 할 수 없이 마지막 순간에 수락했다. 이 조약은 전쟁 책임을 전적으로 독일에 있다고 보고 1,320억 마르크의 배상금을 부과했다(최종적으로 1921년 4월에 결정됐다). 이 액수는 당시 독일 총생산의 80%가 조금 넘은 금액이었다. 인플레이션의 영향을 받지 않는 금본위 마르크를 기준으로 42년간 분할 배상하도록 규정했다. 프랑스가 1871년 독일에 당한 굴욕을 되갚으려고 독일 제국이 선포된 베르사유 궁전 거울의 방에서 독일 대표단은 조약에 서명하는 굴욕을 겪었다.

징병제도가 폐지돼 바이마르 공화국은 이름뿐인 군대를 보유하게 됐다. 전쟁 전 독일 병력이 80만 명이었던 것과 달리 10만 명의 육군과 5,000명의 해군으로 제한됐다. 중포重砲와 탱크, 잠수함 보유는 허용되지 않았다. 공군도 불허됐다. 1871년 프랑스로부터 빼앗은 알자스-로렌 지역을 다시 프랑스에 양도하는 것은 물론이고 폴란드가 건국돼 상부 슐레지엔 지방이 신생국 폴란드 땅이 됐다. 폴란드는 18세기 말에 프로이센과 오스트리아, 러시아에 의해 나라가 사라진 후 120여 년 만에 유럽 지도에 다시 등장했다. 발트해로 나가는 항구 도시 단치히(그단스크)는 자유도시가 됐고, 국제연맹은 이 항구 도시를 관리하고 폴란드는 그곳의 항만 시설을 이용할 수 있었다. 1793년 프로이센은 단치히를 영토로 편입해 국토가 연결됐는데, 단치히를 잃으면서 다시 국토가 중간에 끊어졌다. 이 지역 주민의 90%가 독일인이었다. 윌슨 대통령이 주창한 민족자결주의는 패전국 식민지에만 적용됐을 뿐이다. 국토 한가운데가 끊어졌고 이는 제2차 세계대전 때 히틀러가 폴란드를 침공할 때 내세운 명분이 됐다.

한편 프랑스와 벨기에 등의 침략 경로인 라인 지방이 사실상 비무장 지역이 되어 15년간 프랑스 등에 의해 점령됐다. 독일은 또 해외 식민지를 다 내놓았다. 베르사유 조약으로 독일은 인구의 15%, 영토의 10%를 각각 잃었다. 알자스-로렌 지방처럼 지하자원이 풍부한 지역을 빼앗기는 바람에 철광석 50%, 석탄 매장량 25%를 잃어버렸다. 오스트리아-헝가리 제국도 붕괴하여 오스트리아는 독일어를 쓰는 사람들이 거주하는 작은 나라로 전락했다. 생제르맹 조약으로 오스트리아는 국제연맹의 동의 없이 독립 주권을 타국에 양도하는 조약을 체결할 수 없었다. 독일과의 합병을 금지하는 규정인 셈이다.

베르사유 조약의 가혹한 조치는 신생 바이마르 공화국에 너무나 큰 부담이 됐다. 미국은 프랑스의 가혹한 요구를 다소 완화했지만 영국은 대체로 프랑스의 요구를 수용했다. 이때부터 독일에서는 "제1차 세계대전에서 승리하고 있었는데 공산주의자와 유대인, 공화국 지지자들 때문에 등에 비수를 맞아 전쟁에 졌다."라는 음모론적 배후중상설Dolchstoßlegende, '단도 전설'이 끊임없이 확대 재생산되기 시작했다.

당시 영국의 경제학자 존 메이너드 케인스John Maynard Keynes는 파리강화회의에 재무부의 대표단 일원으로 참석해 독일의 배상금 책정 과정에 관여했다. 프랑스가 강력하게 요구한 과도한 배상금 액수의 문제점을 계속 지적했지만 수용되지 않았다. 이에 반발한 그는 6월 초에 사표를 제출하고 케임브리지 대학교로 돌아갔다. 이 경제학자는 불과 6개월 만에 일필휘지로 『평화의 경제적 귀결The Economic Consequences of Peace』을 1919년에 출간했다. 출간 후 이 책은 영국과 유럽, 미국에서 베스트셀러가 됐다. 그는 파리강화회의를 유럽의 파괴에만 몰두한 회담이라고 규정했다.

> "파리강화회의 참가자들은 앞으로 유럽이 어떻게 살아갈지 신경을 쓰지 않았다. 참가자들은 유럽의 생존방식에 관심이 없었다. 선인이건 악인이건 참가자들은 국경과 소수민족, 세력균형, 제국의 확대에만 관심이 있었다. 강력하고 위험한 적을 약화하고, 복수하고, 그네들이 감당할 수 없는 재정적 부담을 패전국에 전가하는 데 관심을 가졌을 뿐이다."
>
> _『평화의 경제적 귀결』 4장 첫 문단에서

케인스는 이런 '강요된 평화'가 유럽의 경제를 파괴해 독일의 보복을 불러올 것이라 경고했다. 그는 이 책에서 제1차 세계대전 발발 전 유럽경제가 독일을 핵심축으로 돌아갔음을 통계자료로 쉽게 설명했다. 과거 러시아, 오스트리아—헝가리, 영국, 프랑스, 이탈리아, 벨기에, 네덜란드와 같은 상당수 유럽 국가에 제일 중요한 수출 시장은 독일이었다. 그런데 프랑스의 요구대로 독일 경제가 감당할 수 없는 배상금을 지불하게 되면 경제가 파괴된다. 이것이 케인스의 명쾌한 설명이다. 전후 유럽을 다시 살리려는 회담이 되어야 하는데, 이 회담은 독일을 파괴했다. 결국에는 유럽을 파괴할 회담이라고 케인스는 맹공을 퍼부었다. 독일이 부담할 수 있는 여러 대안의 배상금을 제시했지만 그의 경고는 철저하게 무시됐다. 그 결과 20년 후 1939년 9월 1일 독일의 히틀러는 유럽에서 '두 번째 내전'을 일으키게 된다. 시대를 앞서보는 케인스의 통찰력이 돋보인다.

공산주의 국가 동독에서는 투쟁가가 몇 개 있었다. 이 가운데 룩셈부르크와 리프크네히트가 들어간 노래를 동독 어린이들은 자주 불렀다. 아래 가사처럼, 두 혁명가는 동독에서 추앙받았다.

일어나 싸우러 가세, 우리는 투쟁하러 태어났다네!
싸울 준비가 되어있다네!
우린 카를 리프크네히트에 맹세했지!
우린 로자 룩셈부르크에게 손을 내민다네!

슈트레제만의 시대, 바이마르 공화국의 안정기 1923~1929

구스타프 슈트레제만은 1924년부터 외무장관으로 일하면서
전쟁 배상금의 합리적 조정을 이끌어 냈으며 신생 사회주의 국가 소련과는
관계를 정상화했다. 그는 동서유럽 어느 한 쪽에 치우치지 않는
균형적인 외교정책을 실시해 성과를 거뒀다.

초인플레이션의 악몽

1923년 12월 베를린에서 한 시민이 20억 마르크를 수레에 싣고 힘겹게 걸어가고 있다. 그날 먹을 식빵을 사러 가는데, 무려 20억 마르크가 필요했다. 1년 10개월 사이에 독일 마르크화는 거의 쓸모없는 종이가 돼 버렸다. 마르크의 가치는 1922년 1월 1달러에 200마르크, 이듬해 1월에 18,000마르크, 그해 10월에는 120억 마르크로 폭락했다. 1kg 빵 가격을 보면, 1923년 1월에 250마르크였으나 그해 12월에 거의 4억 마르크나 됐다.

바이마르 공화국이 천문학적인 전쟁 배상금을 지급하느라 가치가 안정적인 금이나 달러를 사용하자 독일 중앙은행은 거의 빈털터리가 됐고, 이를 만회하느라 마구 돈을 찍어냈다. 이 때문에 독일 마르크화의 가치는 1913년 전쟁 전과 비교해 1923년 말에는 1조 분의 1로 줄어들었다.

이런 혼란을 수습하기 위해 1923년 8월 독일인민당의 구스타프

슈트레제만Gustav Streseman, 1878~1929을 총리로 하며 사민당, 민주당, 중앙당이 참여하는 4당 연립정부가 구성됐다. 슈트레제만은 새로운 마르크화를 도입해 경제 회생을 시도했다. 그는 1924년부터 5년간 외무장관으로 일하면서 전후 자국을 다시 국제무대에 복귀시키는데 결정적인 역할을 수행했다.

도스 안과 로카르노 조약

슈트레제만은 총리 재직 때 '1조 마르크'를 '1렌텐마르크Rentenmark'로 바꿔주는 화폐개혁을 단행해 수십만 퍼센트에 이른 초인플레이션을 진정시키려 했다. 이를 위해서는 외국 자본이 필요했다. 그는 미국 월가의 금융기관과 협상을 벌여 1924년 4월 미국으로부터 2억 달러 차관을 들여올 수 있었다. 이 차관으로 경제 부흥을 꾀해 경제가 조금씩 살아났다. 미국의 은행가 찰스 도스Charles Dawes가 주도적인 역할을 해 도스 안Dawes Plan으로 불리며 전쟁 배상금의 지불 조건 완화도 이 안에 포함됐다. 대신 제1차 세계대전 승전국은 차관의 지불 보증용으로 독일 철도와 중앙은행 통제권을 가졌다. 이어 1929년 체결된 영 안Young Plan은 배상금 규모를 20% 줄여줬다.

경제의 개선과 함께 독일의 무장해제를 위해 독일에 주둔해 있던 영국군과 프랑스군의 철수 문제도 해결됐다. 영국의 중재로 1925년 12월 로카르노 조약이 체결돼 이듬해 외국군이 라인란트 점령지에서 철수했다. 이 조약으로 독일은 베르사유 조약이 결정한 서부 국경선을 인정했고 프랑스에 넘겨준 알자스-로렌 지역도 완전히 포기했다. 로카르노 조약은 독일과 프랑스, 벨기에가 공유한 국경지대를 서로 침략하지 않겠다는 내용이 포함돼 있고, 영국과 이탈리아가 조약 준수를 감독하도록 규정됐다. 독일과 프랑스 간의 적대감이 다소 완화돼 독일은 1926년 9월에 국제연맹에 가입했다.

　전후 전범국이란 낙인이 찍혀 국제무대에서 배척됐던 독일이 이 기구에 가입해 국제적 위상을 어느 정도 회복했다. 감당할 수 없었던 전쟁 배상금의 합리적인 조정과 경제부흥을 앞장세운 리더십, 이에 대한 국민의 호응 등에 힘입어 독일의 산업 생산고는 1928년에 전쟁 전 수준을 회복했다. 1913년 산업 생산고를 100으로 할 때 1918년 종전 직전에 독일 생산고는 절반 가까이 줄었다. 이를 고려한다면 전쟁이 끝나고 불과 10년 만에 생산고를 전쟁 전의 수준으로 회복한 것은 놀라운 성과라 할 수 있다.

라팔로에서 베를린까지, 소련과의 관계 개선 정책

"유럽을 통제하기 위한 독일과 소련의 음모다!"

　1922년 4월 16일 독일과 소련이 이탈리아의 라팔로Rapallo에서 조약을 체결했을 때 영국과 프랑스는 크게 충격을 받아, 이런 반응을 보였다. 당시 승전국이었던 두 나라는 전후 소련과 서방 간의 문제를 해결하기 위해 제노바에서 국제회의를 열었고 독일과 소련도 여기에 참가했다. 독일은 과도한 전쟁 배상금을 줄이려고 백방의 노력을 다하는 중이었다. 동시에 독일은 동부전선에서 싸웠던 신생 소련과도 꾸준하게 관계를 개선했다. 1917년 10월 혁명 후 미국과 영국 등이 지원한 백군과 내전을 벌이던 볼셰비키는 국제적 고립에서 탈피하고자 했다. 독일과 소련 대표단은 제노바 인근의 라팔로에서 전격 회동해 양국 관계를 정상화하는 조약을 체결했다.

두 나라는 영토와 재정적 배상권을 서로 포기하고 통상에서 최혜국대우를 합의해 무역 관계의 확대를 약속했다. 세계사에서 최초로 사회주의 혁명에 성공한 소련이 독일과 외교관계를 체결해 국제사회에서 첫 인정을 받았다. 바이마르 공화국도 베르사유 조약 후 처음으로 동등한 국가로 조약을 체결했다. 또 하나 중요한 점은 이 조약의 비밀조항에 따라 독일군이 소련에서 비밀리에 중포 훈련 등을 받을 수 있었다. 독일과 소련 간의 이런 긴밀한 군사협력은 나치 집권 직전까지 계속됐다. 독일은 소련과의 군사협력을 강화해 베르사유 조약이 금지한 군 병력 축소에서 벗어나 재무장 기틀을 마련했다. 독일은 소련에 비행기 공장을 설립해 항공기를 생산했고 소련은 독일로부터 이런 첨단 기술을 수입할 수 있었다. 아울러 군사교류도 강화돼 양국의 장교들이 상대방 국가를 비밀리에 방문해 첨단 기술을 습득하기 위한 위탁교육도 받았다.

독일과 소련은 관계 강화의 연장선에서 1926년에 베를린 조약을 체결했다. 두 나라 가운데 한 나라가 타국의 침략을 받아도 중립의 준수를 골자로 한 상호중립보장이 규정됐다. 슈트레제만 외무장관은 외견상 베르사유 조약의 병력 제한 조항을 지키는 듯했지만 독일의 위상을 회복하기 위해서는 군사력의 확충이 필수라 봤다.

5년 넘게 외무장관으로 재직한 슈트레제만은 자국이 유럽 강대국의 틈 바구니에서 다시 중요한 역할을 수행해야 한다고 여겼고 이를 위한 정책을 추진했다. 그는 프랑스와 영국을 의식해 베르사유 조약을 준수하면서 전쟁 배상금 등 가혹한 조항을 수정하는데 전력했고, 신생 소련과는 관계를 정상화했다. 어느 한쪽에도 치우치지 않는 동서(동유럽과 서유럽) 균형 정책을 실시해 성과를 거뒀다. 라팔로 조약이 독일과 소련의 유럽 통제를 위한 음모라는 비난이 있지만 이는 가당찮다. 당시 두 나라는 국제사회에서 부랑자와 같은 신세였다. 양국은 국제 무대에 복귀하고 정상국가가 되기 위해 서로가 필요했을 뿐이다.

제2차 세계대전 후 건국된 독일(서독)은 연방은행(중앙은행)의 최우선 임무로 물가안정을 규정했고 이를 위해 기관의 독립성을 중시했다. 바이마르 공화국 시대의 초인플레이션이 트라우마로 남았기 때문이다. 이후 독일 연방은행의 독립성과 물가안정은 바림직한 모델로 세계 각국에 전파됐다. 1999년 출범한 유럽연합의 단일화폐 유로화를 관장하는 유럽 중앙은행도 독립성과 물가안정을 강조했다. 유럽연합 최대 경제대국 독일의 바람이 유럽 중앙은행에도 거의 그대로 반영됐다.

『서부전선 이상없다』와
황금의 20년대, 바이마르 문화의 전성기

바이마르 공화국의 문화와 예술은 번창했다. 1920년대 말 독일은
유럽의 다른 나라에서 제작된 영화를 합친 것보다 더 많은 영화를 제작했고
영화시장은 미국에 이어 2위를 차지했다. 건축과 디자인에서는
발터 그로피우스 등이 설립한 '바우하우스'가 유명하다.

'유대인의 거짓말'로 낙인찍힌 반전 영화,
〈서부전선 이상없다〉

"지금은 개인이 아니라 전체, 국가를 위해 싸울 시간이라네!

플랑드르Flandre 들판을 건너 파리로 진격하세나! 카이저와 신, 조국

「서부전선 이상없다」 제1판 표지

을 위해 싸우자."라며 인문계 고등
학교 교사 칸토레크가 열변을 토한
다. 경청하던 고3 학생, 파울 보이
머와 루트비히 등 친구들은 환호하
며 곧바로 입대한다.

에리히 마리아 레마르크Erich Maria
Remarque, 1898~1970의 소설 『서부전
선 이상 없다Im Westen Nichts Neues』에
나오는 한 구절이다.

18살에 애국심의 열풍에 휩싸여

참전한 후 서부전선에 투입된 보이머와 친구들은 거의 매일 참호에서 쌓여가는 시체와 마주한다. 거대한 이상이 아니라 인간의 잔혹성에 신물이 나게 된 보이머는 "결국, 전쟁은 전쟁이야."라는 말을 읊조리며 전쟁의 허무함을 고발한다.

그런데 이 책은 반전 이야기에 그친 게 아니었다. 나치는 이 책과 영화를 거짓으로 낙인찍고, 크게 이슈로 만들어 세력 확장에 최대한 활용했다.

이 작품이 영화로 제작돼 독일 베를린에서 상영된 게 1930년 12월 5일, 금요일 저녁 7시 5분이었다. 수도 서부의 중심가 놀렌도르프 광장Nollendorfplatz에 있는 대형 극장 안에서 나치의 상징인 갈색 셔츠를 입은 수십 명의 젊은이가 글 첫머리에 나온 칸토레크의 발언이 나오자 "유대인 꺼져라!"라는 구호를 외치며 소란을 피웠다. 이들 가운데 일부는 흰 생쥐를 풀어놓아 극장 안은 순식간에 아수라장이 됐다. 이 소란을 진두지휘한 것은 히틀러 치세 시기 선전 장관을 역임한 괴벨스였다. 나치는 제1차 세계대전에서 승리하고 있었는데 국내의 공산주의자와 공화주의자들이 등에 비수를 꽂아 전쟁에 졌다는 '단도 전설'을 신봉하며 계속해서 확대 재생산했다. 그런데 이 영화는 무의미한 학살 속에서 죄의식을 느끼는 18살 청년들의 모습을 있는 그대로 보여주며 강력한 반전 메시지를 전했다. 따라서 나치는 이 책이 나오자마자 저자 레마르크가 참전 군인이 아니라는 가짜뉴스를 지속적으로 퍼트렸다. 또 이 책을 출간한 율슈타인Ullstein사를 유대인이 운영한다는 점, 영화로 제작한 미국 유니버설 픽처스 사장 칼 렘리Carl Laemmle가 독일계 유대인이라는 점을 묶어 유대인이 제1차 세계대전

승전국 독일을 중상모략하고 있다고, 나치는 선전매체를 통해 총공세를 퍼부었다. 나치는 이 영화를 '유대인의 거짓말'이자 '독일군을 비방하는 끔찍한 영화'라고 규정했다. 나치 당원들은 8일부터 시내 곳곳에서 영화 상영 취소를 요구하는 시위를 벌이기 시작했다. 결국 12월 11일 당국은 이 영화의 상영 허가를 취소했다.

당시 바이마르 정부는 대내외 어려움에 처해 있었다. 1929년 10월 24일 미 주식시장에서 주가가 폭락하면서 미국에서 시작된 대공황이 독일 등 유럽 각국으로 전염됐다. 슈트레제만 시대의 안정기를 겪은 독일에는 대공황의 충격이 더욱 컸다. 제1차 세계대전 후 초인플레이션을 겪고 난 뒤 국제무대에 복귀하고 경제도 개선됐는데, 대공황은 이 모든 성과를 전쟁 직후 고난의 시기로 되돌려 놓았다. 거리에 실업자가 넘쳐났고 이를 계기로 나치는 세력을 확대했다. 허약할 대로 허약해진 정부는 나치의 손을 들어 줬다. 나치는 영화 상영 논쟁에서 승리한 후 이런 가짜뉴스를 정치적 목적을 달성하는 필수 수단으로 계속 활용하게 된다. 나치의 영화 공격은 역설적으로 당시 영화가 매우 큰 인기를 누렸음을 여실히 증명한다.

황금의 20년대 문화

당시 독일에서 영화를 비롯해 문학과 건축 등이 황금시대를 구가했다. 영화관의 수는 1918년 약 2,300개에서 1930년에는 5,000개 정도로 늘어났다. 당시 독일은 유럽의 다른 나라에서 제작된 영화를 합친 것보다 더 많은 영화를 제작했다. 영화 시장은 미국에 이어 독일이 2위를 차지했다.

1927년 개봉된 무성영화 〈메트로폴리스Metropolis〉가 유명하다.

수많은 고층 건물이 즐비한 대도시 메트로폴리스는 고도의 기계문명으로 이뤄져 있다. 이곳에서는 하늘을 나는 비행기와 전철이 운행 중이다. 호화로운 생활을 누리는 계층과 지하에서 거주하며 억압받는 노동

영화 〈메트로폴리스〉(1927) 포스터

자들이 공존한다. 지하의 노동자들은 도시를 유지하는 데에 필요한 거대한 기계를 돌리며 매우 힘들게 하루 10시간 정도 일하다가 자주 사고를 당한다. 이 대도시 통치자의 아들 프레더가 우연히 지하에 사는 노동자들의 투쟁을 지원하는 여성 지도자를 알게 되면서 이 투쟁에 합류한다. 이 과정에서 여성 지도자를 그대로 모방한 로봇이 노동자들을 선동해 기계를 파괴하면서 노동자와 지배 계층의 갈등이 최고조에 달한다. 당시에 파격적인 공상과학 영화였다. 유명한 작가 테아 폰 하르보우Thea von Harbou가 쓴 동명의 소설을 프리츠 랑Fritz Lang이 영화로 만들었다. 2001년에 영화 중에서 처음으로 유네스코 세계기록유산에 등재돼 작품성을 인정받았다. 하지만 영화 평론가들의 호평에도 불구하고 관람료 수익이 제작비의 2%도 채 안 됐다. 〈메트로폴리스〉는 이후 SF 영화 〈스타워즈〉나 〈매트릭스〉에도 영향을 끼

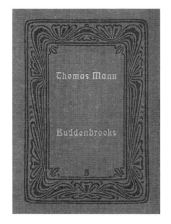

『부덴브로크가의 사람들』 초판 표지

쳤다.

문학에서도 베스트셀러가 잇따라 출간됐다. 1929년에 토마스 만_{Thomas Mann, 1875~1955}이 『부덴브로크가의 사람들』로 노벨문학상을 받았다.

이 책은 염가 특별판 제작으로 45만 부가 출간돼 팔렸다. 1924년에 나온 만의 또 다른 소설 『마의 산』은 5년간 무려 120판까지 나왔다.

건축과 디자인에서는 발터 그로피우스 등이 설립한 '바우하우스_{Bauhaus}'가 유명하다. 바우하우스는 1919년 바이마르 공화국에서 시각 및 조형예술 학교로 설립돼 1933년 나치에 의해 폐쇄될 때까지

바우하우스

학생들을 가르쳤다. 교육 목표는 통일적 예술작품을 만드는 것이었다. 건축을 중심으로 조각과 회화 등 각기 분산된 모든 예술 분야를 통합하고자 했다. 현대 미술학과의 교과과정도 바우하우스에서 영향을 받았다. 바우하우스 출신 예술가들은 '생활 속의 디자인'을 실천했고, 그들의 작품과 생각은 학교를 넘어 건축·디자인 양식에 많은 영향을 끼쳤다.

『서부전선 이상없다』는 1929년 1월 말에 출간됐는데, 1년도 채 지나지 않아 100만 부가 넘게 팔렸다. 1933년 집권한 나치는 이 책을 금서로 지정했고 불태웠다. 제2차 세계대전 후 동독과 서독의 중고등학교에서 널리 읽혔고 현재 독일 학생들도 이 책을 즐겨 읽는다. 2022년 말, 50개 언어로 번역돼 전 세계에서 2,000만 부 정도 팔렸다. 참전 군인 출신 작가 레마르크는 나치가 집권하자 프랑스로 망명했다가, 제2차 세계대전이 발발한 후 다시 미국으로 망명했다.

33% 정당 득표율로
총리가 된 히틀러

1929년 10월 말 미국에서 시작된 대공황이 독일로 퍼지자 시민들이
기존 정당에 환멸을 느끼며 나치의 지지도는 급상승했다.
나치는 또 베르사유 조약의 철폐를 약속했고, 우수한 독일 아리아인에게
필요한 생활공간을 보장하기 위해 동쪽으로 영토를 늘리겠다고 장담했다.
나치는 이런 구호를 내세운 대중정당을 표방해 여러 계층의 폭넓은 지지층을
확보할 수 있었다.

1918년 11월의 범죄자를 처단하자!

1923년 11월 8일 저녁 9시쯤, 뮌헨 시내 중심가 있는 대형
맥주홀 뷔르거브로이켈러Bürgerbräu Keller. 민족사회주의독일노동자당
Nationalsozialistische Deutsche Arbeiterpartei, 약칭 Nazi의 아돌프 히틀러Adolf Hitler,
1889~1945 당수가 무대 위로 올랐다. 그는 "오늘 밤 독일 혁명이 시작
됩니다. 아니면 우리 모두는 죽습니다."라며 비장한 각오로 연설을 했
다. 히틀러는 이번 거사가 경찰과 군대를 겨냥한 게 아니라 '베를린
의 유대인 정부와 1918년 11월의 범죄자들을 처단하기 위한 것'이
라고 강조했다. 그곳에 모였던 약 3,000명의 시민이 환호성을 질렀
다. 다음 날 정오쯤, 무장한 돌격대원Sturmabteilung, SA과 지지 시민들 약
2,000명과 시내 중심가로 행진하던 히틀러는 오데온 광장Odeonsplatz
쪽에서 경찰과 대치했고 총격전을 벌였다. 이 때문에 16명의 나치 당
원과 4명의 경찰이 숨졌다. 쿠데타는 진압됐고 히틀러는 도주 후 이
틀 뒤에 체포됐다. 당시 독일의 경제는 엄청난 초인플레이션을 겪으

며 엉망이 됐다. 공산주의자들은 함부르크 등에서 무장 봉기를 일으켰고, 히틀러의 나치와 같은 극우파들은 공산주의자와 바이마르 공화국을 처단하기 위해 봉기를 준비했다. 거사일로 잡은 11월 9일은 5년 전인 1918년 제1차 세계대전 패전이 확실해졌을 때 뮌헨에서 사회주의자들이 반란을 일으켜 일시적으로 정권을 잡았던 날짜이다. 이 기념일을 계기로 나치는 바이마르 공화국을 붕괴시키려는 쿠데타를 도모했다.

그러나 이 봉기는 엉성한 준비와 판단 착오로 실패했다. 당시 맥주홀에는 바이에른주 정부를 움직이는 병참총감 카르, 경찰청장 자이서, 군사령관 로소프가 있었다. 이들은 바이마르 공화국의 지시를 사사건건 거부하던 극우 정치인이었는데, 그들만의 정부 전복 계획이 있었다. 그런데 히틀러가 먼저 베를린으로 진군해 공화국을 전복시키려 하자, 이 세 사람은 다음 날 경찰을 동원해 히틀러의 쿠데타를 진압하기에 이르렀다. 세 사람은 전날 맥주홀에 잠시 억류돼 있다가 풀려나 히틀러 일당 진압에 나설 수 있었다. 그만큼 당시 봉기는 엉성했다.

란츠베르크 교도소 13개월 수감 중 유명인이 되다

체포된 히틀러는 뮌헨 교외의 란츠베르크Landsberg 교도소에 수감됐다. 그는 수감 초기에는 모든 것이 끝났다고 여겨 자살을 생각하기도 했다. 1889년 오스트리아와 독일의 국경 마을에서 태어나 18살 때 수도 빈으로 올라와 미술학교에 두 번이나 지원했지만 실패했다. 빈 시내에서 부랑아 생활을 하며 거리에서 수채화를 그려 팔다가, 제

1차 세계대전 때 서부전선에 참전했다. 여기에서 연락병으로 근무하다가 다쳤다. 히틀러는 전쟁에서 이겼으나 국내의 유대인과 공산주의자 같은 배신자들, 즉 '11월의 범죄자들' 때문에 제1차 세계대전에서 졌다는 '단도 전설'을 굳게 신봉했다. 그는 1920년 2월에 창당된 극우정당 나치에 가입했고, 탁월한 연설 능력을 인정받아 1년 반이 지나 당수가 됐다.

1924년 4월 초 판결에서 히틀러는 겨우 5년 형을 선고 받았고 그해 12월 말에 출감했다. 국가반역죄임에도 이렇게 짧은 형을 받은 것은 담당 판사가 히틀러의 발언에 공감했기 때문이었다. 수감 생활도 널찍한 독방에서 호텔에서 머물듯이 신문도 자유롭게 읽으며 지낼 수 있었고, 교도관들 가운데 몇몇도 그를 지지해 음으로 양으로 편의를 봐줬다. 선물과 꽃, 편지 등과 방문객이 쇄도하자 교도소 측은 방문객을 제한했다. 재판이 히틀러를 전국적인 스타로 만들어줬기에 선물과 방문객이 많았다. 그는 '11월의 범죄자들'이 버젓이 살아서 고위직에 있는데 자신을 국가반역 죄인으로 단죄하는 것은 말도 안된다고, 법정에서 기회가 있을 때마다 강조했다. 그의 이런 발언은 신문에 연일 보도됐다.

수감 중에 그는 『나의 투쟁』을 상당 부분 집필했다. 같이 복역 중이던 나치 당원 루돌프 헤스의 도움을 받아 1권은 1925년 7월에, 2권은 이듬해 12월에 출간됐다. 히틀러는 이 책에서 유대인과 함께 공산주의자를 강력하게 규탄한다. 또 소련과 유대인을 한 편으로 보고 소련과 절대 동맹이 될 수 없다고 강조한다. 그는 '유대 볼셰비즘'을 박살 내면 독일이 새로운 생존 공간 Lebensraum, 레벤스라움을 얻어서 다시 강대국이 될 수 있다고 봤다. 1933년 나치가 정권을 장악한 후 실행한 주요 정책이 이 책에서 그 모습을 드러낸다. 아울러 그는 1권 머리말에서 봉기 때 숨진 16명의 나치 당원의 이름과 나이 직업을 거론하며 이들에게 이 책을 바친다고 썼다.

33%로 총리가 된 히틀러, 합법적인 방식으로 정권을 장악하다

출소 후 히틀러는 민족주의 진영의 지도자로 부상했다. 봉기로 실형을 살았던 동료들이 출소하자 그는 나치당을 재건했다. 봉기 실패후 무력이 아니라 선전과 대중동원으로 권력을 쟁취해야 한다고 여겨, 합법적인 방식으로 정권을 장악하기로 했다. 그런데도 1929년 10월 말 미국에서 시작된 대공황이 유럽으로 확산하기 전 나치당의 지지도는 아주 낮았다. 1928년 5월 총선에서 나치당은 약 81만 표를 얻어 정당 득표율이 2.6%, 491석 가운데 겨우 12석을 얻었다. 바이마르 공화국 헌법은 비례대표제를 규정했고 이는 소수 정당에 유리했다. 대공황이 독일을 강타한 뒤 열린 1930년 9월 총선에서 나치의 정당 득표율은 18.3%로 거의 7배 급증했다. 이 총선에서 사민당에 이어 2위 정당이 됐다. 1932년 7월 총선에서는 37.3%로 1위, 1932년 11월 초 총선에서는 33.1%로 역시 1위 정당이 됐다. 대공황 시기 독일에서는 과반을 얻지 못한 정당이 집권하는 일이 흔했고, 이로 인해 총선이 불규칙하고도 빈번하게 시행됐다. 1932년에는 7월과 11월, 불과 4개월 만에 총선이 다시 치러졌다. 1932년 3월 중순의 대통령선거에서 히틀러는 제1차 세계대전의 영웅 힌덴부르크에 이어 2위를 차지했다. 경제위기로 실업자가 넘치고 시민들이 기존 정당에 환멸을 느끼면서 나치의 지지도는 급상승했다.

1932년 11월 총선 후 여러 정당의 지도자가 연정 구성을 시도했으나 실패했다. 힌덴부르크 대통령은 1933년 1월 30일에 히틀러를 총리로 임명한다. 군부는 히틀러가 친위대 등으로 군의 역할을 축소할 것이라 우려했으나 히틀러는 기존 군대 인사를 대체하려는 계획이 없다는 발언을 자주 해 군부의 환심을 샀다. 또한 대통령의 아들이자 보좌관으로 일하던 오스카 폰 힌덴부르크Oskar von Hindenburg가 나치 당수를 총리로 적극 추천했다. 나치는 제1당이었지만 과반을 차지하지 못했기에 다른 민족주의자들을 각료로 임명하는 방식으로 히틀러 내각이 출범됐다.

나치가 보잘것없는 주변 정당에서 이렇게 합법적으로 정권을 장악할 수 있었던 것은 대공황이라는 당시 상황과 이를 교묘하게 정치에 활용한 히틀러 개인의 역량 덕분이다. 나치는 당시 독일 사회에 널리 퍼져 있던 이념 등을 혼합하고 아주 쉬운 용어를 사용해 지지층을 끌어모았다. 나치는 무엇보다도 베르사유 조약의 철폐를 약속했고, 인종적으로 가장 우수한 독일 아리아인에게 필요한 생활공간을 보장하기 위해 동쪽으로 영토를 늘리겠다고 장담했다. 사회주의자들이 내세우는 국제주의 연대에 대항하기 위해 '민족사회주의'라는 말을 전면에 내걸고, 노동자들의 지지를 확보하려고 '노동자 정당'이라 이름 지었다. 가장 우수한 아리아인을 위해서는 열등한 유대인을 희생해야 한다는, 당시 흔했던 반유대주의를 강조했다.

사민당이 주로 노동자를 위한 정당이었다면 나치는 이런 공약으로 여러 계층의 폭넓은 지지층을 확보했다. 농민, 조직화가 덜한 일부 노동자, 화이트칼라와 하위 중간 계급에서 나치 지지자가 많았다. 가톨릭 전통이 강한 남서부 독일과 슐레지엔 지역에서 기존 정당들은 청소년 지지자들을 거의 확보하지 못했다. 나치는 이곳을 공략해 이 지역의 청소년 지지자들을 당원으로 새로 모집했다. 이 밖에 지주나 사업가와 같은 상류층도 공산주의·사회주의 세력 확대에 불만을 가졌기에 나치를 지지했다. 나치는 많은 독일 시민이 불공정하다고 여긴 베르사유 조약을 폐기하고, 이에 연관된 '11월의 범죄자 처단 및 유대인의 음모를 분쇄'할 것을 약속했다. 나치의 슬로건은 시민들에게 복잡한 문제를 단순 명쾌하게 해결할 수 있다는 환상을 심어주었다.

나치 집권 시기에 11월 9일은 가장 큰 국경일이 됐다. 나치 당원들이 행진을 하다가 경찰과 총격전을 벌인 곳이 오데온 광장이다. 원래 1841년 바이에른 왕국의 루트비히 1세가 군의 전통을 기념하기 위해 여기에 큰 기념물을 제작했는데, 대원수의홀(Feldherrnhalle)이라 불린다. 나치는 집권 후 이 기념물 동쪽에 뮌헨 폭동 당시 숨진 16명의 이름을 기록한 기념비를 세웠다. 히틀러를 비롯한 나치 지도부는 해마다 이곳에서 추모식을 거행했다. 1990년대부터 독일과 유럽 각국의 신나치 극우주의자들이 이곳에 모여 기념식을 거행하려 했으나 바이에른주 정부는 이를 불허하는 중이다.

대공황,
히틀러를 총리로 만들다

1932년에는 독일 노동인구의 1/3이 실업자로 전락했다. 대공황으로 집권한
히틀러는 수권법을 제정해 의회를 무력화했고 나치당의 일당 독재정치를 실시했다.
또 유대인을 차별하는 각종 법을 제정했다. 1934년 힌덴부르크 대통령이 사망하자
그는 대통령직과 총리직을 합한, 독일 헌정사에서 처음 있는 총통(Führer)이 됐다.

대공황이 만든 총리, 아돌프 히틀러

"독일 민족이 더 이상 어쩔 수 없는 큰 궁지에 몰려있을 때 그분이
나타났다. 그는 게르만 민족이 육체적으로나 정신적으로, 그리고
영적으로 크나큰 곤궁에 처해 있을 때 항상 나타나는 위대한 인물
중의 한 분이다. 괴테는 정신적인 영역에서, 비스마르크는 정치 분
야에서, 총통은 정치, 문화, 군사 등 모든 분야에서 두각을 나타내
셨다. 게다가 그분은 동방과의 싸움을 이끌고 세상의 모든 게르만
민족을 구원할 숙명을 타고 태어났다."

친위대장 히믈러는 위 인용문에서처럼 히틀러를 괴테나 비스마르
크에 버금가는 위인으로 치켜세웠다. 그런데 히틀러는 대공황이 발
발하지 않았더라면 총리, 나아가 총통이 될 수 없었을 것이다.

독일은 수출에 크게 의존했는데 1929년 10월 말 미국발 대공황 발

발 후 각국이 보호무역 정책을 실시해 관세 장벽을 더 높게 쌓았다. 이 때문에 수출은 크게 줄었다. 설상가상으로 도스 안과 영 안으로 독일에 들어왔던 미국과 영국 자본 등이 더 이상 유입되지 않았다. 1930년 9월 총선에서 나치당이 2위로 부상하자 독일의 정치 안정성을 우려한 외국인 투자자들도 일거에 독일에서 철수했다. 이 때문에 독일은 영국이나 프랑스 등 유럽의 다른 국가보다도 대공황에 따른 경기침체의 여파가 더 클 수밖에 없었다.

대공황 전인 1928년 7%에 불과했던 실업률이 1930년에는 16%, 1932년에는 30.8%로 증가했다. 노동인구의 1/3이 실업자로 전락했다. 무려 600만 명 정도가 일자리가 없어 하루하루를 살아가는데 힘겨워했다. 세계 최고의 실업률이었다. 그해 산업생산량은 1928년의 절반 수준으로 떨어졌고, 주가는 1/3로 급락했다. 이처럼 경제가 휘청거리고 거리에 실업자가 넘칠수록 나치의 지지도는 수직 상승했다. 역사가 에릭 홉스봄은 "대공황이 없었더라면 확실히 히틀러는 집권할 수 없었을 것이고, 프랭클린 루스벨트 대통령도 확실히 미국 대통령이 될 수 없었을 것이다."라고 적확하게 분석했다. 대공황이 없었더라면 아돌프 히틀러가 독일에서 정치 지도자로 활동했을지언정 총리가 되어 제2차 세계대전을 일으키지는 못했을 것이다. 그만큼 당시 대공황은 자본주의 체제 자체를 진정으로 위협했다. 1870년대, 1890년대 유럽 각국에서 발발했던 불경기와 비교한다면 대공황은 세계 각국의 경제를 뿌리째 뒤흔들었고, 그 위기의 폭과 기간이 깊고 길었다.

수권법 제정과 동질화 조치로 철권 총통이 되다

선거에서 과반을 얻지 못했으나 총리가 된 히틀러는 의회를 무력화하기 위한 조치를 실행했다. 나치 창당 때부터 그는 의회를 거추장스럽게 여겼고, 프리드리히 대왕이나 비스마르크와 같은 위대한 지도자만이 독일의 문제를 해결할 수 있다고 봤다. 나치는 히틀러 자신이 대왕이나 철혈재상에 버금가는 지도자가 되어 독일을 재건한다고 끊임없이 선전물에서 내세웠다.

집권 후 한 달이 채 지나지 않은 2월 27일 밤 베를린 시내 중심가의 국가의사당에서 화재가 발생했다. 네덜란드의 공산주의자 마리뉘스 판 데어 뤼버Marinus van der Lubbe의 단독 방화 사건으로 밝혀졌지만 나치는 이 사건 직후 '민족과 국가를 보호하기 위한 긴급 명령'을 제정해 대대적인 공산주의자·사회주의자 탄압에 나섰다.

의회 무력화에 더 많은 지지가 필요했기에 나치는 3월 5일 총선을 치렀다. 총선에서 43.9% 지지를 얻은 히틀러는 3월 23일 수권법授權法, Ermächtigungsgesetz을 통과시켰다. 수권법 혹은 '전권위임법'이라 불리는 이 법안은 총리가 의회의 동의와는 상관없이 법을 제정할 수 있는 권한을 허용한다. '민족과 국가의 곤경을 제거하기 위해서'라는 게 법의 목표였고 일단 4년간 입법권을 정부에 위임했으나 나치 집권 후 의회는 없어졌다. 히틀러가 목표했던 의회 무력화, 1인 독재 통치가 이 법으로 가능해졌다. 사민당과 공산당은 이 법안에 반대했으나 나치는 공산당의 의사당 출입을 저지하고 사민당만 표결에 참여할 수 있었다. 보수 정당인 중앙당을 비롯한 다른 군소정당들이 찬성해 이 법은 2/3의 지지를 얻어 통과됐다. 7월 14일 창당금지법이 제정돼 독일은 나치당만 남게 된 일당 독재국가가 됐다.

단 하나의 독재 정당을 만든 것처럼 사회 각 분야에서 통폐합 동질
화Gleichschaltung(모든 것을 동일한 기어장치 속에 집어넣는다는 뜻의 단어)도 함
께 진행됐다. 4월 7일에 '직업 공무원 재건법'을 제정해 나치에 반대
하는 공무원과 유대인 공무원을 숙청했다. 1년만에 약 4,000명의 법
률가와 약 3,000명의 의사 등이 유대인이라는 이유로 일자리를 잃었
다. 또 이날 제국 주지사청을 만들어 연방제를 폐지했다. 이제 나치가
임명한 주지사가 중앙에서 파견되는 고도의 중앙집권적인 국가가 출
범했다. 이어 5월 초에는 노동조합을 폐지하고 '독일노동전선'이라는
어용단체를 조직했다. 5월 10일 전국 각지에서 나치가 독일정신을
병들게 한다고 간주한, 소설가 하인리히 만이나 시인 하인리히 하이
네, 카를 마르크스의 사회주의 책 등이 공개적으로 불태워졌다. 분서
행사는 축제와 비슷하게 진행되었으며 히틀러는 사상의 자유를 탄압
하고 시민들에게 나치의 선전선동을 주입시키려 했다.

'병균'으로 간주된 유대인을 차별하는 법도 잇따라 제정됐다.
1935년 9월 '뉘른베르크 인종법'이 공포돼 유대인의 독일 국적이 박
탈됐다. 이 법은 또 독일 아리아인을 최상의 인종으로, 유대인은 최하
위 인종으로 지정해 인종 간 우열을 법에 규정했다. "독일이나 독일
관련 혈통의 사람만이 독일 제국의 시민이다."라고 명시했는데, 유
대인은 독일 시민이 아니기에 아무런 정치적 권리도 없고 법적 보호
를 받지 못하게 됐다. 법으로 '인종 더럽힘'을 금지했다. 독일인과 유
대인의 결혼과 성관계를 금지한 것이다. 집시와 흑인 등에도 이 법이
그대로 적용됐다. 증조부모나 조부모 가운데 최소 세 명이 유대인이

면 유대인으로 규정됐고, 유대교를 믿으면 유대인으로 인정됐다.

마지막으로 1934년 힌덴부르크 대통령이 사망하자 히틀러는 총통
Führer이 됐다. 대통령직과 총리직을 합한 독일 헌정사에서 처음 있는
호칭이다. 군통수권도 응당 총통이 장악했고 독일군은 히틀러 개인
에게 충성을 맹세했다.

민족공동체의 '병균'으로 전락한 유대인

그렇다면 나치 정권은 왜 이처럼 유대인을 차별하고 재산마저 몰
수했는가? 나치가 보기에 순수해야 할 독일 민족이 유대인과 같은
'병균'에 오염됐다. 따라서 이 병균을 제거해야 민족공동체Volksgemein-
schaft가 다시 건강해지고 국가도 발전해 과거의 영광을 되찾을 수 있
다고 봤다. 나치가 내세운 민족das Volk은 아리아인의 순수한 혈통을
우선하며 급속한 산업화에 물들지 않은, 이상적인 모범으로서의 민
족이다. 히틀러의 연설에 자주 등장하는 민족, 이를 구현한 조국Vater-
land이라는 단어는 이런 시각에서 이해해야 한다. 나치는 기본적으로
근대성과 공산주의에 반대했다. 나치는 민족공동체를 내세우며 모든
국민에게 지지를 호소했다. 사민당이 진보, 중앙당이 주로 가톨릭과
보수의 지지를 기반으로 한 특정 계층에 지지를 의존한 것과는 대조
를 이룬다.

나치는 아주 치밀하게 각종 의식을 활용했다. 당원들은 자주 횃불
행진을 벌였다. 전당대회 전에 열리는 대규모 행진과 군가 같은 제식
은 정당에 신비감을 더하여 시민들이 보기에는 하나의 종교 집단처
럼 보이기도 하였다. 히틀러는 보통 마지막에 등장해 메시아처럼 아

리아인을 구원하겠다는 메시지를 확대 반복했다. 나치를 유사한 정치종교, 히틀러를 그 종교 안에서 압도적인 카리스마를 발휘하는 종교 창시자로 보는 해석도 여기에서 나왔다. 많은 독일인이 최초의 민주주의 실험이었던 바이마르 공화국을 민족적 치욕이자 경제적 재앙의 원흉으로 간주했다. 그런 그들에게 히틀러는 구세주처럼 보였다. 제2차 세계대전에서 패배해 사라지기 전까지 나치는 12년간 독일을 다스렸다. 억압적인 폭정이었지만 시민들의 자발적인 동의가 있었다. 급속한 산업화로 전통을 잃고 방황하던 시민들은 제1차 세계대전 패배, 그리고 대공황으로 정신적인 혼미에 빠졌다. 나치는 이를 파고들어 시민들의 지지를 얻을 수 있었다.

당시 나치의 전당대회에 참석했던 독일 주재 영국 대사 네빌 핸더슨 경은 나치 전당대회에서 목격한 퍼포먼스의 장엄함과 아름다움을 찬탄했다. 행사에서는 특히 리하르트 바그너의 음악이 자주 사용됐다. 반유대주의 성향을 보였던 바그너는 나치 시대에 가장 인기있는 음악가였다. 1933년 8월 바그너 축제(바이로이트 음악 축제)에서 히틀러는 영웅 파르지팔Parsifal로 깜짝 출연하기도 했다.

1933년 2월 말 국가의사당 방화사건은 오랜 시간 미스터리로 남은 미제사건이었다. 독일 역사가들이 조사팀을 꾸려 제시한 연구에 따르면 나치의 자작극일 가능성이 제일 크다. 이 사건의 최대 수혜자가 나치였고, 당시 증인들도 체포된 공산주의자가 방화하지 않았다고 증언했다.

아우토반 건설과 경제회복,
버터보다 대포를 좋아한 나치

일자리와 빵을 약속한 히틀러는 산업 연관효과가 큰 건설 산업과 자동차 산업에 집중적으로 투자했다. 이런 투자로 경제성장을 회복한 나치는 군수 산업 투자금 비중을 대폭 늘렸다. 1936년부터 나치는 전쟁에 대비해 화학산업에 투자하는 4개년 계획을 시작해 전시경제 구축에 총력전을 폈다.

'아돌프 히틀러의 도로'로 선전된 아우토반

"독일 민족이여! 우리에게 4년을 주면, 여러분에게 약속하겠습니다. 우리 나치 정부는 거대한 일자리 만들기 계획을 통해 거리에 넘쳐나는 실업자를 일터로 데려갈 것입니다."

_히틀러, 1934년 3월 연설

1933년 9월 23일 오전 11시. 독일 중부의 프랑크푸르트 교외. 아돌프 히틀러가 삽을 들고 흙을 퍼서 도로 위로 던지고 있다. 주위를 둘러싼 나치 지도부는 우렁찬 박수를 치고 사진사들이 이 장면을 담느라 정신이 없다. 제3제국 선전물에서 자주 등장했던 아우토반Auto-bahn 고속도로의 건설 장면이다. 히틀러가 기공식을 하던 바로 그때, 720명의 실업자가 시내 중심가의 증권거래소에 모여 이 고속도로 건설 현장에 투입됐다. 이듬해 5월 인근 다름슈타트까지 22km 구간이 건설됐다. 히틀러 집권 때 전국 각지에서 이와 같은 고속도로 건설이 진행됐다. 1941년 12월, 제2차 세계대전이 진행되는 도중 아우토반 건설이 중단됐을 때, 총연장 3,860km가 완공됐다. 히틀러는 일자리와 빵을 약속했다. 이를 위해 무엇보다도 산업 연관효과가 큰 건설산업과 자동차 산업에 집중적으로 투자했다. 1934년 도로 건설에 들어간 돈은 1920년대 최고치를 기록했던 1928년보다 무려 100% 늘었다. 도로 건설에 연관된 시멘트와 트럭, 작업 도구 산업이 이때 추가로 혜택을 받았다.

자동차 제조에 들어가는 각종 부품을 고려하면 자동차 산업의 연관효과도 크다. 고속도로가 건설되기에 그 위를 달릴 자동차가 필요했다. 시민들의 주머니 사정이 허락하는 한 구입해 탈 수 있는 자동차가 필요했다. 이때 나온 게 폭스바겐Volkswagen이다. 나치가 내세운 민족 '폴크'에, 우리말의 사이시옷에 해당하는 S에, 자동차를 뜻하는 '바겐'이 들어간 합성어다. 나치당 산하의 독일노동전선이 폭스바겐사를 설립했다. 1937년 5월 28일 착공식에 참석한 히틀러는 "이 차가 민족공동체의 상징이 될 것이다"라고 말했다. 딱정벌레, 비틀이라고 불리게 된 이 모델은 처음에는 '기쁨을 통한 힘의 자동차Kraft-durch-Freude-Wagen, KdF-Wagen'라고 불렸다. '기쁨을 통한 힘'은 독일노동전선 산하의 단체로, 노동자들에게 레저와 휴가를 지원하고 스포츠 및 문화 행사 등의 참여비를 할인했다. 이 단체 이름을 따서 자동차 브랜드명을 지었다. 나치의 선전 효과가 분명하게 드러났다. 하지만 연간 150만 대의 KdF 자동차가 생산될 계획이었으나 얼마 생산되지 못하고 1939년 9월 1일 제2차 세계대전이 발발했다. 이후 자동차 공장은 군수공장으로 전환됐다.

나치는 아우토반을 '아돌프 히틀러의 도로'로 부르고 철저하게 자신들의 업적임을 내세웠다. 그러나 원래 바이마르 공화국에서 고속도로 일부가 건설됐는데 나치가 집권 후 이 건설을 확대했고 이를 자신들의 업적으로 포장했을 뿐이다. 나치는 원래 최대 60만 명의 노동자 투입을 계획했으나 고속도로 건설에 노동자가 가장 많이 일했을 때가 12만 명 정도였다. 일부 구간에서는 더 많은 일자리를 만들려고 일부러 기계 장비 사용을 줄이기도 했다. 아우토반 건설에는 실업자 구제 이외에도 군 병력을 신속하게 이동케 하려는 군사적 목적도 있었다.

도로 건설과 함께 주택 건설과 주택 개량사업에 인력을 대규모로 투입해 실업자를 구제했다. 어쨌든 1933년 히틀러 집권 후 전국 각지에서 시작된 아우토반 건설로 실업자는 1월 600만 명에서 연말에는 400만 명으로 줄었다. 이후 주택 건설과 군수산업 투자가 늘면서 1935년에는 실업자 수가 100만 명으로 줄었고 1939년 제2차 세계대전 발발 직전에는 오히려 노동력이 부족하기에 이르렀다. 전쟁 준비로 남성들은 징집됐고 이 자리를 여성들이 채웠다.

건설과 자동차 산업에 투자해 경제를 회복한 나치는 군수산업 투자를 늘렸다. 집권 첫해 정부 예산에서 국방 예산은 5%를 차지했으나 1936년에 39%, 1938년에는 50%로, 6년 만에 무려 10배나 늘었다. 1936년부터는 전쟁에 대비해 화학 산업에 집중 투자하는 4개년 계획이 시작됐다. 히틀러는 당시 메모에서 1940년까지 전시 경제체제로 전환해야 한다고 지시했다. 전쟁 발발 시 봉쇄에 대비해 자급자족 능력을 갖추는 게 목표였고 철광석과 연료용 석유, 고무 등의 자급도를 높이는 데 집중됐다.

버터보다 대포를 좋아한 나치의 경제정책, 전시경제 구축에 총력을 다하다

그렇다면 나치는 도로 건설과 자동차 제조, 군수산업에 들어가는 막대한 자금을 어떻게 조달했을까? 그리고 정부가 시중에 돈을 많이 풀면 따라오는 물가상승은 없었을까?

한 나라의 경제규모를 나타내는 국민총생산GNP 지표에서 정부의 재정지출은 1932년 17%에서 1938년에는 33%를 차지해 나치 집권 전과 비교해 거의 2배 증가했다. 정부가 돈을 풀어 적자 재정을 감수하고 실업자를 구제했다. 대공황의 시기에 외국 자본이 독일에 유입되지 않았기 때문에 민간자금을 총동원하는 방법을 택했다.

나치는 집권 직후 노조를 파괴했기에 노동자들의 임금은 철저하게 통제됐다. 따라서 물가상승률을 감안한 실질임금은 나치 집권 후 경제가 회복됐음에도 하락했거나 정체됐다. 임금 상승이 억제되자 정부는 그만큼의 비용을 군수산업 투자 등에 활용했다.

기업 활동도 철저하게 정부의 손아귀에 놓여 기업의 신규 투자는 정부의 허가를 받아야 했다. 정부의 정책을 잘 따르는 기업에 세제혜택 등의 당근을 췄다. 전쟁에 필수적인 합성수지와 고무 등 군수산업에 투자하는 기업에 거액의 보조금이 지급됐다. 기업의 이윤과 배당금을 제한해 재투자를 위한 사내유보금 적립을 의무화했다. 기업의 신규주식 발행도 철저하게 통제됐다. 유보금으로 투자를 확대하는 기업은 세제상 특혜를 줬다. 이처럼 정부가 원하는 방향으로 기업의 투자 유인을 자극해 1938년에는 민간 투자가 공공투자를 앞질렀다. 4개년 계획 때 경제계획 장관이던 헤르만 괴링은 "버터보다 대포를 좋아한다."라고 말하면서 민생을 희생하더라도 군비 증강을 우선해야 한다고 투자 순위를 명시했다. 1928년 광업과 화학, 건설 등의 생산재 산업은 총 투자의 65.6%를 차지했으나, 10년 후 이 비중은 80%로 급증했다. 반면에 섬유와 의복, 음식 등의 소비재 산업 투자는 같은 기간에 34.4%에서 20%로 크게 줄었다.

정부가 적자 재정을 계속 감당하느라 돈도 많이 찍어냈다. 나치는 대기업 크루프와 지멘스, 라인메탈 등에 군수품 생산을 주문했고 현금 대신 '메포Mefo'어음으로 결제했다. '메포'는 정부가 출연한 금속연구소Metallurgische-Forschungsgesellschaft인데, 나치 정부는 수개월부터 최대 5년 사이에 결제해주겠다는 어음을 메포의 이름으로 발행했다. 기업들은 기한이 되면 이 어음을 중앙은행으로 갖고 가서 현금을 받았다. 메포 어음은 현금과 유사했지만 돈이 시중에 급격하게 불어나 물가가 급등하는 것을 최대한 늦출 수 있었다. 그러나 이런 조치에도 1938년에 물가가 급등세를 보이자 메포 발행은 중단됐다.

이후 정부는 군수 물자 대금을 지급하는 대신에 세금을 감면해주거나, 금융기관을 협박해 정부가 대출받아 기업에 결제하는 식으로 해결했다. 당시 금융당국은 전쟁에서 승리하면 이런 대금을 손쉽게 갚을 수 있으리라 여겼다.

전쟁에 대비한 경제체제였기에 1934년부터 국가가 무역을 독점했다. 남미 국가 등과 양자 무역협정을 체결해 그곳의 농산품과 원자재를 받고 독일의 공산품을 수출했다. 하지만 이런 정책에도 나치의 4개년 계획은 목표 달성이 어려웠다. 군수물자 생산은 늘었지만 대외무역은 줄었고 경제성이 낮은 국내자원 개발이 쉽지 않았다. 막대한 돈을 투자했음에도 고무 수요의 5%만이 독일이 자체 개발한 합성고무로 대체됐을 뿐이었다. 이제 생활공간을 확보하기 위한 전쟁에서 승리해야만 이런 문제를 해결할 수 있었다.

폭스바겐은 제2차 세계대전 중 주로 동유럽에서 끌고 온 유대인과 비유대인에게 강제노동을 시켰다. 공장 주위에 4개의 강제수용소를 운영했다. 우리가 알고 있는 벤츠와 지멘스, 바스프(BASF) 등 많은 독일 기업이 제2차 세계대전 때 강제노동을 활용했다. 독일과 독일이 점령한 동유럽 여러 나라에서 약 2,600만 명이 강제 노동에 동원됐다. 2000년 8월 독일 의회에서 '기억·책임·미래 재단 설립에 관한 법'이 통과됐다. 냉전 시기에 중동부 유럽에 거주해 보상받기 어려웠던 강제 노동자와 나치의 희생자들에게 개별 배상을 해주기 위해서다. 기억·책임·미래 재단 홈페이지 주소는 https://digitalarchive.wilsoncenter.org/topics/east-german-uprising 이다.

기억과 책임 미래
재단 홈페이지

베르사유 조약 폐기와 체코슬로바키아 병합까지, 제2차 세계대전 발발 전 나치의 외교정책

히틀러는 비무장 지대 라인란트로 진군해 베르사유 조약 폐기를 실천했다.
이후 오스트리아를 병합했고, 체코슬로바키아 내 독일인이 다수를 이루는
주데텐란트를 흡수한 이후 체코슬로바키아 전체를 합병하기에 이른다.
당시 영국과 프랑스, 이탈리아는 더 이상 병합은 없을 거라는 히틀러의 말만을
믿고 주데텐란트 합병을 허용했다. 이를 허용한 뮌헨 협정은 뮌헨의 배신,
혹은 독재자에 대한 유화정책의 대명사라고 비판을 받았다.

라인란트 진군, 첫 번째 도박 성공

히틀러는 공약한 대로 실업자를 구제했고 외교정책에서도
베르사유 체제를 점차 부수었다. 눈에 보이는 경제회복과 외교 분야
에서의 성공은 시민들의 나치 지지를 더 굳건하게 만들어줬다.

베르사유 조약에 의거해 독일 중서부 국경지대에 있던 자르_{Saar} 지
방은 15년간 국제연맹이 관할하게 됐고, 이후에는 주민투표를 통해
독일과 프랑스 중 어느 나라로 들어갈 것인지를 결정하기로 했다. 프
랑스는 전쟁 배상금과 함께 독일 경제를 약화하기 위해, 그리고 전략
자원이 필요해서 이 지역의 광산 채굴권을 차지했다. 프랑스는 이처
럼 자르를 자국 경제권에 편입시키려고 공을 들였으나 이 지역 주민
들의 정서는 정반대였다.

1935년 1월 실시된 자르 지방의 국민투표에서 90.8%의 주민들이
독일 잔류를 결정했다. 15년간 국제연맹의 통제에 됐지만 사실상 프
랑스가 이 지역을 운영했다. 프랑스의 노력이 수포로 돌아갔다. 그만

큼 독일 시민들 상당수는 베르사유 조약에 불만이 많았다. 국경 지대가 다시 독일로 귀속되자 안보 우려를 느낀 프랑스는 1935년에 소련과 상호 원조 동맹을 체결했다. 이때다 싶어 히틀러는 원조 동맹이 독일 안보를 위협한다며 베르사유 조약이 금지한 징병제를 도입했고 공군을 보유하고 있음을 대외적으로 공표했다. 그리고 1936년 3월 7일 독일군이 라인란트에 들어갔다.

라인란트 진군은 히틀러에게 하나의 군사적 모험이었다. 라인강 왼쪽 기슭의 라인란트는 독일과 프랑스가 군사적으로 대치하는 전략 지역이다. 베르사유 조약으로 프랑스는 15년간 이곳에 군대를 주둔할 권리를 확보했으나 슈트레제만 외무장관의 협상으로 1930년 프랑스는 군대를 철수했다. 이후 이 지역은 비무장지역으로 남았으나 나치가 볼 때 서부전선 방어의 핵심인 이 지역을 언제나 공백으로 둘 수 없었다. 독일군이 라인란트에 진군해 베르사유 조약이 휴지통으로 들어갔지만 영국과 프랑스는 통상적인 외교적 항의에 그쳤다. 직후에 독일은 이탈리아의 무솔리니 정부와 베를린-로마 주축동맹, 일본과는 그해 11월에 반反코민테른 조약을 체결했다. 코민테른Comintern은 Communist International의 약자로 소련이 1919년 설립해 세계 각 지역에 공산주의 혁명을 전파하려 했다. 독일은 이탈리아 및 일본과 조약을 체결해 반소련 노선을 명확하게 드러냈다. 1936년 외교적 도박에서 이긴 히틀러는 본격적인 전쟁 준비를 위해 4개년 경제계획을 시작했다.

히틀러는 앞으로 프랑스와의 전쟁에서 영국의 개입 여부가 전쟁의 승패를 가를 수 있다고 보고 영국과 관계 개선을 도모했다. 당시 영국주재 독일 대사 리벤트로프Joachim von Ribbentrop는 공산주의 봉쇄를 위해 두 나라의 동맹이 필요하다고 영국 측에 접근했으나 실패했다. 유럽의 균형을 외교정책의 기조로 삼은 영국은 소련의 약화, 독일의 강화가 세력균형을 깨트린다고 봤다. 또 독일과 일본의 동맹 때문에 아시아에서 영국의 식민지 이익이 침해될 것을 우려했다.

오스트리아 병합과 체코슬로바키아 병합

라인란트 진군으로 외교적 도박에 성공한 히틀러는 자신감을 얻어 더 큰 도박을 감행했다. 그는 '민족자결원칙'을 내세우며 독일어를 사용하는 다른 나라로 눈을 돌렸다. 첫 번째 대상은 오스트리아였다. 프로이센의 비스마르크가 주도한 소독일주의 통일에서 배제된 오스트리아는 제1차 세계대전 후 오스트리아-헝가리 제국을 잃고 작은 나라로 전락했다. 이후 오스트리아는 독일어를 사용하는 사람들이 주축이 되어 매우 '독일적'으로 변했다. 오스트리아 내에는 독일과의 합병을 원하는 시민들이 많았다. 그러나 제1차 세계대전 후 승전국은 생제르맹 조약을 통해 오스트리아가 국제연맹 이사회의 동의 없이 타국에 주권을 양도하지 못하도록 통제했다. 그런데 1938년 2월 오스트리아에서 나치당이 정권을 잡았고 이들은 히틀러에게 병합을 요청했다. 그해 3월 12일 히틀러 군대는 오스트리아에 무혈 입성했다.

체코슬로바키아의 주데텐란트Sudetenland에는 350만 명 정도의 독일인이 거주했다. 이들은 중앙정부에 자치권 확대를 요구했으나 체코슬로바키아 정부는 그들의 요구를 거절하고 군 동원령을 내렸다. 히틀러는 이 지역 독일인 보호를 명분으로 무력 개입할 수밖에 없다고 공표했다. 전쟁 발발의 위기가 조성되자 영국과 프랑스는 체코슬로바키아 정부에 주데텐란트 자치권 부여를 권유했다. 영국과 프랑스는 이 문제를 평화적으로 해결하기 위해 히틀러를 찾아갔다.

1938년 9월 29일부터 이틀간 뮌헨에서 회담이 열렸다. 영국의 체임벌린 총리와 프랑스의 에두아르 달라디에, 이탈리아의 베니토 무솔리니 총리가 참석했다. 체임벌린 총리가 주도적인 역할을 하여, 독일의 주데텐란트의 흡수를 허용하되 체코슬로바키아 영토를 더는 독일이 요구하지 않을 것이라는 약속을 받아냈다. 그러나 히틀러는 이듬해 3월 나머지 체코슬로바키아 지역을 강제로 합병했다. 이런 이유로 뮌헨 협정은 흔히 '뮌헨의 배신'이라고도 불린다. 또한 유럽의 강대국들은 약소국 체코슬로바키아를 히틀러에 팔아넘겼다는 비판을 받았다.

히틀러 집권 후 나치 독일의 주요 사건

1933년 10월	독일의 국제연맹 탈퇴
1935년 1월	자르 지방 주민투표에서 90.8%가 독일 잔류를 결정
1936년 3월	독일군이 라인란트에 진군
1936년 10월	독일-이탈리아의 상호 우호조약 체결
1936년 11월	독일-일본의 반코민테른 조약 체결
1938년 3월	독일의 오스트리아 합병(안슐루스)
1938년 9월	뮌헨회담에서 히틀러의 주데텐란트 합병이 인정됨
1939년 3월	독일의 체코슬로바키아 전역 합병

지도10 1933~1939년 나치 독일의 팽창 과정

체임벌린 총리는 독재자에게 끌려다녀 히틀러의 야욕을 더 키웠기 때문에, 유화정책을 실시한 대표적인 정치인으로 집중적으로 비판을 받았다. 하지만 당시에는 제1차 세계대전이 종결된 지 20년이 채 되지 않았고 대공황도 겨우 극복해 나가는 마당에 또 다른 전쟁은 막아야 한다는 여론이 영국에서 우세했다. 베르사유 조약이 독일에 너무 가혹했고 이에 영국도 일말의 책임이 있다는 인식도 있었다. 영국에서 재무장이 지지부진했던 것도 이런 이유 때문이었다.

평화를 갈망했으나 결국 독재자의 야욕을 더 키워줘 또 다시 대참화를 야기했다는 질타가 계속되자 체임벌린은 1940년 5월 총리직에서 사임했다. 이후 영국은 윈스턴 처칠 총리가 주도하는 거국 내각이 구성돼 제2차 세계대전을 맞았다. 처칠은 체임벌린의 유화정책에 맹공을 퍼부으며 대독일 강경정책을 요구했다.

나치는 정권을 획득한 후 새 정부를 제3제국(Das Dritte Reich)이라 불렀다. 독일사에서 신성로마제국이 제1제국, 비스마르크가 통일한 독일이 제2제국이 된다. 우파 이론가이자 문화사가 아르투어 묄러 판 덴 브루크(Arthur Moeller van den Bruck, 1876~1925)가 1923년 『제3제국』이란 책을 출간했는데, 이 책을 통해 바이마르 공화국의 혼란 속에서 의회 민주주의와 자유주의를 배격하고 민족주의를 찬양했다. 나치는 그의 아이디어를 수용했으나 브루크는 히틀러가 열정만 있고 지성이 부족해 지도자감이 아니라고 봤다.

히틀러, 전격전과 파리 점령으로 전쟁 초반의 승기를 잡다

나치는 동프로이센으로 가는 회랑으로 단치히가 필요하다는 명분을 내세워
폴란드를 공격해 5주 만에 폴란드의 항복을 얻어냈다.
1940년 5월 역시 이 전술로 프랑스를 압도해 파리를 점령하기에 이른다.
그러나 1940년 7월 초부터 10월 말까지 영국의 하늘에서 벌어진
'영국 전투'에서 영국 공군은 레이다를 중심으로 한 조기경보 시스템과
우수한 공군 전력으로 독일 공군을 물리쳤다.

폴란드 분할 점령 후 파리 진군까지

1940년 7월 6일 베를린의 빌헬름 광장. 수십만 명의 베를린
시민들이 모여 "하일, 히틀러!"를 외치며 환호했다. 총리실 발코니에
선 히틀러는 손을 흔들며 열광하는 시민들에게 화답했다. 2주 전, 총
통은 파죽지세로 파리를 점령하고 베를린으로 돌아왔다. 제1차 세계
대전 때 4년 넘게 시도했으나 실패했던, 프랑스 수도 정복을 히틀러
의 군대는 4주 남짓 만에 성공했다. 이 성공으로 독일은 제1차 세계
대전 후 프랑스가 독일에 강요했던 베르사유의 치욕에서 말끔히 벗
어났다. 당시 시민들의 환호는 하늘을 찌를 기세였다. 아울러 이날은
1939년 9월 1일 독일의 폴란드 침공으로 시작돼 5년 8개월 넘게 계
속된 제2차 세계대전에서 가장 극적인 순간이었다.

오스트리아와 체코슬로바키아를 손쉽게 얻은 히틀러의 다음 목표
는 폴란드였다. 베르사유 조약으로 독일은 일부 영토를 상실했다. 그
때 동프로이센 지역이 독일 영토와 사실상 단절된 월경지가 되었다.

폴란드가 관할 중인 단치히를 통과해야 동프로이센에 갈 수 있었다. 단치히 거주 주민의 90%가 독일인이었기에 총통은 이번에도 독일인 보호를 내세워 단치히 반환을 요구했다. 폴란드가 이를 거부하자 독일이 전격적으로 침공해 제2차 세계대전이 발발하게 된다.

독일군은 급강하 폭격기와 탱크 등을 앞세워 폴란드에 물밀듯이 들어갔다. 육군과 공군이 무전으로 통신하며 합동작전을 실행했는데, 기갑부대가 공군의 지원을 받아 정확한 포격을 가할 수 있었다. 합동작전으로 폴란드 주요 도시를 쑥대밭으로 만든 후 보병이 들어가는 전투방식이다. 나치는 재무장 기간에 이런 전격전 전술을 준비했고, 폴란드전에서 처음 활용하여 전쟁을 승리로 이끌었다. 당시 독일 육군과 공군의 무전통신은 첨단 기술이었고 미국과 영국, 프랑스 등의 연합군은 전쟁 막바지인 1944년 7월에야 이게 가능해졌다.

며칠 후에 소련도 폴란드 동부를 침공했다. 1939년 8월 말에 독일과 소련은 비밀리에 체결한 불가침조약에서 폴란드를 양분하기로 했다. 이 조약으로 독일은 양면 전쟁에서 당분간 벗어날 수 있었다. 영국과 프랑스는 독일의 폴란드 침공 시작 이틀 후, 9월 3일에 독일에 선전포고했다. 폴란드는 그해 10월 6일 항복했다. 폴란드 동부는 소련이, 서부는 독일이 점령해 폴란드는 또다시 전 국토가 외세에 점령된 비운을 겪게 됐다. 히틀러는 협상과 공격 전술을 동시에 사용하며 영국을 상대했고, 다음 목표인 프랑스 공격에 나서게 된다. 먼저 1940년 4월에 노르웨이와 덴마크를 정복해 북해 방어선을 구축하고 군수산업에 필요한 철광석도 확보했다. 이어 5월 9일 베네룩스 삼국과 프랑스 침공에 나섰다.

당시 프랑스군은 독일이 벨기에 네덜란드를 거쳐 국경도시 스당에 도달하는데 3주 정도 걸릴 것이라고 예상했으나 독일군은 단 사흘 만에 파죽지세로 국경에 당도했다. 비법은 병사들이 복용한 각성제였다. 독일 탱크(기갑)부대 병사들은 페르피틴Pervitin, 퍼버틴을 복용하여 3일간 잠을 자지 않고 탱크를 몰면서 전진할 수 있었다. 이 약은 중추신경계를 흥분시켜 자신감을 높이고, 집중력을 높이며, 허기·갈증·수면욕을 줄여준다. 1940년 4월부터 4달간 독일 병사들은 약 3,500만 개가 넘는 페르피틴을 복용했다. 당시 프랑스 전선에 투입된 독일 병력은 300만 명 정도, 병사 한 명이 10개가 넘는 알약을 복용했던 셈이다.

　　독일군은 이번에도 전격전을 실행해 하루에 평균 40km 넘게 돌진했다. 5월 말 칼레의 인근 항구 됭케르크에 40만 명 정도의 영국군, 프랑스군 등이 고립됐다. 5월 10일 총리가 된 영국의 처칠은 최선을 다한다면 약 45,000명 정도 구조가 가능하다고 생각했다. 포위된 군인 구조에 영국의 전 역량이 동원됐다. 어선과 화물선, 소형선박까지, 영국 시민들이 자발적으로 구조에 나섰다. 독일 기갑부대와 공군의 폭격이 빗발치는 가운데 5월 26일부터 6월 4일까지 약 34만 명의 영국군과 프랑스군이 영국 본토로 무사히 탈출했다. 이때 탈출한 병사들이 4년 후 노르망디 상륙작전 등에서 혁혁한 전과를 올렸다. 처칠 총리는 "결코 항복하지 않을 것이다."라며 사기를 북돋워 철군 작전을 승리를 위한 총력전의 동력으로 바꿨다. 크리스토퍼 놀란 감독의 〈덩케르크〉는 당시 긴박했던 순간을 묘사한 수작으로 꼽힌다.

영국 역사에서 가장 멋진 순간, 영국 본토 항공전

프랑스는 파리가 파괴되는 것을 막으려고 6월 22일 나치에 항복했다. 히틀러는 1918년 독일 제국이 휴전에 합의했던 바로 그 치욕의 자리 콩피에뉴Compiègne에 프랑스 대표단을 불러들였다. 파리 교외의 이곳에서, 독일이 패전국으로 항복 서명을 했던 열차를 끌어와, 그 열차의 식당 칸에서 항복 문서에 서명케 했다. 이렇게 치욕을 그대로 갚아준다는 것을 대내외에 과시했다. 이후 베를린으로 돌아간 히틀러는 글 첫머리에 소개한 대로 최고의 순간을 맛봤다.

독일은 이제 홀로 대항 중인 영국 침공을 준비했다. 점령한 프랑스 북부 항구에 영국 침공에 필요한 탱크와 전차 등의 각종 무기와 약 50만 명의 병력을 집결했다. 그러나 하늘에서 막혔다. 됭케르크 철군 다음 달인 1940년 7월 초부터 10월 말까지 영국의 하늘에서 독일 공군과 영국 공군 간의 혈투가 벌어졌다. 독일 공군의 전투기는 2,500대가 넘었고, 영국 공군은 2,000대에 미치지 못했다. 독일 공군은 잉글랜드 남부 해안의 항만과 호송 선단, 그리고 런던을 비롯한 주요 도시까지 공습을 감행했다. 9월 7일 독일의 런던 대공습에서는 버킹엄 궁 일부가 파괴되기도 했으나 본토 항공전에서 영국이 승리했다. 영국 공군은 레이다를 핵심으로 한 조기 경보시스템을 효과적으로 운영했다. 동서 해안에 110m 높이의 비행기 전파 탐지탑 21대를 설치했는데, 193km 떨어진 비행기도 탐지할 수 있었다. 또 해안에 비행기 탐지병들이 배치돼 레이다가 놓칠 수 있는 독일 전투기와 폭격기의 위치를 즉각 보고해 영국 공군은 효과적으로 대응할 수 있었다.

처칠을 중심으로 한 국민들의 열렬한 지지를 받은 영국 조종사들은 전투력도 우수했다. 영국 공군의 스핏파이어Spitfire 전투기 1대가 독일 전투기 2대를 격추하곤 하였다. 영국은 가장 어려운 전투에서 승리했다. 처칠 총리는 "전쟁사에서 이처럼 적은 사람이 이처럼 많은 사람을 구한 적이 없었다."라고 참전 용사들을 극찬했다. 공중전에서 패배한 히틀러는 소련 침공에 나서게 된다. 영국 역사에서 이 본토 항공전은 '가장 멋진 순간the finest hour'으로 불린다. 유럽 대륙의 많은 나라들이 히틀러의 군홧발에 짓밟혔지만 영국은 히틀러의 침공을 저지했다. 영국 침공에 실패한 히틀러는 프랑스 북부에 배치한 군을 옮겨 소련 침공을 준비하게 된다.

영국은 본토 항공전을 해마다 크게 기념한다. 또 BBC와 같은 지상파 방송은 이와 관련한 다큐멘터리를 종종 방송한다.

히틀러의 소련 침략과 대미 선전포고, 제2차 세계대전의 승패를 결정하다

히틀러는 1941년 6월 말 소련을 전격적으로 침공했으나 스탈린그라드 전투에서 패배해 패망의 길에 접어들었다. 또 일본의 진주만 공습 후 미국에 선전포고를 했는데, 이는 제2차 세계대전의 승패를 가른 결정적인 순간이었다.

히틀러 패망의 시발점이 된 스탈린그라드 전투

"소련군은 베를린으로 진격하지 않을 것이다."

1945년 4월 1일 소련의 스탈린은 미국의 루스벨트 대통령과 영국의 처칠 총리에게 위의 내용을 담은 전보를 쳤다. 당시 소련 군대는 베를린을 미영보다 먼저 점령하려고 막바지 준비를 했었다. 미군과 영국군의 독일 내 진군이 빨라지자 다급함을 느낀 스탈린은 이런 거짓말을 퍼트리기까지 했다. 소련군은 250만 명의 병력에 전투기와 탱크 각각 7,000대, 대포 40,000문을 동원해 베를린을 공략했다. 독소 불가침 조약으로 연기됐던 소련 침공이 시작되면서 독일은 제1차 세계대전 때처럼 동부와 서부, 두 전선에서의 전쟁을 치러야 했다. '붉은군대'는 5월 2일 폐허가 된 베를린의 제국의회 의사당에 붉은 깃발을 꽂았다. 히틀러가 1941년 6월 22일 새벽 '바르바로사 작전'으로 소련을 기습 침공한 이후 3년 10개월 만에 나치는 패망했다. 히틀러는 4월 30일 동거 중이던 에바 브라운과 함께 베를린의 지하 벙커에서 자살했다.

히틀러는 불가침 조약으로 소련 침략을 잠시 연기했을 뿐 소련과 유대인은 하나로 간주했고, 소련을 점령해 유럽 문명을 보호해야 한다고 판단했다. 나치는 공산주의자를 파괴해야 할 거대한 악으로 간주했다. 그는 4개월 안에 소련을 굴복시킬 수 있다고 생각했었다. 개전 초기에 독일군은 전격전을 펼쳐 성공하는 듯했으나 그해 12월 들어 더 이상 진격할 수 없었다. 소련의 혹독한 겨울 날씨에도 불구하고 독일군은 아무런 준비도 하지 않았다. 긴 보급로에 따른 문제점과 통신망 두절로 어려움에 빠졌다. 소련군은 후퇴하면서 독일군이 쓸 만한 모든 것을 파괴했다. 1812년 6월 러시아 정복을 시도했던 나폴레옹이 겪은 문제와 똑같은 문제를 독일군도 겪게 됐다. 동부전선에서의 교착상태는 스탈린그라드 전투에서 깨졌다. 1942년 8월 23일부터 이듬해 2월 2일까지 5개월 넘게 치러진 이 전투에서 독일군은 패배해 소련에서 후퇴하게 된다. 이는 제2차 세계대전에서 결정적인 전환점이 된 전투다.

1942년 봄, 독일은 전쟁을 계속하기 위해 소련 남부의 코카서스 유전이 필요했고 이곳으로 진군하던 중 스탈린그라드를 주목하게 된다. 그 도시는 볼가강 위에 있는 전략적 요충지로 탱크와 주요 군수공장이 있었다. 따라서 여기를 점령하면 소련의 보급망을 차단할 수 있었다. 또한 그 도시는 스탈린과 각별한 인연이 있다. 그곳은 1917년 10월 혁명 후 발발한 내전에서 스탈린이 싸워 탈환한 도시로, 그래서 이름도 '스탈린의 도시'로 지었다. 히틀러는 최대의 적 스탈린의 이름을 딴 도시를 그냥 놔둘 수 없었다.

독일은 약 600대의 폭격기, 그리고 수백 대의 탱크로 전투 초기에 기선을 제압했고 11월 초 도시의 90%를 점령했다. "어떤 희생을 치르더라도 도시를 사수하라."라는 스탈린의 명령을 받은 소련군은 계속해서 버티며 지원군을 기다렸다. 11월 19일 100만 명의 소련군이 독일의 전격전 방식으로 사방에서 반격을 개시했다. 소련군은 특히 측면을 집중적으로 공격해 나흘 만에 독일군을 포위했다. 전쟁 중 루마니아와 헝가리, 이탈리아 출신 장병을 징집했는데, 하필이면 그들이 좌우 양쪽에 배치됐으며 무기나 보급 수준이 중앙에 배치된 독일군보다 형편없었다. 소련군은 이 약점을 파고들어 전격전으로 30만 명의 독일군을 독 안에 든 쥐로 만들었다. 독일군은 이번 전투에서도 신속하게 승리를 과신해 겨울 준비를 전혀 하지 않았다. 포위된 독일군을 지원하러 왔던 육군과 공군도 소련군에게 격퇴당했고, 결국 독일의 파울루스 사령관은 항복했다. 소련군 약 100만 명, 독일을 비롯한 추축국 약 80만 명, 시민까지 합하면 모두 약 200만 명이 숨진 것으로 추정된다. 스탈린그라드 전투는 제2차 세계대전에서 가장 많은 사상자를 낸 전투다. 91,000명이 넘는 독일군이 포로가 됐고 5,000명만 살아서 귀국했다. 두 독재자의 허영으로 너무 많은 인명이 사라졌다. 동부전선에서 승기를 잡은 소련군은 베를린으로 진군하기 시작했다. 나치의 몰락은 이제 시간문제일 뿐이었다.

미국의 루스벨트와 영국의 처칠, 소련의 스탈린은 1943년 11월 28일부터 나흘간 테헤란에서 만나 독일에 진군하기 위한 제2전선을 다음 해 6월 1일까지 열기로 합의했다. 이 회의에서는 또 독일군의 항복 후 소련이 일본에 선전포고를 해 태평양 전쟁에 참전하기로 결정됐다. 이 합의에 따라 1944년 6월 6일 미국과 영국, 캐나다 등의 연합군은 노르망디에 상륙을 감행했고 그해 8월 25일, 4년 2개월 넘게 독일군이 점령했던 파리가 연합군에 의해 해방됐다.

미국은 1941년 12월 7일 일본의 진주만 공습으로 제1차 세계대전과 마찬가지로 다시 한번 유럽의 전쟁에 참전하게 된다. 처칠은 진주만 공습 이전에도 미국에 계속해서 참전을 권유했었다. 또 처칠은 히틀러의 소련 침공 직후 바로 소련에 군수물자를 지원했다. 공산주의자를 증오한 그였지만 더 큰 적 나치 격퇴를 위해 소련과 손을 잡았고 루스벨트 대통령도 설득해 미국이 대규모의 군수물자를 소련에 지원하게끔 유도한다. 루스벨트 대통령은 1941년 3월 무기대여법을 제정했고, 영국과 소련 등 동맹국들에 무기와 식량 등을 지원했다. 소련은 영국 다음으로 이 지원을 많이 받은 나라였다. 제2차 세계대전이 끝날 때까지, 소련은 11,000대가 넘는 항공기, 7,000대가 넘는 탱크를 지원받아 나치 전선에 투입했다.

스탈린은 사상 최대의 만우절 거짓말로 평가된 전술을 써가면서 베를린을 서방 연합군보다 먼저 접수했다. 제2차 세계대전 후 동독 지역을 소련, 서독 지역을 미국과 영국, 프랑스가 분할 점령하기로 합의했고, 베를린은 수도라는 특성상 4개국이 나눠 점령하기로 합의됐다. 그런데 그는 스파이를 이용해 독일이 1945년 2월 원자탄 실험을 했음을 알고 이를 탈취하고자 했다. 실험이 진행된 카이저 빌헬름 연구소는 미군 점령지역에 있었기에 미군보다 빨리 도착해야 핵 실험

자료와 과학자들을 손에 넣을 수 있었다. 소련의 독재자는 핵 실험 자료를 손에 넣었다. 베를린의 지정학적 중요성을 간파한 처칠은 미국을 설득해 베를린 진군을 서두르려 했으나 막혔다. 당시 연합군 최고사령관 아이젠하워 장군은 베를린 정복에 10만 명의 병사를 희생시킬 수 없다며 수도 진군을 서두르지 않았다. 아이젠하워는 베를린의 지정학적 중요성보다 인명을 더 소중하게 여겼다.

제2차 세계대전 주요 사건

1939년 8월 23일	독일-소련의 불가침조약(독소조약) 체결
1939년 9월 1일	독일, 폴란드 침공(제2차 세계대전 발발)
1940년 4월 9일	독일, 덴마크와 노르웨이 점령
1940년 6월 22일	나치 독일과 프랑스의 휴전, 독일군의 파리 점령
1941년 6월 22일	독일, 소련 침공
1942년 8월 ~1943년 2월	스탈린그라드 전투에서 소련이 승리
1943년 11월 28일 ~12월 1일	테헤란 회담 결과, 1944년 6월 1일까지 제2전선을 열기로 합의
1944년 6월 20일	히틀러 제거 쿠데타가 5시간 만에 실패
1944년 8월 25일	미영 연합군의 파리 해방
1945년 5월 2일	소련군, 베를린 제국의회 의사당에 적기 게양
1945년 5월 7일	독일군, 연합군에 무조건 항복 이후 5월 8일 항복 문서에 서명

제1, 2차 세계대전은 산업혁명 후 총력전으로 진행됐다. 참전국들은 국가역량을 총동원했다. 소련의 경우 100만 명 정도의 여성이 참

전했는데 이 가운데 절반은 조종사나 저격수로 직접 무기를 들었다. 제1차 세계대전 사망자는 군인과 민간인을 합쳐 약 4,000만 명 정도다. 제2차 세계대전에서는 더 많은 사람이 숨졌다. 유럽의 이 두 번째 '내전'에서 약 7,000만~8,500만 명의 군인과 민간인이 숨졌다. 소련의 경우, 전체 인구의 13%, 군인과 민간인 약 1,887만 명이 희생된 것으로 추산한다. 이는 총사망자 수와 인구 비율에서 제일 높은 수치이다. 독일도 전체 인구 가운데 11% 정도, 군인과 민간인을 합해 대략 690만 명이 목숨을 잃은 것으로 추정한다. 유럽은 자기 파괴적인 두 차례 내전으로 쇠잔해졌다. 제2차 세계대전 이후 유럽은 국제무대에서 변방의 자리로 밀려나게 됐다.

소련의 희생은 인명뿐만이 아니다. 에릭 홉스봄에 따르면 소련은 제2차 세계대전으로 전쟁 전 자본의 25%가 파괴돼 피해가 가장 컸다. 독일이 13%, 이탈리아 8%, 프랑스 7%, 영국은 3%만 손실을 입었다. 반대로 미국은 경제적 측면에서는 가장 큰 수혜자로, 제2차 세계대전 때 한 해에 경제성장률이 10%를 넘었다. 두 번의 세계대전은 의도하지는 않았지만 미국의 경제를 세계 으뜸으로 세웠다.

제2차 세계대전이 연합국의 승리로 끝난 것은 미국뿐만 아니라 인적 그리고 물적 손실이 가장 컸던 소련의 공이 크다. 스탈린은 1930년대 소비재 산업을 등한시하고 중공업 우선의 산업화를 단행했다. 이런 산업적 기반을 갖춘 소련이 미국의 지원을 받아 동부전선에서 큰 희생을 치러 히틀러 격퇴가 가능했다.

홉스봄을 비롯한 많은 역사가가 제2차 세계대전의 승패를 결정한 것은 히틀러의 소련 침략과 대미 선전포고였다고 결론지었다. 소련

만으로도 벅찼던 독일이 왜 구태여 1941년 12월 11일 미국에까지 전쟁을 선포했을까? 그해 12월 7일 일본이 진주만을 기습 공격한 후 미국은 일본과의 태평양전쟁에 상당수의 역량을 투입했다. 1940년 9월 말 독일과 이탈리아, 일본 간에 체결한 삼국 조약(베를린 조약)은 방어 조약이지만 동맹국이 전쟁을 할 경우 군사개입에 관해서는 모호했다. 히틀러의 대미 선전포고로 유럽에 국한된 전쟁이 세계 전쟁이 됐다. 히틀러는 당시 군부 등과 상의하지 않고 즉흥적으로 미국에 전쟁을 선포했다. 미국의 프랭클린 루스벨트 대통령은 영국과 프랑스 등을 지원하고 싶었지만 미국 내 참전 반대가 너무 거셌다. 그런데 히틀러의 대미 선전포고는 미국에서의 이런 반대를 일거에 없앴다. 독일이 미국에 선전포고를 한 날, 처칠은 "이제 전쟁에서 이겼군."이라는 말을 했다고 한다. 역사가들은 히틀러가 미국이 제대로 무장을 갖추기 전에 미국을 마비시켜 세계를 장악하려는 과대망상에 걸린 것으로 해석하기도 한다.

해마다 5월 9일 모스크바의 붉은 광장에서는 장대한 군사 퍼레이드가 펼쳐져 탱크와 대포, 미사일 등 러시아의 첨단 무기들을 선보인다. 과거 소련과 현재의 러시아는 히틀러의 파시스트 정권을 굴복시킨 제2차 세계대전의 영광을 기억하고 추모했다.

히틀러 없이
홀로코스트가 가능했을까?

일부 홀로코스트 부인론자들은 히틀러가 유대인 집단학살에 관여한 증거가 없다고
주장했으나 이는 사실이 아니다. 제1차 세계대전과 다르게 제2차 세계대전은
나치의 인종주의로 무장된 이념전쟁이었다.

홀로코스트를 부인한 역사 저술가,
데이비드 어빙

"히틀러는 1943년 말까지 홀로코스트를 전혀 몰랐고 명시적으로
유대인 학살을 지시한 적이 없다."

영국의 역사 저술가 데이비드 어빙David Irving은 1977년 출간한 『히
틀러의 전쟁Hitler's War』이라는 책에서 이렇게 주장했다. 히틀러가 지시
했다는 명확한 문서 증거를 제시하는 사람에게 1,000파운드를 주겠
다고 기회가 있을 때마다 발언했다. 어빙은 한술 더 떠, 나치의 유대
인 학살 가스실은 없었고 600만 명이 아니라, 훨씬 적은 수의 유대인
이 죽었다고 말했다. 이 책은 출간된 해에 영국과 독일에서 베스트셀
러가 됐다.

미국의 역사학자 데보라 립스탯Deborah Lipstadt이 펜을 들어 그를 저

격했다. 그는 1994년 『홀로코스트 부인하기: 점증하는 진실과 기억에 대한 공격Denying the Holocaust: The Growing Assault on Truth and Memory』을 출간하며 어빙이 근거로 제시한 자료 해석의 문제점을 집중적으로 해부했다. 두 사람 간의 법정 투쟁이 시작됐다. 어빙은 데보라 교수가 자신을 홀로코스트 부정론자로 낙인찍어 책이 팔리지 않아 생존이 어렵다며, 데보라 교수를 비방죄로 기소했다. 지루한 소송 끝에 데보라가 2000년 4월 승소했다. 그런데 어빙의 언행은 여기서 끝나지 않았다. 홀로코스트 부정론자는 소송에서 진 후에도 유럽 여러 나라를 다니며 주장을 굽히지 않았다. 그런데 독일과 오스트리아, 프랑스 등에서 홀로코스트 부인은 범죄다. 그는 2006년 오스트리아 법 위반 혐의로 징역형을 구형받고 복역했다. 복역 이후에도 어빙은 아직도 자신이 '진짜 역사'의 증인인데, 친유대적인 음모론자 때문에 희생됐다고 주장한다.

이 재판에서 케임브리지 대학교 역사학과의 리처드 에반스Richard Evans 교수는 "어빙은 역사가들이 갖춰야 할 학문적 수준에 크게 떨어져 역사가라고 불릴 자격이 없다."라고 결론지었다. 그가 의도적으로 원자료를 왜곡하고 잘못 번역했으며 역사적 통계를 위조했다는 것이다. 에반스 교수는 립스탯 교수를 위해서 학계 전문가의 보고서를 작성했다. 수년간 계속된 이 재판은 언론에 크게 보도되며 안팎의 주목을 받았다. 이 사건은 홀로코스트를 부인하거나 망각하는 사람들에게 계속해서 경각심을 일깨워준다.

인종전쟁이었던 제2차 세계대전

제2차 세계대전은 '인종전쟁'이었다는 점에서 제1차 세계대전과 크게 다르다. 제1차 세계대전이 유럽 강대국 간의 패권을 차지 혹은 유지하기 위한 전쟁이었다면 제2차 세계대전은 나치의 인종주의로 무장된 이념전쟁이었다. 당시 유럽에 거주하던 유대인의 2/3가 나치에 의해 죽임을 당했다. 그렇다면 히틀러는 왜 유대인을 지구상에서 사라져야 할 인종으로 여기고 홀로코스트를 저질렀을까?

중세부터 유대인은 전염병과 같은 재해의 원인으로 지목돼 희생양이 되어왔다. 1348~1351년 유럽을 휩쓸었던 흑사병으로 유럽 인구의 절반 가까이가 숨졌다. 당시 일부에서는 유대인이 우물에 독을 풀어 병이 생겼다는 소문이 퍼지면서 스페인과 프랑스, 독일, 스위스 등 유럽에 거주한 수만 명의 유대인들이 희생됐다. 이런 광란의 바탕에는 반유대주의적 기독교 전통이 있었다. 유대인은 고리 대금업자, 배신자, 기독교에 반항하는 위험한 음모자라는 고정관념이 계속 확산됐다. 19세기 말에는 경기침체와 함께 민족주의 정서가 팽배해지면서 반유대주의가 유럽 각국에서 더 광범위하게 확산됐다. 국제주의와 평화주의, 민주주의, 마르크스주의와 같은 새로운 사상의 배후에 유대인이 있다고 간주됐다.

이런 상황에서 독일에서는 제1차 세계대전 패배가 유대인 때문이라는 음모설이 생산되고 전파됐다. 1918~1919년 독일에서 빈번하게 발생했던 공산주의자·사회주의자 봉기에서 로자 룩셈부르크와 카를 리프크네히트와 같은 유대인 지도자들이 있었다. 더불어 1917년 10월 러시아 혁명에서 트로츠키와 같은 유대인 지도자들의 역할이 확대 및 해석되어 [유대인=공산주의자]라는 잘못된 고정관념이 진실로 둔갑되어 퍼졌다. 히틀러는 이런 편견을 광적으로 흡수해 나치당의 공식 강령으로 만들었다. 그는 『나의 투쟁』에서 국가의 목적을 독일 민족의 인종적 순수성을 유지하는 것이라고 규정했다.

인종 개념은 무엇보다도 혈통을 근거로 판단된다. 인종적으로 가장 우수하고 동질적인 독일 민족만이 제국을 세울 수 있는데 타락한 유대인이 가장 큰 적이다. 히틀러가 보기에 소련은 유대인에 의해 오염된 나라로 다른 나라를 오염시키는 병균의 진원지였다. 따라서 '유대인과 공산주의의 파괴'를 히틀러 본인의 임무로 여겼다. 유대인과 슬라브족 병균을 제거한 땅에 아리아인이 생활공간을 확보해 거주할 수 있다. 히틀러는 이런 시각에서 본인을 서구 문명을 수호하는 투사

제2차 세계대전 당시 지역별 유대인 희생자 통계

	유대인 희생자 추정 인구 단위: 명	해당 지역 유대인 인구 중 희생자 비율
폴란드	300만	90%
소련	90만	28%
헝가리	30만	75%
루마니아	27만	34%
나치 독일 영역	31만	50%
베네룩스 삼국	13만	56%
그리스	6만	81%
유고슬라비아	6만	80%

로 이해했다. 따라서 유대인 학살은 독일이 유럽을 지배하기 위한 전제조건이었다.

승자의 재판, 뉘른베르크 전범재판

1942년 1월 20일 베를린의 반제Wannsee 호숫가에 있는 한 대저택으로 히틀러 정권의 실세들이 속속 모여들었다. 제국보안본부 본부장(친위대 부대장) 라인하르트 하이드리히Reinhard Heydrich는 회의를 주재하며 유럽 전역에서 유대인 문제 최종 해결을 위한 업무 조정안을 제시했다. 내무부와 법무부, 외무부, 폴란드 점령지에서의 대표들이 참석했다. 친위대장 하인리히 힘러가 부대장 하이드리히에게 조정 지시를 내렸고, 제국보안본부의 유대인 추방 전문가 아돌프 아이히만은 이 회의에서 서기를 맡았다.

나치 독일은 원래 전쟁에서 승리한 후 점령한 땅에서 유대인을 강제 노동과 아사로 절멸시킨다는 계획을 추진했다. 일부에서는 유대인을 프랑스령 마다가스카르나 영국 신탁 통치지역인 팔레스타인으로 모두 다 추방하는 방법도 고려했었다. 그러나 총통의 지시로 전쟁이 끝나기 전 유대인을 조직적으로 없애기로 결정했다. 히틀러는 1941년 여름에 이런 구두지시를 내린 것으로 역사학자들은 추정한다. 히틀러는 종종 중대한 결정을 내릴 때 증거를 남기지 않기 위해 글을 쓰지 않았다. 아이히만이 재판 과정에서 밝히기를, 당시 반제 회의에서 유대인 살해와 제거, 절멸이 거론됐으나 회의록에는 완곡하게 '유대인 문제의 최종 해결'이라는 식으로 적었다고 한다. 그는 제2차 세계대전 후 아르헨티나로 도주했으나 모사드에 의해 이스라엘로 압송돼 재판 후 1962년 처형됐다.

호평받은 히틀러 전기를 쓴 역사가 이언 커쇼는 히틀러가 홀로코스트 지시를 문서로 내리지 않았기에 책임이 없다는 데이비드 어빙의 주장을 가차없이 반박한다. 1933년 독일에서 히틀러가 아니라 보수 민족주의 성향의 정부나 군부 독재정권이 들어섰더라도 유대인 차별법을 제정했을 터이다. 그렇지만 이들이 홀로코스트를 자행했을까? 즉 "히틀러가 없이도 홀로코스트가 가능했을까?"라고 커쇼는 되묻는다.『나의 투쟁』부터 시작해 히틀러는 기회가 있을 때마다 "유대인은 병균, 제거해야 할 존재"라고 알렸고 이게 나치의 공식 강령이었다. 측근들은 총통이 원하는 것을 너무나 잘 알고 있었고 서로 충성 경쟁을 벌였다. "유대인 문제의 최종 해결로 나아가는 과정에서 히틀러의 역할은 결정적이었고 필수 불가결했다."라는 게 커쇼의 결론이다.

그렇다면 당시 독일의 시민들은 유대인 집단학살을 몰랐을까? 독일 역사가 하겐 슐체는 나치가 극도의 보안 속에서 이런 악행을 저질렀지만 국민들은 최소한 이런 일이 일어남을 어렴풋하게는 알고 있었을 것이라고 결론 내렸다. 수많은 사람의 도움 없이는 집단학살이 불가능했을 거라는 점, 그리고 유대인이 강제로 끌려가는 모습을 흔히 볼 수 있었다는 점, 휴가 나온 많은 군인이 유대인 집단 총살을 종종 털어놨던 점을 근거로 든다. 나치는 약 600만 명의 유대인을 살해한 것으로 추정된다. 폴란드에 거주한 유대인의 90%인 300만 명이 희생됐다. 이어 소련에서는 거주 유대인의 28%, 90만 명 정도가 죽임을 당했다. 영화〈쉰들러 리스트〉에서 생생하게 묘사된 폴란드 남부 아우슈비츠 강제수용소에서는 96만 명 정도의 유대인이 죽임을 당했다.

나치 독재의 유대인 집단학살의 만행은 전후 뉘른베르크 국제군사재판에서 낱낱이 밝혀졌고 주모자들은 사형당했다. 나치는 1933년부터 6년간 바이에른주 뉘른베르크에서 해마다 장대한 전당대회를 열었다. 전후 전승 4개국은 나치의 상징이었던 이 도시에서 나치의 패망을 대내외에 각인시키고 악행을 만천하에 알리기 위해 1945년 11월 20일부터 이듬해 10월 1일까지 전범재판을 열었다. 이는 최초의 전범재판으로 나치의 잔학상을 담은 사진과 동영상이 공개되고 미국과 영국, 프랑스, 소련 등 승전국 언론이 크게 보도했다. 침략전쟁죄, 반인도범죄 등의 혐의로 기소된 나치 지도자 24명 가운데 히틀러의 후계자로 지명된 헤르만 괴링과 외무장관 리벤트로프, 독일군 총사령관 카이텔 등 12명만 사형 판결을 받았다. 제2차 세계대전 후 독일을 점령한 미국과 영국, 프랑스, 소련 당국은 후속 재판을 열어 강제수용소를 관리한 일선 책임자를 처벌했다. 미군이 점령한 남부 독일 지역에서만 1,941명이 기소돼 1,517명이 유죄 판결을 받았다.

뉘른베르크 재판은 국제법의 발전에도 기여했다. 역사상 처음으로 반인도범죄가 규정됐고 전쟁 범죄의 책임을 국가가 아닌 개인에게 물었다. 반인도범죄crimes against humanity는 우발적으로 수많은 민간인을 사상케 한 게 아니라 부당한 목적을 지닌 채 다수의 민간인에게 비인간적 행동과 처형을 일삼은 악행을 죄로 규정한다. 홀로코스트가 대표적인 반인도범죄다. 그럼에도 이 재판은 비판을 받았다. 무엇보다도 승자의 재판이라는 것이다. 1945년 말 재판 초기의 설문조사에 따르면 응답한 독일 시민의 78%가 이 재판이 공정하다고 대답했으나 1950년 말 동일한 질문에 공정하다는 대답은 38%에 그쳤다. 30%가 부당한 재판이라고 답했다. 또 독일인 57%가 유대인 강제수용소가 있음을 재판을 통해 알게 되었다고 답변했다. 이 재판을 주도한 미국은 독일인 모두에게 전쟁범죄의 책임을 묻는 게 아님을 강조했고, 그 대신 지도자들을 단죄해 독일인들을 교육하려 했다. 미국은 제2차 세계대전 후 독일을 점령하면서 3D 교육에 집중했다. 여기서 3D란 탈나치화De-nazification, 탈중앙집중화De-centralization, 민주화Democratization이다. 나치가 고도로 중앙집중화한 행정기구를 원래의 연방주의로 돌려놓고, 나치의 죄악을 만천하에 알려 민주시민으로 교육시키려 했다.

미국을 비롯한 전승국은 도쿄에서도 일본의 전쟁범죄자를 단죄하기 위해 군사재판을 열었다. 1946년 5월부터 2년 반 동안 계속된 도쿄 재판에서는 뉘른베르크 재판 때와는 다르게 반인도범죄를 처벌하지 않았고, 일본 천황도 면책됐다. 인간 생체실험을 자행한 731부대 책임자는 실험자료를 미국에 넘기는 조건으로 불기소됐고 A급 전범 19명도 석방됐다. 1948년 6월 24일 소련이 베를린봉쇄를 단행하자 미국은 소련의 팽창을 저지하기 위해 일본을 동맹국으로 만들려고 정책을 바꿨다. 이 때문에 일본의 전쟁 책임은 아주 관대하게 처리됐다.

나치 시대의 미미한 저항, 백장미와 7월 음모

뮌헨 대학교 의과 대학생들이 중심이 된 백장미는 히틀러 독재를 처단하자는 운동을 펼쳤지만 다른 저항운동 단체와 함께 활동하지 못했다는 점에서 한계가 있다. 1944년 7월, 슈타우펜베르크 대령이 주도한 군부 쿠데타도 1939년 전쟁 전의 국경 인정 등을 내세웠다는 점에서 비판을 받는다.

"자유여 영원하라!"
뮌헨 대학교 숄 남매 중심의 저항운동, '백장미'

1943년 2월 18일 뮌헨 대학교 본관의 6층 건물. 몇 명의 대학생들이 "히틀러 독재를 처단하자!"라는 내용이 담긴 유인물을 살포했다. 몇 분 지나지 않아 경비원의 신고를 받고 출동한 비밀경찰 게슈타포는 이들을 현장에서 체포했다. 1월 25일 비슷한 내용의 유인물이 배포된 후 게슈타포는 이때부터 주변을 샅샅이 수색하며 포위망을 좁혀왔다. 이날 체포된 사람은 한스 숄과 소피 숄 남매, 알렉산더 슈모렐, 빌리 그라프, 크리스토프 프롭스트 그리고 쿠르트 후버 철학과 교수 등 6명이다. 1942년 6월 말 의대생 한스 숄과 알렉산더 슈모렐이 「바이쎄 로제 인 뮌헨Weisse Rose in München, 뮌헨의 백장미」이라는 이름으로 첫 번째 리플릿을 발행하면서 '백장미'로 불렸던, 나치에 저항한 단체가 결성됐다.

이들은 폴란드에서 벌어진, 유대인 학살을 '인간 존엄에 반하는 테러'라 규정하고 "우리는 침묵하지 않을 것이다. 독일인들은 무엇을 하고 있습니까? 보지 않고 듣지 않습니다. 맹목적으로 거짓말쟁이들을 따라 폐허를 향할 뿐입니다."라고 말하며 동참을 호소했다. 전단을 학교 안에서 몰래 배포하고, 다른 대학과 교수들에게 보내기도 했다. 의대생이던 한스와 알렉산더, 빌리는 1942년 7월부터 세 달간 동부 전선 의무대에서 복무하면서 전쟁의 참혹상, 그리고 유대인 학살을 보거나 들었다. 이들은 '자유'라는 단어를 공공건물에 쓰는 등 비밀 활동을 계속했다. 나치의 정책을 비판한 후버 교수의 강의를 숄과 친구들이 들었고 1942년 말에 교수는 '백장미'의 멘토가 됐다.

숄 남매와 프롭스트 등 3명은 체포된 지 나흘 만인 2월 22일 단두대에서 전격 처형됐다. 그해 7월 후버 교수 등 3명도 교수형에 처했다. 한스는 단두대에서 죽기 직전에 "자유여 영원하라!"는 말을 남겼다.

오빠 한스의 활동을 보면서 백장미에 합류한 소피는 독재 정권에 부역 중인 인민 법정 판사 앞에서 큰 소리로 판사를 꾸짖었다. 즉석 판결용의 인민 법정이었기에 피고인에게 변호의 기회조차 주어지지 않았다. 그렇지만 소피는 "독재정권에 저항한 나의 행동을 자랑스럽게 여긴다. 법은 변하지만 양심은 변하지 않는다."라고 의연하게 말했다. 당시 소피는 22살이었다.

백장미의 활동 기간은 1년도 채 안 됐지만, 나치의 선전·선동과 독재정치와 거짓 선전에 속아 비판의식을 잃은 독일 사회에 상당한 충격을 주었고 독일 저항운동의 상징으로 남았다. 이들은 1943년 초부터 다른 저항운동 단체와 접촉을 시도했으나 함께 활동하지 못했

뮌헨대 본관 앞 숄 기념물

다는 점에서 한계가 있다. 필자의 모교 뮌헨 대학교에는 백장미 활동가들을 위한 기념홀이 있고, 이들이 전단지를 배포한 본관 앞에 기념물이 있다.

1944년 7월 음모, 슈타우펜베르크 대령이 주도한 군부 쿠데타 '발키리'

폴란드 동북부에 있는 볼프스샨체 군사본부Wolfsschanze. 히틀러는 종종 동부전선을 시찰하며 이곳으로 와 지휘관들에게 명령을 내렸다. 1944년 7월 20일, 낮 12시 42분. 히틀러를 비롯한 20여 명의 군 지휘관들이 군사작전을 논의하고 있을 때 갑자기 펑! 하면서 폭탄이 터졌다.

인근 방에서 폭탄 원격장치를 눌렀던 슈타우펜베르크 대령Claus von

Stauffenberg, 1907~1944은 히틀러가 죽었다고 확신한 후 부관과 함께 교외의 비행장으로 빠져나와 오후 4시쯤 베를린에 도착했다. 히틀러에게 불만이 있던 일부 장교들도 그에게 동조하면서 베를린과 몇몇 도시에서 쿠데타 실행군들이 군을 장악했다. 파리를 점령 중이던 독일군 내부에서도 동조자가 있었다. 그러나 히틀러가 친위대 및

히틀러 암살을 시도했던
클라우스 폰 슈타우펜베르크 대령

군 지휘부와 직접 전화 통화를 해 생존을 확인시킨 후, 진압을 지시하면서 저항 세력은 체포돼 처형됐다. 슈타우펜베르크 대령을 포함해 고위 장성 등이 중심이 돼 히틀러 사살 후 비상계획 '발키리'를 발동하려던 계획이 실패했다.

이 7월 음모는 전쟁의 패색이 짙어지자 일부 군 지휘부가 꾸몄다. 스탈린그라드 전투 참패 후 독일군은 1943년 2월부터 소련군에 밀려 후퇴를 거듭 중이었다. 1943년 3월부터 이듬해 봄까지 군에서 최소 5회의 히틀러 암살 시도가 있었으나 성공하지 못했다. 1944년 6월 6일 연합군의 노르망디 상륙작전으로 패배가 불가피해지자 이들은 히틀러를 제거하고 군대를 장악한 후 연합군과 협상을 해 전쟁을 끝내고자 했다. 이들은 1939년 이전의 독일 국경 인정 등 당시 연합군이 수용하기 어려운 조건을 준비했다. 오스트리아와 체코 주데

히틀러의 은신처 겸 지휘본부였던 볼프스샨체

텐란트의 합병, 알자스－로렌의 합병 등을 그대로 인정해달라는 것
이었다. 히틀러 집권을 도왔던 프로이센 보수주의자들과 민족주의자
들, 융커와 귀족들이 이 쿠데타에 가담했다. 쿠데타 직후 체포된 주모
자와 적극 가담자 200여 명 가운데 2/3가 프로이센 출신이었고 다수
가 유서 깊은 군인 가문 출신이었다. 이들은 바이마르 공화국 정부와
민주정의 복귀가 아니라 엘리트가 지배하는 권위주의적 정부와 군
주제로의 회귀를 원했다. 이들은 또 연합군 등과 아무런 연계가 없었

기에 1939년 국경인정 등 매우 비현실적인 요구를 그들끼리 만들어 놓았을 뿐이었다. 이 사건 후 나치는 대대적인 공모자 색출에 나서 7,000명이 넘는 사람들을 체포했고 이 가운데 4,980명이 형장의 이슬로 사라졌다.

제3제국의 패망 말기인 1944~1945년 사이에 체제 저항 범죄 건수가 급증했다. 외국 라디오 방송을 들었다거나 정치적인 농담을 주고받았다는 이유만으로 처형된 시민들도 수천 명을 넘었다.

제2차 세계대전 후 서독 역사 서술에서는 이 7월 음모를 강조하기도 했다. 히틀러가 일으킨 전쟁에서 핵심 역할을 했던 군부의 반란이기 때문이다. 그러나 음모를 실행한 사람들이 전쟁 패배가 임박해지자 조국을 전면적인 파괴와 점령으로부터 구하려는 의도가 컸고, 쿠데타 성공 후 수립하려는 정부도 반민주주의적 성격이었기 때문에 일부에서는 비판을 받는다.

독일에서 가장 흔한 거리 이름의 하나에 숄 남매가 들어간다. 독일 구글 검색에 따르면 숄 남매의 이름을 딴 거리가 약 600개 있다. 19세기에 동화집을 편찬해 나폴레옹에 맞서 민족주의를 고양한 그림 형제의 이름을 딴 거리는 약 200개로 2위를 차지했다.

독일사

세계사

전승 4개국 독일 분할 점령 통치 시작 — 1945년 6월 5일 ● **1945년**	
베를린 봉쇄와 공수 — 1948년 6월~1949년 5월 ●	
서독 건국 — 1949년 5월 23일 ●	● 1949년 10월 1일 — 중화인민공화국 건국
아데나워 초대 총리 취임 — 1949년 9월 ●	● 1949년 4월 — 북대서양조약기구(나토) 창설
동독 건국 — 1949년 10월 7일 ●	● 1950년 6월 25일 — 한국전쟁 발발
1950년	
동독 시민들 봉기 — 1953년 5월 6일 ●	
1955년	
1960년	
슈피겔 사건 — 1962년 10월 ●	
에르하르트 총리 취임 — 1963년 ●	
1965년	
68 학생운동 — 1968년 ●	
브란트 총리 취임 — 1969년 ●	
3월/5월 동서독 정상회담 — 1970년 3월/5월 ● **1970년**	
브란트 총리 사임, 슈미트 총리 취임 — 1975년 5월 ●	● 1975년 — 베트남 전쟁 종전
노사공동결정법 발효 — 1976년 ● **1975년**	
슈미트 총리 이중결정 제안 — 1979년 ●	
헬무트 콜 기민당 총리 취임 — 1982년 ● **1980년**	
	● 1983년 — 미국, 중거리 핵미사일 서독과 네덜란드 등에 배치
	● 1985년 3월 — 고르바초프, 소련 공산당 서기장에 취임 **1985년**
헝가리 국경개방 — 1989년 9월 ●	
동독 시민들 개혁 요구하며 대규모 시위 — 1989년 10월 ●	
베를린 장벽 붕괴 — 1989년 11월 9일 ●	● 1989년 — 중국, 천안문 민주화 운동
동독 최초의 자유선거 — 1990년 3월 ●	
동서독 통일조약 — 1990년 8월 31일 ●	
독일 통일 — 1990년 10월 3일 ●	
콜의 기민당 총선 승리 — 1990년 12월 ● **1990년** ● 1991년 — 소련 붕괴	
1995년	
사민당 슈뢰더 총리 취임 — 1998년 ●	
나토, 유고 공습에 동참 — 1999년 3월 ● **2000년**	● 2001년 9월 11일 — 미국 9.11 테러 발생
	● 2003년 3월 — 미국과 영국 주도 이라크 침공
'어젠다 2010' 통과 — 2003년 ●	
앙겔라 메르켈 총리 취임 — 2005년 ● **2005년**	● 2008년 — 미국발 경제위기 발생
	그리스 경제위기, 이어 스페인, **2010년**
	● 2010년 — 포르투갈, 아일랜드도 구제금융 받음
시리아 등 중동과 아프리카 난민 100만 명 수용 — 2015년 ● **2015년**	● 2016년 6월 23일 — 영국, 국민투표에서 브렉시트 결정
독일 주도로 유럽경제회생기금 조성 — 2020년 ●	● 2020년 1월 31일 — 영국, EU에서 탈퇴
사민당의 올라프 숄츠 총리 취임 — 2021년 12월 ●	● 2020년 — 코로나 19 팬데믹 발발
외교정책 극적전환 발표 — 2021년 2월 27일 ●	● 2021년 8월 — 미, 아프가니스탄에서 모두 철군
우크라이나 피난민 100만 명 넘게 수용 — 2022년 ● **2022년**	

제5장

국토 분단과 통일,
그리고 우크라이나 전쟁

제2차 세계대전 후 독일은 국토의 상당수가 폐허로 변했고 정신적으로 황폐해졌다. 600만 명 정도의 유대인을 집단 학살한 홀로코스트는 '독일적인 것'을 모두 부정하게 만들기도 했다.

미—영—프—소 전승 4개국은 독일을 잠정적으로 분할 점령했는데, 서로의 의견이 불일치하며 1949년 서독과 동독이 따로 건국됐다. 1948년 6월부터 11개월 정도 소련이 베를린으로 가는 모든 길을 차단해 베를린이 봉쇄됐다. 이에 미국과 영국은 수송기로 의약품과 식량을 베를린 시민들에게 긴급 공수했다. 베를린 봉쇄로 미소의 냉전이 본격적으로 시작됐고 미국은 이 과정에서 서유럽의 안보를 보장할 군사동맹, 북대서양 조약기구(나토)를 설립하기에 이른다.

서독의 초대 총리 콘라트 아데나워는 중도우파 기독교민주당(기민당) 출신으로 14년간 재임하면서 친서방정책을 확립했다. 서독은 미소 냉전의 틈바구니에서 미국의 최전방으로 행동했고 프랑스와 화해하면서 서유럽 통합에 적극 참여했다.

1969년 중도좌파 사회민주당(사민당)이 서독 내 최초로 수평적인 정권 교체에 성공하며 집권했다. 빌리 브란트 총리는 '접촉을 통한 변화'를 기치로 하는 동방정책을 실시해 소련 및 동유럽 공산국가와 관계를 개선했다. 또 브란트는 동독과도 정상회담을 가져 기본조약을 체결한 후 각 분야에서 교류를 강화했다.

1989년 11월 9일 자정쯤에 베를린 장벽이 갑작스럽게 붕괴됐다. 당시 헬무트 콜 총리는 신속한 흡수통일만이 대안이라 여겨 이를 실천했다. 정권교체 후에도 기민당의 콜 총리는 사민당의 동방정책을 계승해 동독과 교류를 지속했고 이것이 통일의 밑거름이 됐다. 하지만 시장 가치를 무시한 동서독 마르크의 1:1 교환으로 통일 후유증이 심각해졌다.

1990년대 중반부터 독일은 저성장과 실업자 급증에 시달렸다. 68세대 출신으로 총리가 된 사민당의 게르하르트 슈뢰더는 사민당의 주요한 지지층이었던 노동조합의 강력한 반발에도 불구하고 정년 연장, 노동시장 유연성을 강조한 '어젠다 2010'을 실행해 재성장의 틀을 확립했다. 그의 후임자 앙겔라 메르켈 총리 시기에는 슈뢰더의 개혁 정책 덕분에 경제성장에 성공했다. 그는 또 그리스 경제위기와 코로나19가 야기한 유럽의 경제위기 극복에 리더십을 발휘했다.

2021년 말에 취임한 올라프 숄츠 총리는 외교정책의 극적 전환을 선언했다. 2022년 2월 말 러시아의 우크라이나 침공 이후 우크라이나에 무기와 대규모 경제적 지원을 제공했다. 그러나 더는 러시아산 원유와 가스에 의존할 수 없기에 재생에너지 산업을 확충해야 한다. 이외에도 상대적으로 뒤처진 디지털 체제로의 전환, 관료제 개혁 등 독일이 마주한 과제는 산적한 상황이다.

냉전의 본격 신호탄,
베를린 봉쇄에서 서방이 승리하다

제2차 세계대전 후 전승 4개국은 베를린과 독일을 분할 점령했다.
1948년 6월 18일 서방 3개국이 점령지역에서 화폐개혁을 발표하자
소련은 이를 빌미로 베를린으로 통하는 육로를 차단했다. 미국과 영국은
고립된 베를린 시민들에게 식량 등을 11개월 정도 공수해 자유를 지켰다.
이런 위기를 거치면서 미국은 서유럽을 방어하기 위한 집단안보 기구인
북대서양 조약기구(나토)를 설립하게 된다.

서방 3개국, 독일 점령지에서 화폐개혁을 단행하다

서베를린 미군 점령지역에 있는 템펠호프 공항. 1948년 6월
말. 본문 300쪽의 사진에서 보듯이 공항의 나지막한 잔해 위에 아이
들과 어른들이 다가오는 비행기에 손을 흔들며 무언가를 애타게 기
다리고 있다. 바로 식료품과 연료로 쓸 석탄이다. 왜 갑자기 서베를린
교통이 차단되고 하늘길만 열리게 됐을까? 독일 패망 후 '제로의 시
간'으로 되돌아 가보자.

전후 독일은 '제로의 시간 Stunde Null'에 처해 있었다. 괴테와 칸트의
나라로 평가받던 독일이 제2차 세계대전 패전 후 극도로 혐오의 대
상이 되어, '독일적인 것'이 모두 부정되었다. 나치 집권 12년간 문
학과 예술의 토대가 크게 흔들렸다. 국토는 거의 만신창이로 변해
교통 시설은 40%, 주거 시설은 15%, 산업시설은 20%가 파괴됐다.
1945년 말 산업 생산량은 1938년 전쟁 전의 1/3 정도에 불과했다.
도시 대부분이 연합군의 폭격으로 크게 피해받았고, 무엇보다도 식

량 부족에 시달리게 된다. 독일 국민은 국토의 동부와 동유럽 지역에서 생산되는 식량에 의존했는데, 스탈린그라드 전투에서 승리한 소련군이 1943년 봄부터 이 지역으로 밀고 들어오면서 식량 보급이 매우 어려워졌다. 동프로이센과 주데텐란트 등에서 1,200만 명의 피난민이 물밀듯이 밀려왔다. 1945년 8월에는 하루에 25,000~30,000명의 피난민이 독일로 몰려왔다. 수도 베를린에는 1945년 7월부터 4달간 무려 130만 명의 피난민이 들어왔다. 집도 먹을 것도 매우 부족한데 말이다. 포격으로 토지가 황폐해졌고 가축사육도 어려워졌다. 1946년 강추위까지 겹쳐 1947~1948년 농업 생산량은 1939년 수준의 2/3도 안 됐다. 반면에 인구는 1,200만 명 넘게 급증해 시민들은 굶주림에 시달렸다.

이런 혼란한 상황 속에서 전승 4개국의 정책은 일관성도 부족하고 갈등도 잦았다. 독일군이 무조건 항복한 후 한 달 정도가 지난 1945년 6월 5일. 그때부터 미-영-프-소 4개 연합군이 독일을 분할 점령해 다스리기 시작했다. 그해 7월 중순부터 포츠담에서 열린 미-영-소 정상회담에서 독일을 4개 지역으로 점령하고 통치한다는 내용이 세부적으로 합의됐다. 동독이 된 지역은 소련이, 서독이 된 지역 가운데 북부는 영국, 중남부는 미군, 프랑스 국경지대 중서부는 프랑스가 점령했다. 전승 4개국이 독일 점령지역과 관련한 정책을 결정하는 최고 기구는 연합군 통제 위원회Allied Control Council, ACC였다. ACC가 베를린과 독일 전체에 대한 주권을 대신 행사했다. 그런데 ACC의 의사결정 원칙은 만장일치제였기 때문에, 점령 정책에서 완전 합의가 안 된다면 전승 4개국이 각자의 점령지 정책을 독자적으로 결정할

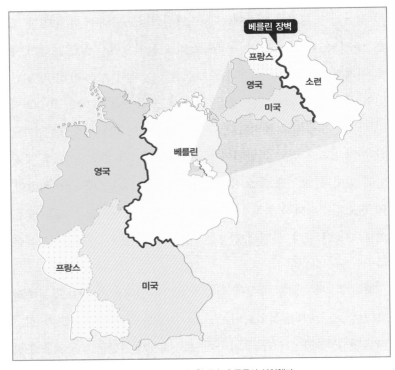

지도11 연합군의 독일 및 베를린 분할 점령

베를린 장벽

프랑스

영국

소련

미국

베를린

영국

프랑스

미국

베를린 장벽은 1961년 8월 중순에 동독이 설치했다.

수도 있었다.

　서방 3개국과 소련은 점령 정책에서 차이가 컸다. 소련은 전쟁으로 가장 큰 피해를 입었다며 얄타 협정에 따라 점령지의 공장 시설 등을 배상금 명목으로 철거했다. 반면에 미국과 영국은 각각의 점령지를 합해 1947년 1월 양兩지구Bi-Zone로 통합해 운영하기 시작했고 프랑스도 여기에 합류했다. 서방 3개국은 독일의 경제 복구를 우선했으나 소련은 배상을 앞세워 미국이 약속한 산업시설 철거에 협조하지 않았다. 서방 3개국과 소련의 갈등이 더 깊어졌다. 여기에 서방 3개국이 점령지를 통합해 운영하자, 소련은 항의 차원으로 ACC에서 급작스럽게 철수했다. 1947년 6월에 미국의 국무장관 조지 마샬은 유럽부흥 계획, 마샬계획Marshall Plan을 발표해 영국과 프랑스 등 서유럽 국가를 지원하고, 독일 재건도 본격적으로 지원했다.

깊어지는 갈등 속에서 서방 3개국은 1948년 6월 18일 화폐개혁을 전격 발표했다. 아무런 쓸모가 없어진 구舊 마르크Reichsmark를 없애고 새로 도이치마르크Deutschmark를 도입한다는 게 개혁안의 골자다. 소련은 이런 결정이 연합군 통제위원회의 논의를 거치지 않았다며, 점령지역에 동독 마르크를 도입하고는 서베를린으로 이르는 육로와 해로를 통제하기 시작했다. 이 때문에 미군이나 영국군 등의 보급품을 실은 기차나 트럭 등이 서베를린으로 올 수 없었다. 처음에 소련군은 통행증을 요구하다가 6월 24일부터 전면 통제했다. 베를린이 봉쇄된 것이다.

11개월간의 베를린 공수, 봉쇄를 뚫다

베를린은 원래 소련 점령지역 깊숙한 곳에 있었다. 도시 전체가 소련의 점령지역이 될 수 있었으나 합의에 따라 미국과 영국, 프랑스도 일부 구역을 나눠 점령했다. 하지만 소련이 육로와 해로를 막으면 서방 3개국이 주권을 행사하던 서베를린은 외부 세계와 고립돼 섬처럼 된다. 베를린에 주둔한 서방 3개국은 전쟁 이후 거의 3년간 육상과 해상교통을 이용했다는 점을 근거로 접근권을 보장받아야 한다고 주장했으나 소련은 이를 거부했다. 즉 베를린 접근권은 소련의 호의에 기댄 것이었고, 서방 3개국은 협상으로 이를 명문화하지는 못했다.

당시 베를린에는 36일 치 식량, 45일 치 석탄만 있었다. 스탈린은 이를 알고 있었기에 최대한 압박해 독일 정책에서 서방의 양보를 얻어내고자 했다. 그러나 미국을 비롯한 서방은 절대 굴복할 수 없었다. 소련이 서베를린을 전면 봉쇄한 당일부터 베를린 공수가 시작됐다. 당시 미 점령군 사령관 루시우스 클레이 장군은 "우리가 서베를린에 계속 주둔해야 독일과 유럽이 미국의 정책을 신뢰하게 된다. 좋든 싫든 미군 주둔이 미국 정책의 상징이 됐다."라며, 대규모 공수작전의 필요성을 강조했다. 고립된 서베를린 시민들에게 식량과 석탄 등을 공수하지 못한다면, 아사자가 속출할 터이고 소련이 이들을 지원하

서베를린 템펠호프 공항에서 공수를 기다리는 어린이와 시민들

면서 소련의 영향력이 확대될 가능성이 높았다. 미군과 영국은 총력을 다해 신속하고 과감하게 움직였다.

1949년 5월 12일, 거의 11달 만에 소련이 봉쇄를 풀 때까지, 총 233만 4,374t을 공수했는데, 이 가운데 2/3는 석탄이었고 나머지는 식료품과 의약품 등이었다. 미 공군이 76% 정도, 나머지는 영국 공군이 수송했다. 미 공군의 C-47과 C-54 대형 수송기가 미군과 영국군이 점령 중인 독일 내 비행장이나 영국 본토 공항에서 이륙했다. 그 수송기 모두 27만 8,228회를 비행했다. 가장 많이 수송했을 때는 30초마다 한 대꼴로 수송기가 서베를린에 도착했다. 하루 평균 7,000t의 물건이 하늘길로 베를린에 운반됐다. 대규모 공수 중에 수송기 충돌로 미군과 영국군 101명이 목숨을 잃기도 했다.

베를린 공수는 단순한 군사작전으로 끝난 게 아니다. 제2차 세계대전 후 미소가 크게 충돌한 냉전의 본격 신호탄이 됐다. 미국의 트루먼 대통령은 이 사건 후 서베를린과 서독, 그리고 서유럽에 미군을 주둔하기로 결단한다. 또한 베를린 봉쇄는 1949년 4월 북대서양 조약기구(나토)North Atlantic Treaty Organization, NATO의 설립에 기폭제가 되었다. 미국과 캐나다, 영국, 프랑스, 이탈리아, 베네룩스 삼국 등이 나토 설립 회원국으로 참가했다. 나토는 회원국 중 한 나라가 침략을 받으면 다른 회원국들이 자동으로 군사개입을 하는, 집단안전 보장기구다. 당시 독일에서는 두 국가 건국이 불가피해지고 있었다. 미국은 그간 미국 외교의 전통인 '고립주의'를 벗어나 역사상 처음으로 대규모 군대를 해외에 주둔시켰다. 당시 트루먼 대통령은 두 번의 세계대전에서 미국과 유럽이 세계 평화 유지에 중요한 역할을 맡았다는 점, 그리고 상시 주둔이 유사시 파견보다 비용이 더 적다는 점을 강조하며 해외 주둔에 대한 회의적인 여론을 상쇄했다.

제2차 세계대전 때 미국과 소련은 히틀러라는 더 큰 악을 물리치려고 힘을 합쳤었다. 1945년 2월 얄타 회담에서 동유럽은 소련의 세력권, 서유럽은 미국의 세력권으로 대강 합의됐지만 이후 미소의 갈등이 끊이지 않았다. 스탈린은 제2차 세계대전 때 서방을 속이며 베를린을 먼저 점령했듯이 독일을 절대 양보할 수 없었다.

제2차 세계대전이 끝난 이후

1945년 2월 4일 ~2월 11일	• 얄타회담에서 소련의 대일 선전포고를 촉구 • 독일의 분할점령, 전범자 처벌 및 나치당과 휘하 조직 해체 결정
1945년 6월 5일	베를린 선언: 전승한 4개 연합국(영프미소)이 독일 분할 점령 후 통치권을 행사
1945년 7월 17일 ~8월 2일	• 얄타선언 이행을 위한 포츠담 협정 체결 • 독일의 군수산업 철거, 배상금 지불 이행, 독일의 동부 국경선 잠정 결정(오데르-나이세강을 기준), 폴란드에 많은 영토를 할양
1947년 1월	미영 양국의 독일 점령지역을 양지구로 통합
1947년 6월	미국의 마셜플랜 발표: 서방 3개국의 독일 재건 시작
1948년 6월 20일	• 서방3개국, 점령지 화폐개혁으로 도이치마르크 도입 • 소련도 동독 점령지에 동독 마르크 도입으로 응수
1948년 6월 24일 ~1949년 5월 12일	베를린 봉쇄와 베를린 공수
1949년 4월	북대서양 조약기구(나토) 설립
1955년	소련을 중심으로 하는 바르샤바 조약기구 설립

베를린 템펠호프 공항은 1951년 베를린 공수를 기념해 베를린 공수 광장과 기념탑을 만들었다. 기념탑은 아치형의 큰 기둥으로 당시 연합군 수송기가 이용했던 항로를 가리키고 있다.

1표 차이로 서독 총리가 된
콘라트 아데나워,
친서방정책을 확립하다

서독의 초대 총리 콘라트 아데나워는 14년간 총리로 재임하면서
미국 주도의 안보 질서에 서독을 편입시킨 친서방정책을 확립했다.

과반에서 한 표를 더 얻어 겨우 총리가 되다

"유래와 성향을 볼 때 우리는 분명하게 서유럽에 속합니다. 연합국
과 함께 이 노선을 걷는 길 이외에 다른 방법이 없습니다."

_콘라트 아데나워 총리, 1949년 9월 19일 연방하원에서의 취임 연설 중에서

1949년 9월 15일 서독 수도 본Bonn의 연방하원 회의장. 총리 선
거 결과가 발표되자 일순간 안도의 "휴!" 소리가 터져 나왔다. 기독
교민주당(기민당CDU)의 콘라트 아데나워Konrad Adenauer, 1876~1967, 재직:
1949~1963 후보가 단 1표 차이로 총리가 됐다. 예상을 벗어난 아찔한
순간이었다. 재적 의원 402명 가운데 아데나워는 202명의 지지를 얻
었다. 연립정부(연정)를 구성했던 기독교사회당(기사당Christlich-Soziale Union,
CSU), 자유민주당(자민당Freie Demokratische Partei, FDP), 독일당의 표를 합하면
7표가 더 나와야 했지만 말이다. 건국 후 1표 차이로 총리가 된 인물

은 아데나워가 유일했고, 그것도 자신의 표였다. 총리의 정당인 기민당과 자매정당인 기사당에서조차 5명이나 그를 지지하지 않았다. 73살의 아데나워는 이토록 힘겹게 총리가 됐다. 당시에는 모든 사람이 그가 14년간 총리로 활동하며 신생 국가의 정치적 틀을 확립하리라고는 예상하지 않았다. 전후의 정치 상황과 총선, 이후 아데나워의 친서방정책(서방통합)을 한 번 살펴보자.

시장이냐 계획이냐? 1949년 8월의 첫 총선

베를린 봉쇄와 베를린 공수를 거치면서 미-영-프 서방 연합국과 소련이 합의해 하나의 통일된 독일 정부를 세운다는 게 요원해졌다. 이제 자유 민주주의 진영과 공산주의 진영에 따른 별도의 국가 건설이 불가피해졌다. 1948년 여름부터 서방 3개국이 점령 중인 서부 독일에 세워질 새로운 국가의 헌법 제정이 논의됐다. 의회 평의회Parlamentarischer Rat가 이 업무를 맡았는데, 3개국이 점령 중인 11개 주 의회가 파견한 70명의 주 대표로 구성됐고 주로 각 주의 고위 공무원과 전문가들이 중심이었다. 서베를린은 5명의 대표를 파견했으나 투표권이 없었다. 당시 11개 주 대표들은 미소 갈등으로 통일이 어렵다고 봤기에, 라인강변의 소도시 본을 수도로 잠정 결정하고 여기에서 처음으로 회동했다. 새 헌법은 1949년 5월 8일 의회 평의회에서 찬성 53 대 반대 12로 가결됐고, 이후 서방 3개국의 승인을 거쳐 5월 23일 공포됐다. 통일된 국가의 헌법이 아니라 통일이 될 때까지 잠정적인 국가의 기초가 되는 법임을 강조하기 위해 기본법Grundgesetz으로 불렀다. 같은 맥락에서 기구 명칭도 제헌의회가 아니었다. 의회 평의회는 또 초대 총선을 위한 선거법도 제정했다.

기본법은 바이마르 공화국의 헌법과 다르게 내각책임제가 특징이다. 총리가 국정을 총괄하며 정책 지침을 내리고, 장관은 책임을 지고 부처를 운영한다. 총리는 의회에 책임을 지고, 연방 하원에서 과반이 동의한다면 총리를 해임할 수 있다(건설적 불신임 투표). 대통령은 직선이 아니라 각 주 대표로 구성된 연방상원Bundesrat에서 선출되고, 국가를 대표할 뿐이어서 그 권한이 크게 줄었다. 기본법은 또 서독이 연방국가임을 명시했다. 교육과 행정, 환경 등 상당수의 많은 권한이 11개 주 정부에 부여됐고 연방정부는 국방과 외교 권한을 독점했다.

선거법에 따라 서독의 첫 총선이 1949년 8월 14일에 있었다. 이 선거에서 기민당과 기사당은 31%, 사회민주당 29.2%, 자유민주당 11.9%를 얻었다. 전국적으로 탄탄한 조직망을 갖춘 사민당의 승리가 점쳐졌으나 예상외로 기민당─기사당이 신승했다.

선거 과정에서 두 정당은 '시장이냐 계획이냐Markt oder Plan'를 두고 치열한 선거운동을 벌였다. 사민당이 내세운 계획경제는 당시 폭넓은 지지를 받았다. 전후의 어려운 경제 상황에서, 국가가 시장에 적극적으로 개입해야 한다는 사고가 널리 퍼져 있었기 때문이다. 이에 대항해 기민당은 시장경제의 기수였던 루트비히 에르하르트Ludwig Erhard를 내세워 "계획경제는 동독식 사회주의로 갈 수밖에 없다."라고 선전하며 기민한 선거전을 펼쳤다. 에르하르트는 "자유시장경제와 정치적 자유는 한 몸이다. 기민당의 사회적 시장경제 없이는 정치적 자유를 유지할 수 없다."라고 전국을 돌아다니며 사자후를 토했다. 이런 선거전이 성과를 거둬 신생정당인 기민당─기사당이 승리할 수 있었다.

첫 총선에서 각 정당은 총리 후보를 내세우지 않았다. 당시 아데나워는 73살로 최고령 정치인 중 한 사람이었고 의회 평의회 의장을 역임했다. 그는 전후 기독교민주당, 즉 기민당을 창당했다. 독일 제국 시절 그는 가톨릭교도가 중심이 된 중앙당 의원이었다. 쾰른 시장으로 일하다가 나치 집권 후 해임됐다. 전후 이 지역을 점령했던 영국군에 의해 다시 시장으로 임명됐지만 정치활동 금지령을 위반해 다시 시장직에서 쫓겨났다. 전쟁 후에는 협소한 정치적 지지 기반을 확장하고자 개신교와 가톨릭을 아우르는 기민당을 만들었다. 분리주의 전통이 강했던 바이에른주에서는 전후 기독교사회당, 즉 기사당이 창당됐다. 이처럼 종파를 초월하는 정당은 대도시의 기독교 노조 세력들, 그리고 교육과 소득 수준이 높은 시민층 사이에서 지지를 얻게 됐다.

총선에서 겨우 승리한 후 기민당 지도부 모임에서, 아데나워는 자신이 총리가 되겠다고 나섰다. 나이가 너무 많으니, 총리를 하더라도 기껏해야 2년을 넘지 못할 것이라며 당 지도부를 설득했다. 상당수는 당시 그를 대통령 후보 정도로 적합하다고 여겼을 뿐이었다. 하지만 일단 총리가 된 그는 친서방정책, 그리고 프랑스와의 화해를 이끌면서 14년 1달 동안 총리로 재직할 수 있었다.

"강대국이 밟고 있는 '양탄자'에 다시 앉고 싶다." 아데나워의 친서방정책

1949년 9월 21일 오전. 신생국 서독의 총리로 취임한 지 6일이 지나서 아데나워는 서방 3개국의 본부가 있는 본 교외의 페테스베르크를 찾았다. 미국의 존 머클로이John McCloy를 비롯한 세 명의 군정청장은 총리와 각료들을 환영하며 화려한 양탄자 위에 서 있었다. 아데나워와 장관들은 양탄자를 밟지 말고 밑에 서서 발언하라는 의전에도 불구하고, 신임 총리는 곧바로 양탄자를 밟고 서서 준비된 원고를 읽었다. 이후 그는 이 일화를 자주 언급하며 '독일도 강대국이 앉는 양탄자 위에 다시 앉도록 하는 것'을 외교정책의 목표로 삼았음을 강조했다.

하지만 그 길은 쉽지 않았다. 1952년 3월 10일 소련의 스탈린은 독일 전 지역에서 자유선거를 실시해 독일을 재통일하자는 각서를 보냈다. 단 통일 독일이 엄격한 중립을 지켜야 한다는 조건을 제시했다. 서방 3개국은 즉각 이를 거부했고, 아데나워도 거부했다. 그렇지만 총리가 이끄는 기민당-기사당, 야당인 사민당 안에서도 최소한 소련과 논의라도 해봐야 한다는 의견이 많았다. 사민당의 쿠르트 슈마허 총재는 전승 4개국과 협상을 벌여 통일을 위한 유일한 기회를 이용하라는 편지를 보냈다. 그러나 베를린 봉쇄와 공수를 겪고 분단이 고착되는 시점에서 소련의 제안은 신뢰성이 크게 떨어졌다. 총리가 소련의 의도를 간파해 각서를 거부하고 내각에서의 대화 요구조차 물리쳤다. 그의 이런 행동은 미국을 비롯한 영국 등 서방 3개국에 독일이 믿을 만한 파트너라는 인식을 깊게 심어줬다.

스탈린이 왜 이 시기에 갑자기 중립국 통일 방안을 제시했을까? 서독을 다시 서유럽, 자유주의 진영에 깊숙하게 통합하려는 정책이 진행 중이었기 때문이었다. 1870년 프로이센과의 전쟁부터 제1, 2차 세계대전까지, 프랑스는 이웃 독일과 전쟁을 벌여 불구대천의 원수가 됐다. 서로의 보복이 더 큰 보복을 불러왔다. 제2차 세계대전 후 중서부 독일 지역을 점령한 프랑스는 처음에는 산업시설을 해체하며 소련처럼 배상금을 받았다. 그러나 동서 냉전이 격화하면서 차츰 새로운 독일 정책을 모색하게 됐다.

프랑스는 장 모네Jean Monnet가 중심이 되어 1945년부터 국가경제 현대화 계획을 세우고 실행했다. 수출 증대가 목표였기에 값싸고 경쟁력 있는 석탄과 철강 생산이 무엇보다도 필요했다. 하지만 프랑스는 서독에 있는 루르 탄광지대를 중심으로 하는, 독일의 석탄 및 철강산업과는 경쟁으로 이길 수 없음을 인정하고는 유럽적 해결책을 모색하기 시작했다. 이런 상황에서 프랑스의 슈만 외무장관은 1950년 5월 9일 서독에 석탄과 철강이라는 전략물자를 공동으로 관리하자고 제안했다. 모네의 아이디어를 수용해 이런 제안을 한 것이다. 참여를 희망하는 국가들에 문호를 개방하고, 1년간의 협상을 거쳐 이듬해 파리 조약이 체결됐다. 전쟁에 필요한 석탄과 철강을 각국이 아니라 유럽의 기구가 설립돼 공동으로 관리하는 것이다. 유럽석탄철강공동체European Coal and Steel Community, ECSC 설립으로 서유럽에서 유럽통합의 물꼬가 트였다. 독일의 석탄과 철강업계는 ECSC가 설립되면 경쟁력 있는 산업의 정책 결정을 제한받기에, 경제적으로 별로 이득이 없어 참여를 꺼렸다. 당시 서독에서는 ECSC 참여로 국토 분단이 더 고착될 것이라는 반대의 목소리도 제법 있었다. 미국이 주도하는 자유 진영에 가입해 통일이 더 멀어질 것이라는 우려였다. 하지만 아데나워는 프랑스의 제안이 얼마나 중요한지를 간파했기에 이런 반대를 무릅쓰고 기꺼이 ECSC에 참여했다.

신생 서독에 가장 시급한 과제는 나치의 잔재라는 오명을 씻고 국제무대에 복귀하는 것이다. 이를 위해서는 석탄과 철강의 관리를 '독점'에서 '공동'으로 양보하더라도 프랑스의 제안을 수용해야만 했다. 프랑스도 제1차 세계대전 후의 대독일 강경 정책과 다르게 행동했다. 독일을 동등한 파트너로 대우해 국제사회에 참여시키는 조건으로, 전략물자를 유럽 차원에서 공동으로 관리해 독일을 제어하려 했다. 즉 수천만 명의 희생을 치른 후에야 프랑스는 대독일 보복 정책을 포기했고, 서독도 이에 호응해 제2차 세계대전 후 서유럽의 재건과 화해, 통합이 시작될 수 있었다.

거의 비슷한 시기에 한국 전쟁도 서독의 재무장을 촉진했다. 6.25전쟁이 발발하자 당시 서독은 물론이고 미국 영국 등은 유럽에서도 전쟁이 임박했다고 우려했다. 서방 3개국이 독일을 점령하면서 군대를 해산했기에, 소련에 맞서려면 서독을 재무장해야 했다. 아데나워는 베를린 공수가 시작된 직후 군 창군을 거론했으나 당시 3개국은 반대했다. 이후에 한국전쟁이 발발하고 나서 미국과 영국은 서독 재무장을 지지했으나 프랑스는 여전히 반대를 굽히지 않았다. 결국 새로 구성될 독일군 모두 신설될 유럽군의 지휘권을 받는다는 조건으로 프랑스가 동의했다. 하지만 1954년 프랑스 의회에서 이 내용을 담은 유럽방위공동체European Defense Community, EDC 조약이 비준을 받지 못했다. EDC가 무산되자 서독은 1955년 나토 회원국이 됐고, 이에 따라 독일군 모두 나토의 지휘통제를 받게 됐다.

스탈린의 중립국 통일 방안 거부, 그리고 서독 재무장에서 보듯이 아데나워와 미국의 정책 방향은 일치했다. 서유럽을 공산주의에 대항하는 보루로 여겼던 미국 입장에서, 재무장한 서독은 동맹국이자 신뢰할 만한 파트너로서 반드시 필요한 국가였다. 반면에 야당인 사민당은 물론이고 아데나워의 정당 기민당에서조차 이런 친서방정책Westbindung, 서방통합을 반대하는 목소리가 있었다. 독일의 전통적인 외교정책을 동서유럽 간의 다리로 보는 시각이 많았는데, 이런 친서방정책이 독일 통일을 더욱 요원하게 만들 것이라는 이유에서 말이다. 초대 총리의 서방통합 정책은 격렬한 논란 속에서 차근차근 진행됐다. 사민당은 그를 '연합국의 총리'라고 공격하기도 했다.

2003년 제2공영방송(ZDF)이 실시한 위대한 독일인 설문조사에서 아데나워 총리는 1위를 차지했다. 2위는 마르틴 루터, 3위는 카를 마르크스였다.

독일-프랑스 우호조약, 양국의 정책협의를 제도화하다

엘리제 조약은 주요 국제문제 등에서 프랑스와 독일(서독) 간의
사전 협의를 규정했고, 청소년 교류도 의무화했다. 이 우호조약은
당시 프랑스와 독일의 현실적 이해관계가 맞아 체결됐다. 프랑스의 샤를
드골은 프랑스가 중심이 되는 유럽 건설에 서독이 필요했고,
서독은 국제무대로 복귀하기 위해 프랑스가 필요했다.

1963년 엘리제 조약, 서독이 외교 무대에 복귀하다

베를린 중심가의 동물원 역 인근에 콘라트 아데나워 재단
이 있다. 기민당의 정치재단으로, 민주시민 교육을 담당하고 다른 나
라의 유사한 정치 성향의 정당 및 시민단체와도 교류한다. 재단 바로
앞 정문에 팔순이 훨씬 넘어 보이는 두 노인이 두 손을 맞잡고 활짝
웃고 있다. 1963년 1월 22일 파리의 대통령궁에서 거행된 독일-프
랑스 우호조약 서명식 장면을 묘사한 부조 작품이다. 이 조약은 서명
된 장소의 이름을 따서 흔히 '엘리제 조약'으로 불린다.

이 조약은 주요 국제문제 등에서 두 나라 간의 사전 협의를 규정했
고, 청소년 교류도 의무화했다. 프랑스의 대통령과 독일 총리는 1년
에 최소한 2번, 양국 관계 유지를 책임지는 외무장관은 최소 3달에
1번 만남을 명시했다. 유럽통합과 동서 관계, 북대서양 조약기구와
같은 국제기구의 안건 등 폭넓은 중요 이슈가 사전 상호협의 주제였
다. 특히 자라나는 청소년들이 교류를 통해 서로를 더 잘 이해하면

베를린 아데나워 재단 앞의 부조
왼쪽이 드골, 오른쪽이 아데나워다.

양국 발전에 도움이 될 것이라 봤기에 언어 교육, 학위 상호인정 등
도 추가됐다. 이 우호조약은 당시 프랑스와 독일의 현실적 이해관계
가 맞아 체결됐다.

1959년 초 프랑스 제5공화국의 대통령으로 취임한 샤를 드골
Charles De Gaulle, 1890~1970, 대통령 재직: 1959~1969은 위대한 프랑스 재건을 내
세웠다. 그는 미국과 영국에 세 나라가 중심이 돼 국제문제를 조율하
는 비공식 삼두 체제를 제안했지만 거절당했다. 그러자 그는 프랑스
가 중심이 되는 유럽 건설에 독일이 필요했기에, 서독과의 우호조약
을 추진했다. 엘리제 조약 서명 일주일 전인 1월 14일. 드골은 예정에
없던 기자회견을 열어 영국의 유럽경제공동체European Economic Communi-
ty, EEC 가입을 반대한다고 선언했다. 영국의 경제구조가 대륙과 맞지
않는다는 이유를 내세웠으나 실제로는 영국을 미국의 '트로이 목마'
로 여겼다. 영국이 유럽통합에 합류해 미국이 원하는 방향으로 통합

을 유도하지 않을까 우려했다. 그렇기에 영국의 유럽통합 합류를 저지하면서 서독을 끌어들였다. 서독은 유럽통합에 적극 참여해 국제사회에 복귀할 수 있었고 독주한다는 주변의 우려를 프랑스와의 협력으로 불식시키고자 했다.

그러나 엘리제 조약 체결에 미국이 크게 우려했다. 비밀 해제된 독일 외무부의 문서를 보면, 당시 아데나워 총리는 미국에 특사를 급파했다. 미국의 존 F. 케네디 대통령은 프랑스가 서독을 끌어들여 미국과 서유럽의 관계망에 균열을 낼 것을 걱정했다. 프랑스가 주도하는 유럽은 드골의 정책에 따라 독립적인 외교정책을 내세우며 미국과 대립각을 세우기를 마다하지 않을 것으로 예상했다. 반대로 서독 특사는 오히려 이런 프랑스를 설득해 대서양 관계를 더 굳건하게 할 수 있다고 미국을 안심시키려 노력했다. 미국뿐만 아니라 여당인 기민당 안에서도 미국과 같은 우려가 터져 나왔다. 기민당의 강력한 문제 제기로 "이 조약 때문에 독일이 체결한 다자조약에서 파생하는 권리와 의무가 훼손되지 않는다."는 문구를 조약 서문에 추가했다. 그해 6월 중순 서독의 연방하원은 엘리제 조약을 비준했다. 미국과 체결한 북대서양 조약기구와 같은 안보조약을 염두에 둔 내용이다. 서독 의회가 비준과정에서 조약의 취지와 내용을 희석하자 프랑스의 샤를 드골은 불편해했고, 이 조약의 충실한 이행은 시간이 좀 더 흐른 뒤에 가능했다.

4년 단위 총선에서 아데나워는 승승장구했다. 1950년대 '라인강의 기적'으로 서독 경제가 급속하게 성장하면서 1957년 총선에서는 무려 50.2%의 지지율을 얻어냈다. 1961년 총선도 45.3%로 제1야당 사민당을 9% 넘게 따돌렸다. 그러나 그는 언론 자유의 이정표가 된 슈피겔 사건으로 도중에 물러나야만 했다.

아데나워 총리 시기의 주요 사건

1948년 6월 24일 ~ 1949년 5월 12일	베를린 봉쇄와 베를린 공수작전
1948년 9월 1일	의회 평의회 구성, 10월 초 서독 수도 본에서 첫 모임 개회
1949년 5월 23일	의회 평의회에서 '기본법' 공표, 서독 정부 수립
1949년 8월 14일	• 서독 총대 총선 • 기민당-기사당 31%, 사민당 29.2%, 자유민주당 11.9% 득표
1949년 9월 15일	베를린 봉쇄와 베를린 공수작전
1949년 10월 17일	동독 정부 수립
1950년 5월 9일	• 프랑스 슈만 외무장관, 석탄-철강 공동체 제안 • 이듬해 파리조약으로 '유럽석탄철강공동체' 출범
1952년 3월 10일	스탈린 각서: 소련, 중립국 통일 방안 제안
1952년 5월	서독과 서방 3개국이 독일 조약 체결. 점령조례를 폐지하고 서독에 제한적인 주권을 허용
1955년	서독, 나토에 가입
1958년 1월 1일	유럽경제공동체(EEC)와 유럽원자력공동체 출범
1962년 10월	슈피겔 사건
1963년 1월 22일	독일-프랑스 우호조약(엘리제 조약) 체결
1963년 10월	콘라트 아데나워, 임기 도중에 '슈피겔 사건'으로 사임

EEC는 독일, 프랑스, 이탈리아, 베네룩스 삼국의 무역관세를 서서히 낮추어 12년 후 무관세 교역을 목표로 세워졌다. 이들은 목표보다 이른 1968년 7월 1일에 무관세 교역을 달성했고, 이후 점진적으로 비관세 장벽을 없애 단일시장을 형성했다.

엘리제 조약 50주년인 2013년 1월 22일, 60주년인 2023년에 성대한 기념식이 있었다. 두 나라의 수도 파리와 베를린에서 번갈아 가며 두 나라 대통령과 총리가 공동 각료회의를 개최했다. 또 양국 의회가 합동 회의를 열어 공동 의제를 토론했다.

독일 정치의 문법, 연립정부

독일 선거제는 소선거구제와 비례대표제를 절충했기에
연립정부(연정)가 불가피하다. 서로 다른 정치적 이념을 지닌 정당들이
연정을 구성하기 때문에 항상 협상과 대화를 해야 하고, 이런 연정은
극단에 치우치지 않는 정치를 가능하게 한다.

소선거구제와 비례대표제를 절충한 독일의 선거제도

정치는 흔히 타협의 산물이라고 불린다. 정권 획득을 목적
으로 하는 정당들이 선거에서 승리하면 공약을 실천해 나간다. 이 과
정에서 매우 다양한 이익단체나 야당의 의견을 반영해 공약을 일부
수정하기도 하는 등, 타협을 이루기 위한 과정이 지속된다. 그런데 소
선거구제인 나라의 경우, 입법 과정에서 타협이 쉽지 않을 수 있다.
한 선거구에서 한 명만 의원이 된다. 의회에서 과반을 확보한 여당이
라면 구태여 야당이나 다른 이익단체의 의견을 정책에 반영할 필요
가 없다. 반대로 의회에서 과반을 얻기 위해 두 개 이상의 정당이 연
립정부(연정)를 구성했다면 타협은 늘 필요할 것이다.

독일은 소선거구제와 비례대표제를 혼합한 선거제도를 운영하고
있다. 따라서 독일에서는 연정이 정치의 문법이다. 독일의 연방하원
_{Bundestag} 선거는 4년마다 치러지고, 18살 이상의 유권자들은 2개의
표를 던진다. 제1표_{Erststimme}는 유권자들이 속한 선거구에서 1명의 의

원을 뽑는데 모두 299개의 선거구가 있다. 제2표Zweitstimme는 선호하는 정당을 뽑고 마찬가지로 299명을 선출한다. 각 정당마다 비례대표제 후보의 순위를 매겨 지역별 리스트에 올린다. 이런 제도는 지역대표성을 살리는 소선거구제와 정당 지지도를 반영하는 비례대표제를 절충한 것이다.

예를 한번 들어보자. 녹색당은 2021년 총선에서 118석을 얻었다. 이 가운데 지역구 의원은 16명에 불과하고 나머지 90%가 넘는 녹색당 의원은 제2표로 당선된 비례대표 의원들이다. 여기서 알 수 있듯이 비례대표제는 전국 단위의 조직이 어려운 신생−소수 정당에 유리하다. 또한 녹색당은 후보를 내지 않은 지역구가 많다. 유권자들은 기후위기 문제 해결에 적극 앞장선다는 녹색당의 공약을 보고, 제2표에서 녹색당을 찍는 선택을 했다. 이를 통해 독일 유권자들은 제2표에서 전략적 투표를 하는 성향이 강하다는 사실을 알 수 있다.

선거제도의 또 하나의 특징은 5% 봉쇄조항이다. 독일 선거법 6조 3항에 따라 연방의회나 지방의회에 진출하려면 제2표에서 최소 5% 득표를 하거나, 제1표에서 3석을 얻어야 한다. 소수 정당들은 이 조항이 기존 정당에 유리하다며 몇 차례 헌법재판소에 소송을 제기했으나 그때마다 패소했다. 바이마르 공화국은 이런 의회 진입 저지선 규정이 없어서, 많을 때는 거의 30개 정당이 의회에 진출하기도 했다. 바이마르 공화국의 이러한 분절된 정당구조는 당시 정치적 불안을 야기한 원인이기도 하였다. 이처럼 소수 정당의 난립을 막기 위해 5% 조항을 만들었다. 이 규정은 주 의회 선거에서는 1949년 첫 선거부터, 연방의회 선거에서는 4년 뒤부터 적용됐다. 단 각 주에서 '소수

인종의 정당'으로 인정받은 정당에는 5% 봉쇄가 적용되지 않는다. 북부 슐레스비히-홀슈타인 주에는 네덜란드인 비율이 높다. 이런 소수인종의 권익을 대변하는 정당에는 5% 봉쇄 조항이 적용되지 않는다.

연립정부, 독일 정치의 유산이 되다

1949년 서독(독일) 건국 후 2021년 9월의 총선까지 제2표에 따른 정당 득표율을 본문 318쪽 표에서 확인할 수 있다.

1957년 기민당-기사당이 50.2%를 얻은 것을 제외하고 한 정당이 과반을 얻은 적이 없기에 연정이 구성됐다. 선거 후 득표율 제1정당이나 혹은 1위와 비교해 득표율 차가 크지 않은 제2정당이 5% 이상을 얻은 소수 정당과 연정을 구성한다. 1969년 총선에서 사민당은 기민당-기사당보다 정당 득표율이 3.4% 낮았으나 자민당과 연정을 구성했다. 드물게 제1정당과 제2정당이 연정을 만드는데 이를 대연정이라 부른다. 보통 경제위기 때나 다른 불가피한 사정 때문에 대연정이 구성된다. 1966~1969년 때 최초의 대연정이 구성돼 기민당-기사당, 그리고 사민당이 함께 여당이 됐다. 21세기 들어서는 2005~2009년, 2013~2017년, 2017~2021년 등 세 번이나 대연정 연립정부가 들어섰다. 2021년 9월 선거에서는 제1, 2정당의 득표율을 합해도 과반이 채 안돼 대연정 구성이 불가능했다. 따라서 제2차 세계대전 후 독일 역사상 처음으로 삼당 연정이 성립됐다. 사민당과 녹색당, 그리고 친기업적인 자유민주당이 연립정부에 참여했다. 정당 색깔이 신호등과 같아(사민당은 붉은색, 녹색당은 푸른색, 자민당은 노란색) 신

독일 총선 각 정당 득표율

연도	기민당/기사당	사민당	자민당	녹색당	동맹90/녹색당	좌파연합(민주사회당)	독일대안당	기타
1949	31.0	29.2	11.9					27.9
1953	45.2	28.8	9.5					16.5
1957	50.2	31.8	7.7					10.5
1961	45.3	36.2	12.8					5.7
1965	47.6	39.3	9.5					3.6
1969	46.1	42.7	5.8					5.5
1972	44.9	45.8	8.4					0.9
1976	48.6	42.6	7.9					0.9
1980	44.5	42.9	10.6	1.5				0.5
1983	48.8	38.2	7.0	5.6				0.4
1987	44.3	37.0	9.1	8.3				1.3
1990	43.8	33.5	11.0	3.8	1.2	2.4		4.3
1994	41.5	36.4	6.9		7.3	4.4		3.5
1998	35.2	40.9	6.2		6.7	5.1		5.9
2002	38.5	38.5	7.4		8.6	4.0		3.0
2005	35.2	34.2	9.8		8.1	8.7		4.0
2009	33.8	23.0	1.6		10.7	11.9		6.0
2013	41.5	25.7	4.8		8.4	8.6	4.7	6.3
2017	32.9	20.5	10.7		8.9	9.2	12.6	5.0
2021	24.1	25.7	11.5		14.8	4.9	10.3	8.7

자세한 내용은 독일 연방하원 홈페이지에서 확인할 수 있다.

호등 연정이라 불린다. 총선이 끝난 후 정당들은 몇 달 동안 연정 협상을 벌여 연정 합의문에 서명한다. 세제나 환경정책 등 쟁점 사안에 대해 어느 정도 합의를 하기에 특별한 사정 변화가 없는 한 보통 4년간 정부가 유지된다.

정당의 이념 성향을 보면 중도우파와 중도좌파 등이 골고루 포진돼 있다. 기사당은 바이에른주에서만 기반이 있는 지역정당이고, 나머지 15개 주에서는 기민당의 자매정당으로 활동한다. 두 정당은 연방하원에서 항상 동일한 원내교섭단체를 구성해 활동 중이며(CDU/CSU) 이념 스펙트럼에서 중도우파에 속한다. 2017년 극우 포퓰리스트 정당인 독일대안당Alternative für Deutschland, AfD이 연방하원에 처음으로 진출한 후 점차 더 많은 지지를 얻어 왔다. 민주사회당Partei des Demokratischen Sozialismus, PDS은 구동독 지역에 기반을 둔 좌파 정당으로, 2007년 좌파연합die Linke으로 통합됐다. 녹색당은 1980년 연방의회 선거에 처음으로 참여했고, 1983년 5.6%를 얻어 연방하원에 진입했다. 1993년 '동맹90'을 통합해 정식 명칭은 '동맹90/녹색당'이지만 보통 녹색당으로 줄여 부른다. '동맹 90Bündnis 90'은 1990년 초 동독에서 공산당에 속하지 않는 시민단체들이 연합해 만든 정당이다.

역대 독일(서독)의 총리, 집권당, 연립정부 참여 정당

총리(재직연수)	집권당	연정 참여 정당
콘라트 아데나워(14년)	기민당	• 기사당/자민당 • 1949, 1953년는 독일당(Deutsche Partei)도 연정에 참여, 이후 기민당에 흡수됨
루트비히 에르하르트(3년)	기민당	기사당/자민당
쿠르트 레오르크 키징거(3년)	기민당	기사당/사민당
빌리 브란트(5년)	사민당	자민당
헬무트 슈미트(9년)	사민당	자민당
헬무트 콜(16년)	기민당	기사당/자민당
게르하르트 슈뢰더(8년)	사민당	녹색당
앙겔라 메르켈(16년)	기민당	• 기사당/사민당(12년 대연정) • 기사당/자민당(4년)
올라프 숄츠 (2021년 12월부터 총리 재직중)	사민당	녹색당/자민당(최초의 3당 연정)

영국 총선은 소선거구제로, 선거구에서 최다 득표자 한 명만 뽑는다. 독일처럼 비례대표제가 없기에 영국 총선에서 극우 정당과 같은 신생정당은 하원에 진출하기가 매우 어렵다.

극작가 브레히트,
인민을 바꾸라 외치다
– 1953년 동독 봉기

1953년 6월 17일 소련 지배하의 동부유럽에서 최초로 동독 노동자 봉기가
발생했다. 당시 극작가 브레히트는 인민을 학살한 동독 공산정권을 향해
인민을 다시 해체하고 선출하는 게 더 낫지 않겠냐고 비판하는 시를 썼다.

의무 작업량 증가에 반발한 시위가
정치적 자유 요구로 확산되다

동베를린 시민들이 탱크에 돌을 던지며 격렬하게 저항 중이
다. 몇 명의 노동자들이 동베를린 중심가에 있는 마르크스–엥겔스
광장에서 피를 흘리며 쓰러지고 있다. 1953년 6월 17일 동독 인민들
이 공산당 압제에 대항해 분연히 일어섰다. 인민을 위한다는 정부가
왜 인민에게 총부리를 겨누었을까?

동독 정권은 소련이 만들었다. 소련은 1945년 5월 1일 소련에 망
명 중이던 독일 공산주의자 발터 울브리히트Walter Ulbricht, 1893~1973를
귀국하게 하고는 독일 동부 지역에서 공산화 작업을 시작했다. 그는
1946년 4월 소련 점령지역에서 공산당과 사회민주당의 강압적인 합
당을 주도해 통합사회주의당Sozialistische Einheitspartei Deutschlands, SED을 만
들었다. 1949년 10월 동독 건국 후 울브리히트는 SED 서기장이 돼
1971년까지 일했다.

울브리히트는 소련식 모델에 따라 개인이 소유한 땅을 몰수해 집단농장을 만들고 강압적으로 무리한 중공업 건설 우선 정책을 시행했다. 하지만 이런 무리한 정책 때문에 식량 생산은 줄었고 밤에는 전기 사용을 금지해야 할 정도가 됐다. 1953년 3월, 소련의 독재자 스탈린이 사망한 후 소련에서 강압적인 조치가 약간 줄어들 기미가 보이기 시작했다. 그런데 위성국가 동독에서는 정반대로 노동자들이 하루에 의무적으로 마쳐야 할 작업 할당량을 10% 올렸고 이를 채우지 못한 근로자는 임금을 삭감했다. 이에 반발한 건설업 노동자들은 1953년 6월 16일 동베를린에서 연장을 집어 던지고 시위에 참여했다. 이들은 공산당 본부로 가서 울브리히트 서기장에게 해명을 요구했지만 아무런 소용이 없었다. 이튿날 17일 오전 7시부터 다른 산업의 노동자들과 함께 학생들, 시민들도 시위에 합류해 시위대 규모가 커졌다. 누적된 불만이 폭발했던 것이다. 곧이어 예나, 라이프치히, 드레스덴 등 다른 도시에서도 공산당 독재에 반대하는 시위가 시작됐다. 이들은 정치적 자유, 통합사회주의당 퇴진까지 요구했다. "친구들이여 시위에 참가하게나. 우리는 자유인이 되고 싶다네."라는 구호도 당시 시위 현수막에서 볼 수 있다.

분단 후 동베를린에 있게 된 훔볼트 대학생 몇 명은 브란덴부르크 문 위로 올라가 증오의 대상이던 소련 적기를 철거했다. 정오쯤 주둔 중이던 소련군 탱크가 시위대에게 다가왔고 소련 병사들도 총을 발사하기 시작했다. 시민들은 돌을 던지며 대항했지만 속수무책이었다. 시위 진압조차 할 수 없었던 울브리히트 정권은 소련군에 진압을 요청해 약 20,000명의 소련군이 시위대에게 총을 발사했다. 최소 55명이 숨지고 10,000명이 넘는 시민들이 체포됐다. 동독 전역에서 벌어진 이 시위에 100만 명 넘는 시민들이 봉기에 참여했다.

동독 봉기는 제2차 세계대전 후 소련에 의해 공산화된 동유럽 위성국가에서 공산당에 반대해 일어난 최초의 사건이다. 1956년 헝가리, 1968년 체코슬로바키아, 1980년 폴란드 자유노조 시위보다 앞서 일어났다. 동독 국가계획위원회 프리츠 셴크Fritz Schenk 위원은 독일 공영방송 ZDF와의 인터뷰에서 "소련이 그때 무력으로 시위를 진압하지 않았더라면 SED 정권이 무너졌을 것이다."라고 밝혔다. 당시 동독의 울브리히트 서기장은 동베를린 소련군 본부에 피신했었다.

바로 인근 서베를린 시민들은 길 건너편 동포들의 시위를 보고 지지하는 시위를 벌였으나 냉전 한복판에서 아무런 도움도 주지 못해 안타까워했다. 서독의 연방하원은 그해 8월, 이날을 '독일 통일의 날'로 부르며 국경일로 지정했다. 이후 1990년 10월 3일에 두 개의 독일이 하나로 통일이 된 후에는 그날이 독일 통일의 날이 됐다. 1991년부터는 6월 17일을 통일의 날이 아닌 추모의 날로 기념한다. 서독은 또 1953년에 시위가 가장 크게 벌어졌던 도로 이름도 '샬로텐부르크 쇼제Charlottenburger Chaussee'에서 '6월 17일 거리'로 개칭했다.

극작가 베르톨트 브레히트, 인민을 해체하고 다시 뽑자고 조소하다

베르톨트 브레히트Bertolt Brecht, 1898~1956는 사회주의 극작가이다. 제2차 세계대전 때 미국으로 망명 후 거주하다가 1949년 1월 동베를린으로 귀국해 극단 '베를린앙상블'을 설립하고 활동했다. 그는 동독 노동자들의 봉기를 처음에는 비판했다. 그러나 강제진압 후 인민을 학살한 동독 정부를 격렬하게 비난한 시를 썼다. 그는 「해결책Die Lösung」이라는 풍자시를 봉기 진압 직후에 집필했음에도 동독에서는 출간하지 못했다. 그가 사망한 후 3년이 지난 1959년, 서독의 보수 일간지 『디벨트Die Welt』에서 그의 시가 세상에 등장했다. 이 시에서 언급하는 당시 동베를린의 스탈린 거리는 통일 후 카를 마르크스 거리로 이름을 바꿨다.

6월 17일 봉기 이후 / 작가 동맹의 서기는

스탈린 거리에서 이런 내용의 팸플릿을 나누어주었다.

인민은 정부의 신임을 잃었으며

이것을 다시 얻으려면 / 두 배의 노력이 필요하다.

이렇다면 정부가 / 인민을 해체하고

그들을 다시 선출하는 게 / 더 간단하지 않을까?

봉기 초기에 통합사회주의당 지지를 후회하는 것일까? 이 시는 몇 단어 되지 않음에도 촌철살인의 언어로 '인민의 정부가 인민을 탄압한 모순'을 신랄하게 비판한다.

미국의 민간 국제문제연구소 윌슨 센터(Wilson Center)는 공산권 붕괴 후 비밀 해제된 문서를 디지털로 만들어 공개해 왔다. 윌슨 센터는 「동독의 봉기(East German Uprising)」라는 제목으로 6월 17일 봉기 당시 미국과 소련 내 정책결정자들의 결정을 다룬 문서를 모아서 공개했다. 이를 공개한 홈페이지 주소는 https://digitalarchive.wilsoncenter.org/topics/east-german-uprising 이다.

윌슨 센터 – 동독 봉기 자료 홈페이지

사회적 시장경제의 아버지, 루트비히 에르하르트 총리

초대 총리 아데나워가 주간지『슈피겔』을 탄압한 후 총리에서 물러나면서
에르하르트가 2대 총리가 됐다. 그는 사회적 시장경제를 확립했으나
자당에 의해 해임된 최초의 총리라는 불명예를 안게 된다.
그는 당시 소폭의 경기침체와 지방선거의 참패 때문에 해임당했다.

언론 자유의 이정표가 된 슈피겔 사건

1962년 10월 26일 저녁 9시, 함부르크 시내의『슈피겔』잡
지사 사무실에 36명의 경찰관이 갑자기 들이닥쳤다. 그들은 압수 수
색 영장을 제시하며 사무실을 이 잡듯 뒤지기 시작했고 마감에 쫓기
던 두 명의 편집장, 요하네스 엥겔과 클라우스 야코비를 체포했다. 이
후 경찰은 한 달간 사무실을 봉쇄했고 발행인 루돌프 아우크슈타인
Rudolf Augstein과 다른 기자 등 모두 5명을 감옥에 처넣었다. 제2차 세계
대전 후 독일에서 언론 자유의 이정표가 된 '슈피겔 스캔들'이 시작
됐다.

탐사 보도로 유명한 시사 주간지『슈피겔』은 10월 10일 기사에서
나토 동맹국 서독의 방위 태세가 아주 미흡하다고 보도했다. 소련의
핵 공격에 준비가 안 됐고, 비상조치법도 없을뿐더러 병원과 통신 시
스템도 전쟁 직후 붕괴할 거라 진단했다. 그해 가을에 있던 나토의
연례 훈련 이후 이 기구가 평가한 독일의 국방 태세를 상세하게 분석

했다. 독일 국방부는 이 기사가 나온 후 법무부를 제쳐두고 국가기밀을 누설한 반역죄라며 이 언론사에 재갈을 물리려 했다.

그러나 『슈피겔』 기자뿐만 아니라 시민들까지 거리로 나와 언론 탄압을 규탄했다. 시민들은 "언론에 재갈을 물린다. 언론의 자유는 죽었다."라는 구호를 들고 계속해서 항의 시위를 벌였다. 나치 시대가 끝난 후 정부가 기자를 체포한 일은 처음이었다. 국제기자협회 등에서도 언론 자유를 탄압한다며, 규탄 성명이 잇따라 나왔다. 당시 뉴욕 타임스 등 세계 유수의 언론은 신생 민주공화국 서독이 이런 스캔들을 극복하고 전진할 수 있을지 우려 섞인 눈으로 주시했다.

결과적으로 이 스캔들은 아데나워의 임기를 단축했다. 그는 기사당의 총재이자 국방부 장관이던 프란츠 슈트라우스Franz Josef Strauss의 언론 탄압을 계속 지지했다. 연방하원에서 총리는 "이 나라에서 반역이 발발했습니다. 『슈피겔』이 돈을 받고 이런 기사를 썼습니다."라며 사태에 기름을 붓는 발언까지 서슴지 않았다. 연정 파트너였던 자민당의 볼프강 슈탐버거Wolfgang Stammberger 법무장관은 타 부처 장관의 소송임에도 불구하고, 법무부를 철저히 무시한 언행에 항의하고자 사임했다. 연정 붕괴의 상황에서 아데나워는 결국 슈트라우스를 물러나게 하고, 자신도 다음 해 가을에 물러나겠다고 공약했다. 이후 1965년 법원은 『슈피겔』의 보도가 국가기밀이 아니라고 판시했다.

사회적 시장경제의 아버지, 루트비히 에르하르트

"에르하르트가 항상 입에 물고 다니는 시가는 연기가 쏟아져 나오

슈피겔 사건 때문에 아데나워는 권좌에서 내려와야만 했다. 그의 밑에서 14년간 경제부 장관으로 일했던 에르하르트가 총리가 됐다. 그런데도 아데나워는 끝까지 에르하르트에게 총리 자리를 물려주지 않으려 했다. 에르하르트는 권력을 그다지 달갑지 않게 여긴 학자 출신의 인물이지만 아데나워는 권력을 즐긴 가부장적인 인물이다. 이런 개인적인 성향 차이와 함께 아데나워는 경제부 장관의 세계화 정책을 불신했다. 에르하르트는 1957년 독일과 프랑스, 이탈리아, 베네룩스 삼국이 설립한 유럽경제공동체EEC가 지역블록이라며 반대했다. 석탄철강공동체 6개 회원국이 관세를 철폐해 교역을 자유화하는 게 EEC였다. 에르하르트는 영국뿐만 아니라 스웨덴 등 유럽 각국이 가입하는 광범위한 자유무역지대가 경제적으로 더 실익이 많다고 주장했다. 그는 또 아데나워가 필생의 업적으로 여긴, 독일－프랑스 중심의 유럽보다 미국과의 관계를 우선했다. 이런 시각 차이 때문에 에르하르트의 재직 기간 중 에르하르트와 드골 대통령의 관계는 냉랭했고, 엘리제 조약은 제대로 실행되지 못했다.

루트비히 에르하르트는 1950년대 급속한 경제발전을 일컫는 '라인강의 기적'을 성취한 사람으로 평가받는다. 첫 신호탄은 가격통제 해제였다. 서방 3개국은 1948년 6월 18일 통화개혁을 전격적으로 발표했다. 미영프 3국 점령지에서 경제평의회 의장을 맡았던 에르하르트는 군정 당국과 상의하지 않은 채 가격통제와 다른 통제까지 폐지한다고 발표해 버렸다. 신기하게도, 다음 날 거의 모든 상점은 숨겨뒀던 물건을 꺼내 선반을 가득 채웠다. 점령 당국의 통제경제가 물건을 매점매석하게 했는데, 에르하르트의 전격적인 조치가 물자 부족을 없애버린 것이다. 시장경제를 굳건하게 신봉했던 그였기에 해임을 각오하고 과감한 조치를 단행했다.

이후 그는 1949년 초대 총선에서 시장경제 전도사로 나서 아데나워의 기민당이 승리하는 데에 기여했다. 그가 경제를 맡았던 기간에 서독은 승승장구했다. 1950년대 연평균 8% 정도 경제가 성장해 유럽에서 가장 큰 성장률을 거두었다. 1960년대에도 4.6%를 기록했다. 신임 총리는 기적이라는 용어를 싫어했다. 국민 모두가 힘써 이룬 경제적 성장을 깎아내리는 말이라 여겼다. 에르하르트는 시가를 즐겨 피웠는데 사람들은 그의 시가에서 풀가동되는 공장 연기를 연상하곤 했다.

독일경제의 급속한 성장은 한국전쟁과 마샬계획의 덕이 크다. 한국전쟁 발발 후 군수물자가 부족해지자 서방 3개국은 공장 재가동을 허용했고, 이 덕분에 경제는 크게 성장할 수 있었다. 미국이 서유럽 16개국에 원조를 제공한 마샬계획도 독일의 경제적 부흥에 도움을 줬다. 1951년 독일은 전쟁 전의 산업생산량을 회복할 수 있었다. 급속한 경제성장이 한창인 와중에 인력이 부족해 외국인 노동자Gastarbeiter를 받기 시작했다. 1961년 터키와 협약을 체결해 근로자들을 받았다. 1963년 한국에서도 간호사와 광부를 서독에 파견했다. 이들이 송금하는 돈을 담보로 우리는 서독에서 차관을 들여왔고, 그 차관은 경제발전의 종잣돈이 됐다.

　에르하르트는 흔히 '사회적 시장경제Soziale Marktwirtschaft의 아버지'라 불린다. 독일의 경제체제를 지칭하는 말이다. 자유시장경제를 보장하면서도 독점과 가격 담합 등 경쟁을 해치는 행위를 국가가 강력하게 규제한다. 아울러 사회적 약자를 위한 복지 체제를 촘촘하게 갖춘다. 예를 들면 노동자 해고 요건이 아주 엄격하고, 실직한 근로자에게 일정 기간 실업급여를 보장한다. 보통 신자유주의가 시장의 기능을 최대한 보장하면서 최소한의 복지 체제를 갖춘 것과는 대비된다. 현재도 독일 연방 경제부는 공식 홈페이지에서 "사회적 시장경제는 자유적이고 열린 민주사회의 토대이다."라고 명시하며 에르하르트의 사회적 시장경제를 계승했음을 알린다.

　에르하르트의 책 『모든 사람을 위한 복지Wohlstand für Alle』는 사회적 시장경제의 지향점을 잘 보여준다. 그는 "자유경제만이 모든 사람에게 복지를 가능하게 해준다. 그렇기에 자유경제는 카르텔과 독점뿐만 아니라 국가의 개입으로부터도 보호돼야 한다."라고 역설했다. 1957년 초 발간된 이 책은 베스트셀러가 됐고 그해 가을 총선에서 기민당은 이 책의 제목을 선거 구호로 채택해 사상 처음으로 50.2%의 득표율, 즉 과반을 확보한다.

　그러나 이런 업적에도 불구하고 에르하르트는 최초로 자신의 정당에 의해 해임 당한 총리라는 불명예를 안게 된다. 1965년 9월의 총선에서도 '선거 유세의 기관차'로 불린 에르하르트가 힘차게 전진해 4년 전보다 지지율을 2.3% 포인트 높인 47.6%를 얻었다. 역설적이게도 약간의 경기침체와 지방선거의 참패가 해임의 기폭제로 작용했다. 1966년 가을 실업률은 0.7%에 불과해 현재 시각에서 본다면 거의 완전 고용에 가깝다. 그렇지만 전후 급성장하는 경제에 익숙했던 사람들에게 위기가 임박했다는 정서가 팽배했다. 여기에 최대 인구를 지닌 노르트라인-베스트팔렌 지방선거에서 기민당이 참패했다. 탄광 지대가 밀집된 지역인데, 시민들이 점차 값싼 석유로 난방을 하면서 탄광이 문을 닫았기 때문이다. 결정적으로 에르하르트는 정당 일을 싫어했고 정당을 국민과 자신 간의 장애물로 여겼다. 정당 안에서 자신의 세력을 형성하는 데에 신경을 쓰지 않았기에 위기의 순간에 자신을 지원할 원군이 거의 없었다.

그해 10월 말 자민당이 다음 해 연합을 거부해 연정이 붕괴된 후 에르하르트는 12월 1일 기민당에 의해 총리에서 해임됐다. 기민당은 바덴-뷔르템베르크 주지사 쿠르트 게오르크 키징거를 총리로 내세워 제1야당인 사민당과 처음으로 대연정을 구성했다. 키징거는 나치 집권 시기에 외무부 선전국에서 일했기 때문에, 나치에 부역했다는 의혹에 끊임없이 시달렸다.

에르하르트는 총리 재직 시절에 프랑스와 미국을 각각 4회 방문했다. 그러나 체류기간 등을 비교하면 미국에 훨씬 더 비중을 뒀다. 그가 프랑스보다 미국과의 관계를 우선했음을 알 수 있다.

빌리 브란트,
동방정책과 화해의 기수

나치에 대항해 투쟁했던 사회민주당의 빌리 브란트가 3수 끝에 총리가 됐다.
그는 소련과 폴란드 등 공산권 국가와의 관계를 개선하는 동방정책을 실시해
자유진영에 치우쳐있던 독일의 외교 지평을 넓혔다.

베를린 장벽 건설 현장을 지켜만 봐야 했던 서베를린 시장

"독일민주주의공화국(동독)의 국제법적 승인을 고려하지 않습니다.
독일에 두 개의 국가가 있다더라도 두 나라는 외국이 아니라 특수
한 관계입니다."

_빌리 브란트 총리, 1969년 10월 28일 연방하원에서의 취임 연설

1961년 8월 13일 오전 10시쯤, 베를린의 상징인 브란덴부르크 문
앞. 사민당의 총리 후보로 총선 기간 중 전국을 돌며 유세 중이던 빌
리 브란트Willy Brandt, 1913~1992, 총리 재직 1969~1974 서베를린 시장이 유세
를 중단하고 문 앞으로 황급히 달려왔다. 그날 새벽 1시 5분에 동독
의 공산당 정권이 베를린 장벽 건설을 개시했다. 수십 명의 동독 인
부들은 이곳에 철조망을 펼치고 아스팔트를 뜯어내며 공사에 한창
매진했다. 브란트는 "여보게 들어보게, 무슨 일인가?"라며 계속해서

그들과 대화하려고 했으나 아무런 응답이 없었다. 브란트는 절친인 미국의 존 F. 케네디 대통령에게 미친 짓을 막아달라고 간청했으나 미국은 수수방관했다. 케네디는 다만 서베를린에 주둔 중인 미군을 증원하고 존슨 부통령의 방문만 약속했을 뿐이었다. 갑자기 수도가 두 동강이로 갈가리 찢기는 모습을 보고도 아무것도 할 수 없었던 브란트는 분단의 아픔을 뼈저리게 느꼈다. 그리고 현상 유지에 급급한 미국과 소련의 견고한 냉전의 틀 안에서 독일의 외교 행동반경을 넓혀야 한다고 절감했다. 이런 외교정책을 실행하려면 총리가 돼야 했지만 그 길은 멀고도 멀었다.

동독 정부는 수많은 시민이 서독으로 탈출하자 '파시즘에 반대하는 방어벽'이 필요하다며 갑작스럽게 장벽을 건설했다. 전승 4개국이 베를린을 공동관리하는 바람에 동서 베를린 간에는 지하철과 도시 전철이 운행됐다. 동독인들은 동베를린에서 대중교통을 타고 서베를린 지역에 내려 서독으로 넘어갈 수 있었다. 동독은 1950년대 중반까지 전후 슐레지엔 등에서 거주하던 실향민들이 이주하여 노동력이 넘쳤다. 동독 정부는 서독으로 넘어가는 시민들에게 비교적 관대한 조치를 취하다가 1957년부터는 엄중 처벌하는 식으로 법을 개정했다. 서독의 주민등록사무소 통계에 따르면 1950년부터 1961년까지 동독을 이탈해 서독으로 온 시민은 약 358만 명, 한 해 평균 30만명 정도가 동독에서 도피했다. 장벽이 건설되기 전 1961년 상반기에만 해도 탈출자가 10만 명이 넘어서자 소련의 동의를 얻은 동독 공산당이 장벽을 건설했다.

베를린 봉쇄가 냉전의 본격적인 신호탄임을 보여줬듯이 베를린 장벽은 독일이 냉전의 최전선임을 다시금 각인시켰다. 동독은 경찰과 군, 자원봉사대를 동원해 불과 2주 만에 장벽 건설을 마쳤다. 이후 점차 장벽을 보강해 1980년대 베를린 장벽은 총 길이 155km 정도에 높이는 4m였다. 장벽 앞 수십m 지대는 '죽음의 땅'이라 불리며 55,000개의 지뢰가 매설돼 사실상 접근이 거의 불가능했다. 300개가 넘는 감시탑에서 약 14,000명의 동독 국경수비대가 장벽을 지켰다.

독일의 케네디, 3수 끝에 총리가 되다

1949년 첫 총선부터 연달아 기민당에 패배한 사민당은 변화를 시도했다. 그 첫 결실이 고데스베르크Godesberg 강령이다. 이 문서에서 사민당은 더 이상 계급주의 정당이 아니라 대중정당임을 대내외에 알렸고, 시장경제를 지지하며 개혁하겠다고 선언했다. 고데스베르크 강령은 1959년 11월 서독 수도 본 인근에서 열린 사민당 전당대회에서 채택됐다. 지도부도 대폭 물갈이되어 쇄신한 정당에 걸맞게, '노인네' 아데나워와 견줘 아주 대조적인 참신한 인물이 필요했다. 그게 바로 빌리 브란트였다. 그는 1961년 가을 총선에서 당시 47살에 총리 도전장을 냈다. 아데나워보다 38살 젊어서 아들뻘이었다.

사민당은 선거전략도 새로이 짰다. 그들은 미국의 젊은 대통령 존 F. 케네디의 선거전을 모방해 브란트를 '독일의 존 F. 케네디'라 묘사했다. 그가 가족과 함께 다정하게 시간을 보내는 모습, 전국을 유세하며 시민들과 스스럼없이 어울리는 모습 등을 집중적으로 조명했다. 85살에, 내리 3번 총선을 이기고, 네 번째 총선에 나선 기민당의 아데나워는 브란트에게 정책 논쟁이 아닌 인신공격을 퍼부었다.

"우리가 나치의 치하에서 신음할 때 브란트 씨는 어디에 있었습니까?"

"브란트 씨, 혹은 프람 씨."

브란트는 사생아 출신이었고 그때 이름이 프람이었다. 한 나라의 총리가 공식 석상에서 상대방 후보의 과거를 들먹였다. 브란트는 나치 집권으로 박해를 받자 노르웨이, 스웨덴으로 피신해 기자로 일하며 나치에 대항해 투쟁했다. 이런 그의 경력을 상대방은 전쟁 중에 편하게 놀고 먹었다는 식으로 프레임을 짜 맹공을 퍼부었다.

1965년 총선에서도 브란트는 에르하르트에게 패배해 크게 낙심한 나머지 다시는 본으로 돌아오지 않겠다고 말했다. 그러나 그해 말 대연정이 들어서자 외무장관으로 수도로 복귀했다. 대연정의 키징거 총리가 사사건건 외무부 일에 간섭하는 바람에 그는 외무장관으로서 정책 재량권이 거의 없었다.

1969년 가을 총선에서 빌리 브란트는 세 번 도전한 끝에 총리가 됐다. 첫 총선부터 16년간 연립정부에 참여했던 자민당은 대연정 당시 야당으로 전락했다. 이후 자민당이 사민당과의 연정을 선택했기에 최초의 사민당-자민당 연립정부가 구성됐다. 독일은 20년 만에 여당에서 야당으로 평화적인 수평적 정권교체가 이뤄졌다. 당시 독일 사회는 1968년 절정을 이룬 학생의 대규모 시위 등으로 기성세대와 젊은 층의 갈등이 격화하며 변화의 와중에 있었지만 말이다.

"폴란드 바르샤바 게토에서 무릎을 꿇다."
접촉을 통한 변화, 동방정책

1970년 12월 7일 오전 11시쯤, 바르샤바의 게토 희생자 추모 장소. 비가 내리는 음산한 날씨에 사진기자들이 미리 몰려와 브란트 총리를 기다렸다. 제2차 세계대전 때 나치가 40만 명이 넘는 유대인을 학살한 바로 그 장소에 신임 총리가 헌화하는 순간을 담기 위해서다. 그런데 갑자기 총리가 무릎을 꿇자, 뒷줄에 있던 사진기자들이 냅다 소리를 쳐댔다.

"총리가 어디 있지? 기절했어?"

총리 자신도 헌화와 묵념만을 생각하고 그곳에 갔으나 자신도 모르게 숙연한 분위기에 무릎을 꿇게 됐다고 차후 기자회견에서 밝혔다. 이 한 장의 사진은 수천 개의 글보다 강력했다. 이 한 장의 사진이 독일을 도덕적으로 복권시키는 데에 크게 기여했다. 나치에 대항해

바르샤바 게토 희생자 추모 장소에서 무릎을 꿇은 빌리 브란트 총리
독일 정부는 2020년에 '바르샤바에서의 무릎 꿇기(Kniefall von Warschau)' 사건을 기념하는 우표를 발행했다. 우표 중앙에 무릎을 꿇은 인물이 바로 서독의 빌리 브란트 총리이다. 우표의 상단에는 "독일 역사의 가장 암울한 시기에 수백만 명의 유대인을 살해한 책임을 느끼면서, 언어로 표현할 수는 없어도 사람이면 응당 해야 할 행동을 했다."라고 적혀 있다.

투쟁했던 사람이 독일 국민을 대표해 피해국에 진심 어린 사죄를 해 화해를 위한 길을 열게 했다. 브란트 자신도 이런 사죄로 역사에 동 참했기에 나치 시대에 외국에 나가 있었던 '다른 독일인'이라는 멍에 에서 벗어날 수 있었다.

이 절의 첫머리 취임 연설에서 밝혔듯이 브란트는 공산권과의 관 계를 개선해 독일을 둘러싼 강대국 간의 긴장을 완화하는 동방정책 Ostpolitik을 실행했다. 독일에서 볼 때 소련과 폴란드 등 공산주의 국가 들이 동쪽에 있어 이렇게 불린다. 외교관뿐만이 아니라 시민들도 서 로 만나고, 무역도 늘리면 두 나라 간에 긴장이 완화되고 상대국, 공 산국가를 조금이라고 변화시킬 수 있다고 여겼다. 그래서 '접촉을 통 한 변화Wandel durch Annäherung'가 동방정책의 모토다.

브란트는 취임 직후 소련과 먼저 접촉했다. 외교 보좌관 에곤 바 르Egon Bahr를 비밀리에 파견해 수차례 협상을 마쳤다. 브란트 총리는 1970년 8월 11일 모스크바를 방문해 모스크바 조약을 체결했다. 제 2차 세계대전 후 승전국이 결정한 독일의 국경선을 인정하고, 국가 관계에서 폭력을 사용하지 않겠다는 게 이 조약의 골자다. 4달 후 폴 란드 바르샤바를 방문해 폴란드와도 바르샤바 조약을 체결했다. 이 역시 전승국이 확정한 독일 국경선(오데르—나이세강을 기준)을 인정하 고 폭력 불사용을 규정했다. 이에 대해 야당인 기민당과 기사당은 국 익을 배신했다며 격렬하게 비판했다. 총리가 대국민 연설에서 "이 조 약은 우리가 이미 오래전에 잃어버렸던 것을 공식화했을 뿐입니다." 라며 조약의 필요성을 설득하려 노력했으나 허사였다.

제2차 세계대전 후 슐레지엔과 동프로이센 등에서 1,200만 명이 넘는 시민들이 강제로 쫓겨 독일로 왔다. 이들은 주로 뮌헨 등 남부 독일에 정착해 기사당의 주요지지 기반이 됐다. 아무런 보상도 받지 못하고 쫓겨난 그들이었다. 이들은 승전국이 부과한 잠정적인 국경선을 총리가 조약으로 확인한다면 이곳을 영원히 포기한다고 봤다. 야당이 빌리 브란트의 동방정책을 격렬하게 반대하는 와중에 모스크바 조약과 바르샤바 조약의 명운은 이제 의회로 넘어갔다. 1972년 3월 초 여당인 사민당 의원 2명이 탈당한 후 야당 기민당으로 당적을 변경했다. 결국 4월 말 기민당-기사당은 브란트 총리를 향한 건설적 불신임안을 제출했으나 2표가 부족해 총리를 물러나게 할 수 없었다. 동방정책에 명운을 걸었던 브란트는 야당 대표들과 2주 정도 회동하며 두 개 조약의 비준을 부탁했다. 당시 야당은 서베를린과 동베를린, 동독 간의 왕래와 교류를 강화하는 베를린 협정 체결에 대해 시민들의 지지가 높으니, 상황이 불리함을 깨닫고 조약 비준에 동의했다.

동방정책의 실행으로 서독이 1955년부터 외교정책으로 고수했던 할슈타인 원칙이 폐기됐다. 서독만이 전 독일을 대표하기에 소련을 제외하고 동독을 인정하는 국가와 외교관계를 맺지 않는다는 게 할슈타인 원칙이다. 에르하르트 총리와 뒤이은 대연정 시기의 서독은 폴란드와 체코 등 동유럽 국가에 무역대표부는 개설했으나 동유럽 국가들이 동독을 국가로 인정했기에 공식적인 외교관계를 체결하진 않았다.

빌리 브란트 총리 시기의 주요 사건

1970년 8월 11일	모스크바 조약 서명	두 조약 모두 1972년 5월에 비준
1970년 12월 7일	바르샤바 조약 서명	
1970년 3월, 5월	동독 에르푸르트, 서독 카셀에서 동서독 정상회담	
1971년 12월	빌리 브란트, 노벨평화상 수상	
1972년 4월 24일	● 야당 기민당─기사당이 브란트 총리를 상대로 '건설적 불신임안' 제출 ● 2표가 부족하여 빌리 브란트가 총리직을 유지	
1972년 11월 6일	동서독 기본조약 서명	
1972년 11월 19일	● 조기총선 시행, 유권자의 91.1%가 투표에 참여 ● 사민당이 45.9%의 득표율을 얻으며 창당 이래 처음으로 최다 득표 정당이 됨 ● 젊은 유권자 60%가 사민당을 지지	
1973년	동서독 유엔 동시 가입	
1973년 9월	서독 통신사(DPA) 특파원이 동베를린에 상주	
1974년 5월	상주 대표부 상호 파견(서독은 동베를린에 동독은 서독의 본에)	
1974년 5월 6일	빌리 브란트, 총리직에서 사임	

독일 사회민주당의 본부는 베를린에 있고, 건물 이름이 '빌리브란트 하우스'이다. 동방
정책과 화해의 기수인 전 총리를 기념하여 이렇게 부른다.

동서독 기본조약,
두 독일 간의 교류를 확대하다

브란트 총리는 동독과도 정상회담을 열어 긴장을 완화했고
동서독은 1972년 기본조약에 서명했다. 이 조약에서 두 독일은
양자의 관계를 특수 관계로 규정, 한민족, 두 국가 체제를 인정했다.

동독과 체결한 기본조약, 통일의 밑거름이 되다

사민당−자민당 연립정부는 소련 및 폴란드와 관계를 개
선하면서 동독과의 관계 개선도 거의 동시에 추진했다. 1970년 3월
19일 서독의 총리는 특별 열차를 타고 동독의 에르푸르트에 도착했
다. 당시 많은 동독 시민이 경찰의 저지선을 뚫고 브란트 숙소까지
와서 "빌리, 빌리!"를 외치며 환호했다. 이어 5월 21일 서독 카셀에서
2차 정상회담이 열렸다. 동독은 줄기차게 국제법적으로 자국 승인을
먼저 요구했던 반면에 서독은 이산가족 문제의 해결, 교통과 통신, 교
육과 문화 등 각 분야에서의 협력과 같은 분단의 고통을 덜어주기 위
한 인도주의적 정책에 더 중점을 뒀다. 논의를 거듭한 끝에 동서독은
1972년 12월 21일 동베를린에서 기본조약Grundlagenvertrag에 서명했다.
국경선 불가침, 무력 위협이나 무력 사용의 포기를 규정하며 두 독일
의 관계를 특수 관계로 규정했다. 한민족−두 국가 체제를 인정했다.
이에 따라 동서독은 이듬해 유엔에 동시 가입할 수 있었다.

분야별 협력에서는 우편과 통신 관련 협력이 확대됐다. 1952년 5월 이후 끊겼던 동서 베를린 간의 전화가 다시 개통됐다. 또한 서독 시민들이 동독 영토 깊숙이 있는 서베를린을 방문하려면 동독의 도로나 철도를 이용해야만 했는데, 동독 정부가 통과를 신속하고 간단하게 처리할 수 있게 통과 협정을 맺었다. 시민의 여행뿐만 아니라 일반 화물이 동독의 육로와 철도, 수로를 이용할 때에도 마찬가지였다. 두 나라 간의 관계가 특수 관계이기에, 1974년 5월 외교 대사가 아니라 상주 대표부를 서로 파견했다. 서독은 동베를린에, 동독은 서독의 본에 대표를 보냈다.

기본조약 체결 후 동서독 교류는 점차 늘었다. 1971년 서독인의 동독 방문자 수는 266만 7,000명에 불과했으나 이듬해에는 626만 명으로 급증한다. 1978년에는 780만 명이 넘는 서독인들이 동독에 있는 친치 등을 만나러 갔다. 반면에 동독인의 서독 방문은 소폭 늘었다. 1971년에 104만 5,000명에서, 이듬해 107만 9,000명, 1978년에는 143만 명 정도다. 동서독 간의 청소년 교류, 우편과 통신 교류도 증가했다. 두 독일 간의 편지와 소포 주고받기, 전화 통화가 가능했다.

기본조약이 준비되는 과정에서 동서 베를린의 교류 확대도 논의되어, 1971년 9월 전승 4개국이 베를린 협정에 서명했다. 서독과 서베를린 간의 통행, 서베를린에서의 동독 방문 등을 좀 더 신속하고 간단하게 처리하기로 합의됐다. 서베를린은 서독의 일부가 아니며 서독에 의해서도 통치되지 않는다는 점을 명시했고, 서베를린과 동베를린 간의 상호방문은 두 독일이 합의할 수 있도록 하였고, 이후 기본조약이 이를 다뤘다. 베를린 협정은 모스크바 조약 및 바르샤바 조약이 비준된 직후 발효됐다.

기욤 스캔들로 중도에 물러나다

어렵게 동방정책 실행에 필요한 조약이 연방하원에서 비준됐지만 일부 여당 의원들이 추가로 이탈해 정국을 안정적으로 운영하기가 어려워졌다. 원래 하원의 임기는 4년이지만, 브란트는 1972년 9월 말 하원을 조기에 해산하고 11월 19일 조기 총선을 실시했다.

조기 총선은 동방정책과 동독과의 관계 개선에 대해 유권자의 평가를 묻는 자리였다. 사민당은 3년 전보다 지지율을 3.1% 포인트 더 얻어(45.8%) 역대 최고의 기록을 올렸다. 연정 파트너였던 자민당도 3년 전보다 더 많은 지지율을 올려 안정적인 사민당-자민당 연정이 다시 출범했다. 20대의 젊은 유권자 60%가 브란트를 지지했다. 중고등학생들도 브란트 선거 벽보를 부쳤고, 이 때문에 지각이나 결석을 해도 용인될 정도였다. 노벨 문학상을 탄 작가 하인리히 뵐이나 유명한 소설가 귄터 그라스도 화해의 기수 브란트 지지를 공개 선언하고 선거전에서 도움을 줬다.

사민당-자민당의 연정 2기는 집권 1기 때보다 41석을 더 획득했다. 그러나 1974년 4월 말에 터진 '기욤 스캔들'로 브란트는 중도에 사임했다. 총리실에서 근무하던 귄터 기욤Günter Guillaume은 동독 출신이었으나 서독으로 이주한 후 사민당에 가입했다. 1972년 정보기관에서는 그에 관한 유보 의견을 제시했으나 총리실에서 2년 정도 근무했고, 이 기간에 중요 정보를 동독에 전달했다.

기욤 스캔들로 브란트 총리가 중도에 사임한 건 사실이지만 당시의 경제적 어려움도 중도 사임의 이유 중 하나였다. 1973년 10월 발발한 이스라엘과 아랍 국가들의 4차 중동전쟁으로 중동 국가들은 친이스라엘 정책을 실시하는 서방 국가에 석유 수출을 제한했다. 제1차 오일 쇼크였다. 이 때문에 석유 수입의 75%를 중동에서 들여온 서독은 제2차 세계대전 후 심각한 경제 위기를 겪게 된다. 1972년까지 실업자수는 30만 명에 미치지 못했지만 1974년에 57만 명으로, 1975년에는 107만 명으로 급증하게 된다. 이런 경제 악화에 당시 브란트 정부의 대처는 부족했다.

사민당—자민당 연정은 브란트의 중도 사임 후에도 계속되었다. 그해 5월 중순 재무장관이던 헬무트 슈미트Helmut Schmidt를 후임자로 선출했다. 빌리 브란트는 4년 반 정도 총리로 재직했다. 그는 과감하게 동방정책을 실행해 서유럽에 치중된 독일의 외교지평을 넓히고 과거 적대국과의 화해에 기여했다. 이런 이유로 그는 1971년에 노벨 평화상을 받았다.

> 1991년 12월에 남북한 사이에 체결된 남북기본합의서(정식 명칭은 남북 사이의 화해와 불가침 및 교류 · 협력에 관한 합의서)는 동서독 기본조약을 많이 참조했다. 남북한의 관계를 통일을 지향하는 특수한 관계로 정의했고, 교류 협력 증진을 담았다. 1991년 9월에 남북한은 유엔에 동시 가입했다.

뜨거웠던 1968년의 학생 시위, 여성과 반핵운동으로 이어져

미국의 베트남전 참전에 반대하면서 1968년 독일에서
학생운동이 거세게 일어났다. 당시 학생들은 정부가 제정한
비상조치법 폐지와 함께부모 세대의 미흡한 나치 과거 청산을 비판했다.
1970년대의 학생운동은 여성운동과 반핵운동으로 이어졌다.

서독 학생운동지도자 루디 두치케 피격과
비상조치법 통과

"역사에서는 죄악과 다름없는 것이 존재하며, 베트남에서 일어나
는 일은 전략적으로나 기술적으로 그리고 민족적으로 정당화할 만
한 어떤 불가피성도 없다. 여성과 어린이 같은 민간인 학살, 체계적
인 식량 파괴, 세상에서 가장 가난하고 방어력이 없는 나라에 대한
대량의 폭탄투하, 그것은 죄악이다. 우리는 이에 저항해야 한다."

_철학자 헤르베르트 마르쿠제, 1966년 5월 22일 「베트남 분석」에서

 1968년 4월 11일 오후 4시쯤. 서베를린의 중심대로 쿠르퓌어스텐
담Kurfurstendamm 거리. 한 청년이 소리를 지르며 자전거를 타려던 청년
에게 세 발의 권총을 발사했다.

"더러운 공산주의 돼지놈아!"

　머리와 목, 어깨를 관통한 총알을 맞은 청년은 그 자리에 쓰러졌다. 중상을 입은 사람은 베를린 자유 대학교에서 사회학을 공부하며 학생운동을 이끈 루디 두치케Rudi Dutschke, 1940~1979였다. 이 소식은 그동안 불꽃처럼 타오르던 학생 시위에 기름을 부은 셈이 됐다. 베를린과 함부르크, 뮌헨 등 서독의 27개 대도시에서 수십만 명의 대학생들이 참여하는 시위가 5일 넘게 계속해서 벌어졌다. 특히 총을 쏜 범인 요제프 바흐만Josef Bachmann이 타블로이드 일간지 『빌트Bild』를 읽으며 시위 학생을 '빨갱이'로 여기고 처단을 결심했다는 내용이 전해지자 이 신문사가 공격받았다. 학생들은 서베를린과 함부르크시에서 『빌트』를 발행하는 언론 재벌 악셀 슈프링거 앞에서 과격 시위를 계속했고 배달 트럭에 불을 지르기도 했다. 파리와 런던에서도 대학생들의 동조 시위가 잇따랐다.

　대학생들의 시위는 여기에서 그치지 않았다. 당시 기민당-기사당과 사민당의 대연정 정부는 5월 비상조치법을 제정해 국가 비상시에 통신의 자유와 집회의 자유 등을 제한했다. 학생들은 나치 시대의 비상조치법을 연상하면서 "기본법 개정이 아니라 기본법을 이행하라."라고 말하며 시위를 계속했다. 서독의 대규모 학생 시위는 당시 파리와 미국의 버클리, 런던 등에서 벌어진 학생들의 시위와 연대해 이뤄졌다. '68세대'의 등장이다.

베트남전 반대에서 시작된 68년의 학생 시위, 기성세대의 모든 것에 반기를 들다

1965년 미국에서 대학생들이 베트남전에 반대하는 시위를 벌이기 시작하면서 독일에서도 일부 지식인들이 미국의 베트남전 참전을 강력하게 규탄했다. 대표적인 인물이 이 글의 첫머리에서 인용한 철학자 헤르베르트 마르쿠제였다. 그는 미국의 베트남전 참전을 죄악이라 비판했고 당시 베를린 자유 대학교의 학생 가운데 이런 비판에 공감하는 사람이 제법 있었다. 급진 학생조직이던 독일사회주의학생연맹Sozialistischer Deutsche Studentenbund, SDS이 토론과 연좌농성, 시위를 주도했다. 이 단체는 1946년 설립된 사회민주당의 청년조직이었다. 그런데 1959년 사민당이 고데스베르크 강령에서 온건 노선으로 전환하자 사민당을 탈퇴해 지식인들과 함께 의회 밖에서 민주주의를 추구하는, 원외 반대운동의 중심에 섰다.

이들은 1968년 2월 중순 베트남전에 관한 국제학술회의를 베를린 공대에서 개최했다. 베를린 자유 대학교가 소요를 우려해 장소를 빌려주지 않아 바로 옆 공대에서 행사를 개최했고 프랑스와 이탈리아, 그리스, 미국 등 44개국에서 10,000명이 넘는 학생들이 참가했다. 이들은 회의를 마치고 "베트남 침략전쟁을 즉각 중단하라!"라는 구호를 외치며 시위를 벌였다. 『빌트』는 이런 학생운동을 선정적인 문구와 사진으로 1면에 연이어 크게 보도하면서 이들을 공산주의자로 규정했고 이런 와중에 두치케를 노린 암살 기도가 있었다.

당시 학생들은 비상조치법 폐지와 함께 베트남전 참전을 반대했다. 그들은 또 미흡한 과거 청산을 비판했다. "히틀러에 한마디도 못하고, 저항도 못 했으며, 과거 청산도 제대로 하지 않은 기성세대가 무슨 잔소리냐?"라는 정서가 강해 사회의 모든 것을 비판했다. 당시 대연정의 키징거 총리가 나치 때 외무부 고위 공무원이었다는 사실도 학생들의 불만 요소였다. 이들은 1919년 1월 무장봉기 실패로 살해된 혁명가 로자 룩셈부르크와 카를 리프크네히트의 초상화를 들고 시위를 벌이며 결사 항전의 의지를 다지기도 했다.

독일 대학생들의 시위는 유럽 각국과 미국의 학생들과도 연계됐다. 1968년 5월 초 파리 소르본 대학교에서 학생들의 대규모 시위가 일어나고 공산당과 노동조합도 가세해 노동자−학생 연대투쟁이 일어났다. 베를린과 런던 등에서도 이에 발맞춰 대규모 시위가 끊이지 않았다. 하지만 이듬해까지 지속되던 학생들의 시위는 1970년대 들어 점차 잦아들었다. 대학을 졸업한 이들이 기성세대로 바뀌었다. 사회인이 되어 환경운동과 반핵운동, 평화운동, 여성운동 등 일상생활과 밀접한 이슈에서 목소리를 내게 된다. 일부는 테러리스트가 돼 자본주의 자체를 전복하고자 했다. 적군파라 불린 이들은 1977년 10월 독일경영자단체의 회장을 납치해 수감된 동료의 석방을 요구했다. 당시 헬무트 슈미트 총리는 강경하게 대응해 굴복하지 않았다.

당시의 학생운동에 관해 독일 사회의 전반적인 민주화에 기여했다는 평가도 많지만 일부는 사회를 분열시켰다고 비판한다.

> 베를린이 동서로 분할되면서 훔볼트 대학교는 동독에 남게 됐다. 학문의 자유를 제한당한 당시 대학생들의 불만이 컸다. 1948년 미국과 서베를린시 등의 지원을 받아 서베를린에 또 다른 대학교가 설립되었는데, 이게 베를린 자유 대학교다.

노사 공동결정과 이중결정, '선장' 헬무트 슈미트

빌리 브란트의 중도 사임으로 총리가 된 사민당의 헬무트 슈미트는
경제위기를 극복했다. 또 노사공동 결정을 법으로 만들었고
소련의 핵무장 증강에 대비해 미국의 핵무기 증강과 독일 등
서유럽 배치를 내용으로 하는 이중결정도 관철했다.
하지만 자민당이 연정에서 탈퇴하면서 총리에서 물러났다.

'선장' 헬무트 슈미트,
적극적인 경기부양책 실시와 G7 정책 공조에 앞장서다

1962년 2월 16일 북부의 함부르크시. 강력한 태풍을 동반한
홍수로 이틀간 315명이 숨졌다. 도시의 1/6이 침수됐고 약 6,000채
의 집과 빌딩이 파괴됐다. 당시 시 내무국장이던 헬무트 슈미트
_{1918~2015, 재직: 1974~1982}는 경찰은 물론이고 군까지 동원해 재난에 대
응했다. 이런 노력으로 그는 1,000명 넘는 사람들의 목숨을 구할 수
있었다. 당시 서독 기본법은 국내 업무에 군 동원을 금지했다. 이 일
이 언론이 크게 보도되면서 그는 '위기관리자', '해결사'라는 별명을
얻게 된다. 기본법은 1968년에야 국내 업무에서 태풍이나 홍수 등을
제외하게 개정되기에 이른다.

1974년부터 1982년까지 그가 총리로 일했던 때 독일은 물론이고
세계 경제가 침체에 빠졌다. 위기관리자라는 별명에 맞게 그는 선장
이 되어 서독이라는 배가 좌초하지 않게 운항했다. 프랑스와 긴밀하

게 협력해 유럽통합이 몇 걸음 나아가도록 이끌었다.

1973년부터 세계 경제는 침체에 빠졌다. 제2차 세계대전 후 승승장구하던 경제성장에 빨간불이 켜졌다. 1973년 1차 오일쇼크가 터져 독일 등 많은 나라가 스태그플레이션stagflation에 시달렸다. 유가가 4배 정도 오르면서 수입물가가 폭등하자 인플레이션이 고공 행진했다. 물가는 치솟는데 실업자가 늘었다. 보통 물가는 경기가 상승할 때 오르는데 정반대 현상, 침체 속의 인플레이션이 일어난 것이다.

선장이 된 슈미트는 정부의 지갑을 풀어 실업률을 낮췄다. 1976년 실업률은 5%를 넘었으나 4년 뒤에는 3.8%로 줄었다. 1975년 건국 후 처음으로 경제성장률이 0.9%를 기록했으나 적극적인 경기부양책을 시행한 덕분에 76년부터 4년간 3~4%의 성장률을 유지했다. 1979년 이란 혁명 후 유가가 2배 이상 올라, 2차 오일쇼크가 발생했다. 1980년부터 성장률이 1% 선에서 차차 하락하다가 1982년에도 0.4%로 다시 경기침체에 접어들었다. 슈미트는 서독 내 실업자가 늘자 연금수혜 대상자도 늘렸다. 민간 기업에서 일하는 근로자의 65%가 연금을 받을 수 있게 수혜 범위를 10% 포인트 이상 높였다. 사회적 약자를 보호하고자 장애인 재활 수당도 올리고 벽지에 사는 장애인들도 치료를 손쉽게 받을 수 있게 조치했다.

1930년대 대공황이 길어진 건 각 나라가 장벽을 쌓았기 때문이었다. 이런 잘못을 되풀이하지 않으려면 주요 국가 간의 경제정책 협력이 필요했다. 1973년 4월 워싱턴 D.C.에서 미국과 영국, 프랑스, 서독 재무장관들이 비밀리에 회동했다. 그들은 아랍국가들이 이스라엘을 지지하는 서방국가들에 석유 수출을 제한하자 공동대응책, 그리고 경기부양책 협력 방안 등을 논의했다. 이 모임이 이듬해 G7 재무장관회의로 확대됐다. 슈미트는 1972년 조기 총선 이후부터 재무장관으로 근무 중이었고, 그가 상대한 프랑스 측 인물은 발레리 지스카르 데스탱Valéry Giscard D'Estaing이었다. 1974년 5월에 두 사람은 각각 총리, 대통령이 되어, 국제무대에서 긴밀하게 협력을 지속한다.

슈미트는 선진국 간의 공조 필요성을 강력하게 주장해, 1975년 여름에 이탈리아와 일본까지 포함한 6개국 수반에게 정상회담을 제안했다. 첫 결실이 그해 11월 15일 파리 교외의 랑부예에서 열린 G6 정상회담이다. 이듬해 캐나다가 합류해 G7이 됐다. G7은 회원국 간 보호무역을 자제하고 동시에 경기부양책을 써서 경기침체 극복에 힘을 모았다.

1976년 제정된 노사공동 결정법

노사는 보통 동전의 양면으로 보이지만 현실은 그렇지 않다. 독일의 석탄과 철강산업은 제2차 세계대전 후 나치의 전쟁 수행에 핵심적인 역할을 했다는 이유로 승전 4개국에 의해 국유화될 뻔했다. 당시 경영주들은 생존하려고 점령 당국에 노사 공동결정 위원회의 구성을 제안했고 1952년 공동결정법Mitbestimmungsgesetz이 법제화됐다. 사회당−자민당 연정은 1969년 취임 후 이 법의 전 산업 확대 적용을 시도했고 결국 1976년 5월 법이 발효됐다.

주식회사와 유한회사, 합작회사 등 법인과 노동자가 2,000명 이상 되는 기업의 경우 경영감독위원회Aufsichtsrat는 노사 동수로 구성된다. 이 위원회는 사장 등의 이사를 임명하거나 해임하고, 이사회 업무를 감독하며 회사의 중장기 계획을 승인하는 최고 기구다. 반면에 이사회는 경영자들로만 구성된다. 노동자들이 회사 운영에 책임을 지고 참여하기에 파업과 같은 사회적 갈등을 줄일 수 있었다. 30여 개의 고용주 단체는 이 법이 소유권과 임금 자율권에 관한 기본권을 침해한다며 1977년 연방 헌법재판소에 제소했으나 2년 후 헌재는 합헌 판결을 내렸다. 2004년에는 500~2000명 기업의 경우, 노동자 대표가 경영감독위원회의 1/3을 차지한다는 새 법이 통과됐다.

개별 사업장에서도 유사한 공동결정이 앞서 시행됐다. 1972년 사업장평의회법으로 노동자 5명 이상의 모든 민간 사업장에는 공동결정제가 도입됐다. '사업장평의회Betriebsrat'는 기업의 중요 경영에 대해 회사로부터 정보를 제공받고 협의하며 공동결정권을 보장받는다.

노사 공동결정법은 주주의 가치를 최고로 치는 영미식 자본주의와는 다른, 독일이 추구하는 사회적 시장경제의 중요한 특징이다.

이중결정으로 중거리 핵미사일 서독에 배치, 불신임으로 해임된 첫 총리

"소련이 유럽에 배치한 중거리 핵미사일 SS-20 감축을 협상하지 않는다면 미국은 이에 대응해 충분한 퍼싱Pershing II 미사일을 서유럽에, 당연히 서독에도 배치해야 한다."

_헬무트 슈미트 총리, 1977년 10월 27일 런던 국제전략문제연구소에서

슈미트의 이 연설은 보통 이중결정Double-track decision, Doppelbeschluss의

신호탄으로 불린다. 소련은 1976년 말부터 SS-20 중거리 핵미사일을 폴란드와 동독 등에 배치하기 시작했다. 사정거리가 5,000km 정도여서 소련에서 발사하면 서유럽 어느 국가도 정밀 타격이 가능했지만 미국 본토에는 미치지 못했다. 당시 독일이나 영국 등은 소련의 핵미사일 배치에 크게 우려했다. 같은 나토 동맹국이라 하더라도 미국은 본토를 타격할 수 없는 핵미사일에 상대적으로 덜 민감하지만 유럽은 자신들을 겨냥한 핵미사일에 안보 불안을 느꼈다. 1979년 12월 중순 나토는 이중결정에 합의했다. 소련과 중거리 핵미사일 감축 협상을 시도하고 실패하면 미국의 퍼싱 II와 크루즈 미사일을 서독과 네덜란드 등 서유럽에 배치한다는 것이다. 협상 실패와 배치를 연계해서 이중결정으로 불린다.

자국의 안보를 위한 결정이었지만 반전·반핵을 지지했던 사민당 내 좌파의 비판이 거세졌다. 여기에 2차 오일쇼크로 1982년 경제성장도 0.4%로 급강하했다. 연정 파트너 자민당은 친기업 정책을 굽히지 않으며 각종 실업 수당 등의 삭감을 주장했고, 그해 여름부터 야당인 기민당과 접촉하기 시작했다. 결국 1983년 예산안이 연방하원을 통과하지 못하고 슈미트는 10월 초 의회에서 불신임을 당해 총리에서 물러났다. 건국 후 집권당 총리에 대한 불신임안이 처음으로 통과됐다. 자민당은 계속해서 집권하려고 연정 파트너 사민당을 버리고 기민당-기사당과 합의해 기민당의 헬무트 콜 당수를 총리로 만들었다. 콜은 1983년 3월 조기 총선을 실시해 압승을 거두고 1998년까지 16년이 넘게 총리로 일하게 된다.

소련과의 협상이 실패함에 따라 1983년 11월 말부터 서독에 주둔한 미군 기지에 퍼싱 II 미사일 108기가 배치되기 시작했다. 당시 독일 전역에서 수백만 명이 넘는 시민들이 핵미사일 배치 반대 시위에 참여했다. 반핵과 반전을 기치로 내세운 녹색당은 1979년에는 브레멘주 의회에, 1983년 봄 총선에서는 5.6%를 얻어 연방의회에 처음으로 진출했다. 슈미트 총리는 '선장'으로서 역할을 수행했으나 그의 이중결정은 사민당을 분열하게 만들었다. 사민당 내 일부 좌파가 녹색당으로 이탈했고, 유권자들은 이제 제2투표에서 녹색당을 지지했다.

1970년대 경기침체로 일부 유럽경제공동체 회원국들이 보호무역을 시행했기에 유럽통합도 주춤했다. 슈미트는 프랑스의 지스카르 데스탱 대통령과 협력해 1979년 1월부터 유럽통화체제European Monetary System, EMS를 만들었다. EMS 회원국들은 통화가치를 상하 2.25% 안에서 유지해야 했다. 당시 환율 변동이 극심한 상황에서 유럽공동체 회원국들은 EMS로 통화협력을 강화할 수 있었다. EMS는 1999년 1월 출범한 단일화폐 유로의 밑거름이 됐다. 재무장관 그리고 총리와 대통령으로 거의 10년 정도 서독과 프랑스의 수반이었던 슈미트와 지스카르 데스탱은 엘리제 조약에 따라 매우 긴밀하게 협력했다. 수시로 만나고 자주 전화로 통화해 주요 문제를 상호협의했다.

필자는 박사학위 논문을 작업하던 도중 한때 서독 수도였던 본에서 헬무트 슈미트 문서고를 방문한 적이 있었다. 그리고 그곳에서 슈미트 총리의 정책 결정에 관한 문서를 열람했었다. EMS 설립에 관해 슈미트와 지스카르 데스탱이 비밀리에 논의하고 주요 내용을 결정했음을 알 수 있었다.

'통일의 총리' 헬무트 콜, 신속한 흡수통일을 이루다

베를린 장벽은 1989년 11월 9일 자정쯤 갑자기 붕괴됐으나 이전부터
많은 조짐이 보였다. 소련 공산당 고르바초프 서기장이 개혁개방정책을
실시했으나 동독은 이를 거부했고, 동독 시민들은 1989년 헝가리 등을 통해
대규모로 탈주했다. 동독 공산당은 개혁을 요구하는 시민들의 시위에 뒤늦게
대응했다. 장벽 붕괴 후 동독인들은 서독과의 급속한 흡수통일을 원했고
서독의 헬무트 콜 총리는 기회의 창문이 열리자 이를 활용해 통일을 이뤘다.

동독 정부의 잇따른 혼선으로
베를린 장벽 갑자기 무너지다

"이전에 함께 속했던 것이 이제는 같이 성장하는구나."

_빌리 브란트, 1989년 11월 10일 장벽이 무너진 브란덴부르크 문 앞에서

1989년 11월 9일 오후 6시, 동베를린 통합사회주의당 본부의 기자회견장. 한 달 넘게 여행 자유화를 요구하는 시민들의 대규모 시위에 당 지도부는 하루 종일 비상회의를 열었다. 당 대변인 귄터 샤보프스키Günter Schabowski는 그날 회의 결과를 기자들에게 거의 1시간 동안 지루하게 설명했다. 그러다가 회견 막바지에 "어쨌든 오늘부터 동독의 모든 시민은 베를린 장벽을 넘어서 자유롭게 여행할 수 있습니다."라고 발언하자 현장 기자들의 눈이 갑자기 휘둥그레졌다. "새 여행 규정이 언제부터 발효되나요?"라는 질문이 연이어 쏟아졌다. 당황

한 대변인은 "즉시"라고 얼버무렸다. 미국 NBC 방송의 유명 앵커 톰 브로커Tom Brokaw가 기자회견 후 샤보프스키와 사전에 합의된 인터뷰를 하면서도 이 점을 다시 확인하려고 "동독 시민들에게 베를린 장벽을 통과하여 여행할 자유가 있는가?"라고 묻자 대변인은 "물론입니다. 동독 시민들은 여행할 수 있습니다."라고 답변했다.

NBC 방송팀은 이를 확인하자마자 장벽으로 둘러싸인 브란덴부르크 문 앞에서 오후 7시 반쯤, 생방송을 통해 "이제 동독 시민들은 장벽을 넘어 여행할 수 있습니다."라고 긴급 보도했다. 현장을 지키고 있던 서독 TV가 이 모습을 담아 방송했고, 이 방송을 동서 베를린 시민들이 시청했다. 서독의 제1 공영방송 ARD팀도 현장에 있었다. 밤 10시 30분쯤 스튜디오에서 생방송을 하던 진행자가 "11월 9일은 역사적인 날입니다. 동독 정부가 베를린 장벽이 즉시 개방된다고 발표했습니다."라고 전했다. 이 방송 역시 독일 전역에 전해졌다.

원래 동독 정부는 서독 방송의 청취나 시청을 금지했으나 동독 시민들은 비교적 자유롭게 시청했기에, 서독의 사회를 알고 있었고 이들의 풍요로운 생활을 동경했다. 그날 미국 NBC 방송, 이를 전한 독일 방송, 그리고 10시 30분 방송을 잇따라 시청한 동베를린 시민들이 장벽이 있는 보른홀머 거리Bornholmer Strasse로 몰렸다. 당시 동독 국경 수비대는 매우 당황했지만 상부로부터 총을 쏘지 말라는 명령을 받았다. 수백 명이 일시에 몰리자 수비대는 처음에는 일일이 이름과 신분증을 확인하고 장벽을 넘게 하다가 11시 넘어 이런 절차 없이 서쪽으로 보냈다. 인근 브란덴부르크 등 장벽 통과지점 몇 군데에서도 삽시간에 인파가 몰렸다. 자정쯤 브란덴부르크 장벽이 무너지고 그 장벽 위로 시민들이 올랐다. 서쪽에서 온 동포들과 만나 환호하는 모습이 전 세계로 전해졌다. 현장에 있던 미국 NBC의 톰 브로커 앵커가 계속해서 생방송을 했다.

28년 넘게 철옹성같이 보였던 장벽은 이처럼 아주 우연하게 붕괴됐다. 그러나 그동안 누적된 여러 원인이 서로 작용하면서 때마침 그날 장벽이 무너진 것이다. 장벽 붕괴 후 11개월도 채 지나지 않은 1990년 10월 3일, 독일은 40년의 분단을 극복하고 하나가 됐다. 장벽 붕괴와 급속한 통일에 이른 과정을 찬찬히 살펴보자.

소련 고르바초프의 개혁개방정책, 1989년 9월 헝가리의 국경 개방

독일 통일은 먼저 소련의 정책 변화에서 시작됐다. 공산권 세계의 종주국 소련에서는 1985년 3월 세대교체가 이뤄져 50대의 젊은 미하일 고르바초프가 공산당 서기장이 됐다. 그는 정체된 소련 경제를 개혁하기 위해 정보공개(글라스노스트)와 경제구조 개혁(페레스트로이카) 정책을 실시했다. 그의 이러한 개혁개방정책에 발맞춰 동부 유럽의 폴란드와 헝가리에서 1989년 봄과 여름에 각각 자유선거가 시행됐고 공산당이 아닌 정당이 처음으로 정권을 잡았다. 반면에 동독은 이런 개혁개방에 뒤처졌다. 동독 정권 건국 40주년인, 1989년 10월 7일 고르바초프는 동베를린을 방문했다. 10월 초부터 동독 시민들은 동베를린, 라이프치히, 드레스덴 등 주요 도시에서 여행 자유화와 동독 정권의 정치 개혁을 요구하는 대규모 시위를 지속했다. 고르바초프는 당시 동독 공산당 지도부에게 "역사는 늦게 오는 사람을 벌한다."

라는 발언으로 개혁 압력을 넣었으나 동독 지도부는 거부했다.

당시 동독 시민들의 대규모 시위는 봄부터 시작된 동포들의 대규모 서독 이주에 자극을 받았다. 1989년 1월부터 9개월간 동독 시민 가운데 해외여행을 신청한 사람이 16만 1,000명에 이르렀다. 이는 1972~1988년까지 17년간 국외 여행을 신청한 시민 수와 거의 맞먹는다. 동독 시민들은 1989년 여름 휴가차 헝가리로 가서 서독으로 이주하는 경로를 선택했다. 헝가리가 그해 5월, 오스트리아와의 국경에 설치한 철조망을 제거하고 유엔 난민협약에 가입했기에 동독인들은 이곳으로 가면 서독 이주가 용이하다고 여겼다. 이웃 체코슬로바키아의 프라하와 폴란드 바르샤바의 서독 대사관에도 서독으로 가려는 동독인들이 쇄도했다. 헝가리가 9월에 국경을 개방했고 프라하와 바르샤바에 머물던 동독인들도 서독 정부와 동독의 협의 끝에 서독으로 들어왔다.

동독을 떠나지 않았던 시민들은 정치 개혁을 해야 조국을 구할 수 있다며 재야 시민단체인 '신광장Neues Forum'을 결성했고 10월 초 사회민주당도 창당했다. 라이프치히 니콜라이 교회에서는 9월부터 매주 월요일 기도 모임과 함께 여행 자유화를 요구하는 시위를 벌였다. 10월부터는 동독의 주요 도시에서 수십만 명이 참가하는 시위가 계속됐다. 할 수 없이 동독 통합사회주의당은 개혁에 반대하는 에리히 호네커Erich Honecker 서기장을 퇴진시키고 에곤 크렌츠Egon Krenz를 후임자로 선출했다. 1989년 10개월간 서독으로 이탈한 동독 시민은 16만 7,000명이나 됐고 대부분 젊은이 아니면 간호사와 같은 전문직이었다. 젊은 인력이 빠져나가면서 제대로 가동되지 않는 동독 공장

베를린 장벽(BERLINER MAUER) 1961~1989년

이 제법 생겨났고, 병원 운영도 어려움을 겪었다. 결국 동독 지도부는 11월 9일 여행 자유화 조치를 논의했고 이를 발표하는 과정에서 베를린 장벽이 무너졌다.

당시 동독 지도부는 여행 자유화 소식을 듣고 장벽으로 몰려간 시민들에게 총을 발사하지 않았다. 대규모 시민들이 한 달 넘게 개혁을 요구하자 그들은 정권 생존을 위해서라도 사태를 평화롭게 해결해야 한다고 여겼다. 소련 고르바초프의 개혁개방정책과 그로 인해 야기된 동유럽 공산권의 전반적인 정치 개혁이 아니었더라면, 동독 지도부가 무력을 사용하지 않도록 조치하기란 매우 어려웠을 것이다.

동독 시민들, 통일의 방향과 속도를 결정하다

베를린 장벽 붕괴와 환희의 장면이 전 세계에 생방송으로 전달된 후 동서독은 처음에는 점진적인 통일을 추진했다. 동독은 개혁적인 한스 모드로_{Hans Modrow}가 총리로 취임한 후 정치 개혁 등을 실행했다. 서독의 헬무트 콜 총리는 11월 28일 연방하원에서 '독일과 유럽의 분단을 극복하기 위한 10개항'을 제시했다.

그는 동독의 자유로운 선거 등을 전제로 경제와 과학 기술 등 각 분야의 경제협력을 확대할 것이며 하나의 독일 건설을 목표로 민주적 정통성이 있는 동독 정부와 국가 연합적 조직을 제안했다. 콜 총리는 두 독일의 통일 과정이 동서 관계 및 유럽공동체의 발전과 보조를 맞추어야 한다고 제안했다. 콜은 당시 동독과의 통일에 구체적인 시안을 정하지 않았으나 최소 5~10년은 걸릴 것으로 예상했다. 이 10개항은 단계적이지만 통일을 정식 의제로 제기했다는 점에서 의미가 있다.

서독 총리의 조심스러운 제안에도 프랑스의 우려는 매우 컸다. 이 연설 직후 본에 주재한 프랑스의 르몽드 특파원은 콜의 외교안보 보좌관 호르스트 텔칙_{Horst Teltschik}을 찾아와 강력하게 항의했다. 텔칙은 장벽 붕괴부터 통일에 이르는 329일간의 숨막히는 막후의 순간을 일기로 써 출간했다. 그의 저서에 따르면, 프랑스 특파원은 동서독이 이런 중요한 발표를 하는데 엘리제 조약의 규정과 다르게 프랑스와 사전에 협의하지 않았다는 점, 그리고 제2차 세계대전 후 독일의 분단이 유럽의 평화를 지켜왔는데 이를 훼손하려고 한다는 점을 거론하며 크게 불만을 표했다고 한다.

비단 프랑스뿐만이 아니었다. 영국의 대처 총리는 더 강력하게 독일 통일을 반대했다. 대처와 프랑스의 미테랑 대통령은 12월 8~9일 프랑스의 스트라스부르에서 열린 유럽공동체 정상회담에서 독일 통일이 유럽통합의 틀 안에서 이뤄져야 함을 강조했다. 두 사람은 콜이 통일을 서두른다며 지연 방법도 논의했다. 그러나 프랑스는 이후 서독과 긴밀하게 협의해 통일을 허용하는 대신 유럽공동체에서 경제통합을 앞당기기로 전략을 바꿨다. 콜 총리 역시 프랑스의 미테랑 대통령과 긴밀한 관계를 유지하며 유럽통합의 견인차 역할을 해왔다. 유럽통화체제에서 서독의 마르크는 미국의 달러처럼 대부분의 회원국이 사용하는 기축통화가 됐다. 서독은 이 마르크화를 포기해 유럽의 단일통화를 도입하는 데에 합의했다.

프랑스는 유럽공동체의 통화정책에서 최대의 경제 대국인 독일이 막강한 영향력을 행사하기보다는 유럽 차원에서 통화정책이 결정될 수 있기를, 그 결정권을 이양하기를 계속해서 요구했다. 이에 서독은 마르크화를 양보하는 대신, 경제통합에 병행해 유럽 차원의 외교안보정책의 강화도 아울러 요구했다. 반면에 영국은 이런 유럽통합의 전진을 원하지 않았기에 미국의 지원 없이는 독일 통일을 저지할 수 없었다. 1991년 계속된 유럽공동체 회원국들의 협상으로 유럽연합조약(마스트리히트 조약)이 이듬해에 서명됐다. 단일화폐의 도입과 유럽 차원의 외교안보정책의 강화가 핵심이다.

초강대국 소련과 미국의 입장은 상이했다. 소련의 고르바초프 서기장은 장벽이 붕괴된 후 처음에는 두 개의 독일이 엄연한 현실이라며 동맹국 동독을 어려움에 처하게 내버려 두지 않을 것이라 강조했다. 반면에 미국은 서방의 틀 안에서 독일 통일을 지지했다. 제임스 베이커 미국 국무장관은 1990년 2월 1일 하원에 출석해 독일의 자결권을 존중하고, 통일된 독일이 나토에 잔류해야 함을 강조했다. 그는 또 유럽의 안정을 위한 독일 통일의 단계적이고 안정적인 추진, 그리고 1970년대 중반 서방 및 공산국가들이 합의한 헬싱키 최종 의정서에 따라 기존 국경선을 인정한다는 원칙을 지킨다는 조건 하에 독일 통일이 진행되어야 함을 대외적으로 천명했다.

이런 상황에서 통일을 재촉한 것은 동독 시민들의 요구였다. 베를린 장벽이 붕괴된 후 서독으로의 자유로운 여행이 가능했음에도 하루 평균 약 2,000명 정도가 서독에 정착했다. 1990년 1월만 해도, 약 58,000명이 서독으로 이주했다. 동독에서 젊은 인력이 빠져나가고 국가 행정기구도 제대로 작동하지 못하게 됐다. 당시 동독 시민들은 거리에서 "서독의 마르크가 우리에게 오지 않으면 우리가 서독으로 갈 것이다."라는 구호를 외치며 조속한 통일을 요구했다. 동독 정부는 시민들의 이런 요구에 따라 자유 총선을 2달 앞당겨 3월 18일에 실시했다. 조속한 통일이 불가피해지자 서독 정부는 2월 초에 동독에 화폐와 경제·사회 동맹을 제안했다.

그해 1월 후반에 미국 정부도 서독과 마찬가지로 신속한 독일 통일이 국익이라고 판단했다. 아직 소련의 독일 통일 정책이 명확하지 않고 소련이 심각한 경제위기에서 벗어나려면 서독의 경제지원이 필요하다고 결론지었기 때문이다. 당시 백악관 안보보좌관실은 독일 통일의 대외적 문제를 해결하기 위해 동서독과 전승 4개국이 참여하는 '2+4회담'을 서독에 제안했고 찬성을 얻어냈다. 이 회담은 급류처럼 빠르게 진행되는 두 독일 간의 내부통일 과정에 맞추기 위해 외적인 문제를 해결하는 데 필요했다. 제2차 세계대전 후 승전 4개국이 독일과 베를린 전체에 대한 권한을 행사해왔기에 통일이 된다면 이런 권한을 폐지하고 통일 독일에 이양해야 했다.

동독 최초의 자유선거인 1990년 3월 18일 총선에서 신속한 통일을 공약으로 내세운 동독 기민당이 40% 넘게 지지율을 얻어 승리했다. 이들은 기본법 23조에 규정된 대로 동독이 서독에 편입되는 방식을 제안했다. 반대로 동독의 사민당은 동독 의회와 서독 의회가 동등한 자격으로 제헌 의회를 구성하고 여기에서 새로운 헌법을 제정하는 점진적인 통일을 주장했지만 크게 졌다. 이후 동서독은 화폐 및 경제와 사회동맹 협상을 본격 추진했다. 통화동맹의 경우 서독 마르크를 동독에서도 공식 화폐로 사용하기로 했고 교환비율도 동독에 유리하게 결정됐다. 7월 1일부터 서독 마르크가 단일 통화가 됐고 순수 임금과 보수, 장학금, 임차료와 연금 등은 동독의 1마르크를 서독의 1마르크로 교환해 주기로 합의됐다. 개인 저축의 경우, 원칙적으로 한 사람당 4,000 동독 마르크까지 1:1로 교환해 주기로 결정됐다. 당시 서독의 중앙은행 및 분데스방크를 비롯한 수많은 전문가 집단은 서독 마르크가 동독 마르크와 동일한 비율로 교환될 경우 통화량 발행이 늘어나 물가가 오를 것이라 우려했다. 원래 환율은 서독 1마르크당 최소 동독 4마르크가 필요했으나 서독 동포처럼 살고 싶은 동독인들의 바람을 고려해 콜 총리가 이를 추진했다.

경제동맹이란 서독의 사회적 시장경제와 개인 소유권 등이 통일될 동독에 그대로 적용되는 걸 의미한다. 사회동맹의 핵심은 결사의 자유 등 시장경제에 맞는 원칙과 서독의 복지제도를 동독에 옮겨 실행하는 것이다. 2+4회담도 빠르게 진행되어 1990년 9월 중순 4차 모스크바 회담에서 서명됐다. 이 회담에서 체결된 조약의 정식 명칭은

'독일에 관한 최종 처리 조약'이다. 제2차 세계대전 후 전승 4개국이 하나의 독일 정부에 합의하지 못해 동서독 두 개 정부가 성립됐고 독일과 베를린의 권한 행사도 심각하게 제약받았다. 이를 다 폐기하고 독일의 주권을 회복해 주는 게 이 조약이었다. 고르바초프 대통령은 서독의 막대한 경제지원을 대가로 통일 독일의 나토 가입 반대를 철회했다. 그는 그해 7월 중순 코카서스 정상회담에서 서독 콜 총리에게 이런 반대를 푸는 조건으로 통일 독일이 핵무기 및 생화학 무기의 제조나 보유를 포기할 것, 오데르-나이세 강의 국경선이 폴란드와의 국경선임을 승인할 것을 요구했다. 그는 또 통일 독일의 병력을 3~4년 안에 37만 명으로 축소하고, 3~4년 안에 철군할 동독 주둔 소련군의 철군 비용도 부담할 것을 요구했다. 서독은 소련의 이런 요구를 그대로 수용하면서 소련에 150억 마르크의 차관을 지원했다.

그해 7월부터 통일 후의 수도 등과 같은 여러 쟁점을 해결하기 위한 동서독 간의 협상이 시작돼 8월 말 통일조약이 서명됐다. 이 조약은 동독의 브란덴부르크, 메클렌부르크-포어포메른, 작센-안할트, 작센, 그리고 튀링겐주가 기본법 23조에 따라 1990년 10월 3일부터 통일된 독일연방공화국의 주가 된다고 규정했다. 수도는 베를린으로 정해졌고 의회와 정부의 소재지는 통일 후 결정하기로 했고, 10월 3일을 독일 통일의 날로 정했다.

독일인들은 통일을 가능하게 해준 소련의 미하일 고르바초프 공산당 서기장을 잊지 못한다. 1999년 그의 아내 라이사가 백혈병 진단을 받았을 때 독일 정부는 그녀를 뮌스터의 대형 병원으로 불러 두 달간 무료로 치료해줬고, 그녀는 그해 9월 말 그곳에서 숨졌다.

헬무트 콜 총리 시기의 주요 사건

1982년 10월	자민당이 기민당–기사당과 함께 헬무트 슈미트 총리 불신임안을 통과, 이후 헬무트 콜이 새로운 총리로 취임
1987년 9월	● 7~11일, 동독의 호네커 통합사회주의당 서기장이 본을 공식방문 ● 헬무트 콜 총리와 정상회담을 진행
1988년 10월	콜 총리, 소련 방문
1989년 6월	소련 고르바초프 서기장, 서독 방문
1989년 상반기	헝가리 등을 경유해 이탈하는 동독민이 급증
1989년 9월 11일	헝가리, 프라하, 바르샤바에 체류 중인 동독인들의 서독 이주 허용
1989년 10월	동베를린, 라이프치히, 드레스덴 등 주요 도시에서 동독시민들이 대규모 시위를 벌여 자유 여행과 정치 개혁을 요구
1989년 11월 9일	베를린 장벽 붕괴
1989년 11월 28일	콜 총리, 연방하원에서 독일과 유럽의 분단을 극복하기 위한 10개항을 제시
1989년 12월	● 8~9일, 프랑스의 스트라스부르에서 열린 유럽공동체 정상회담 진행 ● 유럽통합의 틀 안에서 독일통일이 진행되어야 함을 강조
1990년 2월 7일	서독정부 내각에 독일통일위원회를 구성하고 동독에 화폐 · 경제 · 사회동맹 결성을 제안했으며 이후 2월에 동독과 첫 회담 개최
1990년 3월 18일	동독 최초 자유선거에서 신속한 통일을 내세운 동독 기민당이 압승
1990년 7월	● 15~16일, 소련의 코카서스에서 서독－소련 정상회담 진행 ● 고르바초프가 통일 독일의 나토 가입을 승인
1990년 8월 31일	동서독 통일조약 서명, 9월 중순에 동서독 의회가 비준 완료
1990년 10월 3일	독일 통일
1991년	1년 시한으로 연대할증금(통일세) 부과, 소득세와 법인세에 7.5%, 1995년에 다시 무기한으로 도입
1992년 2월	● 유럽연합 조약(마스트리히트 조약) 서명: 유럽연합 등장 ● 단일화폐와 유럽차원의 외교안보정책 강화가 조약의 핵심 내용, 1993년 11월부터 발효
1998년 9월	헬무트 콜 총리가 총선에서 패배하며 총리직에서 물러남

지속된
통일 후유증

독일은 정권교체에도 불구하고 동방정책을 지속한 덕분에
그리고 통일의 총리 헬무트 콜의 리더십 덕분에 통일을 이뤘다.
그러나 신속한 흡수통일은 독일 경제의 침체를 초래했고
독일인 마음에 있는 장벽은 30년이 지난 지금도 여전하다.

일관된 동방정책, 통일의 밑거름이 되다

1972년 당시 야당인 기민당-기사당은 브란트의 동방정책
에 격렬하게 반대하면서 브란트를 실각시키려 불신임투표까지 끌고
갔다. 그러던 기민당-기사당이 1983년 봄 총선에서 승리한 후 그렇
게 반대하던 동방정책을 계승해 지속적으로 실행했다. 서독은 외화
부족에 시달린 동독에 1983년 6월 말, 그리고 1년 후에도 각각 11억
마르크, 9억 5,000만 마르크의 장기 저리 차관을 제공했다. 동독은 차
관을 받는 조건으로 서독인의 동독 이산가족 재회 조건을 완화하고,
방문 가능 일수도 좀 더 연장해줬다. 1987년 9월 초에 호네커 통합
사회주의당 서기장은 본을 공식방문해 콜 총리와 정상회담을 했다.
이후 두 독일 간의 인적 교류가 급증했고 도시 간의 자매결연도 늘
었다.

이런 일관된 동방정책이 독일 통일의 밑거름이 됐다. 분단의 현실
을 인정하고, 많은 분야에서 교류를 늘려 긴장을 완화하는 정책을 지

속적으로 실행했다. 또 서독의 경제력과 민주주의 정착도 동독인들을 끌어당긴 '자석'처럼 작용했다. 초대 총리 아데나워는 힘의 우위를 내세우며 동독과 대화를 거부하고, 경제력 등 국력이 월등하게 앞서면 서독이 동독을 자석처럼 끌어올 수 있다고 내다봤다. 그의 친서방 정책과 브란트의 동방정책이 적절하게 결합하면서 신생국 서독은 서방의 신뢰를 얻었고 외교적 지평을 넓힐 수 있었다. 두 독일 간에 전쟁이 없었기에 적대감이 상대적으로 덜했고 동독 시민들이 비교적 자유롭게 서독 라디오나 TV를 청취 및 시청할 수 있었다는 점도 통일의 길에 도움을 줬다.

미국이 독일 통일을 강력하게 지지하고 '2+4회담'을 통해 외부 통일 과정을 적극 지원한 점과 더불어 '통일의 총리'가 된 헬무트 콜의 리더십도 빼놓을 수 없다. 당시 콜 정부가 신속한 통일을 과감하게 추진하지 않았더라면 민주주의 서독이 공산국가 동독을 자유민주주의 체제로 흡수한 통일이 가능했을까? 전문가들은 당시 통일을 위한 기회의 창문이 짧은 시간만 열려 있었다고 평가한다. 콜은 이 기회를 잡아 '통일을 총리'가 됐다.

통일 후유증과 잔존하는 마음의 장벽, '오시스와 베시스'

콜 총리는 3~4년이 지나면 통일 덕분에 '번영하는 경제bluhende Landschaft'가 올 것으로 전망했다. 서독 인구 6,200만 명, 동독 인구 1,600만 명이 더해졌다. 미국의 중앙정보국CIA은 1987년 자료에서 동독의 1인당 국내총생산이 서독보다 100달러 높다고 평가하기도 했다. 그러나 이는 큰 오산임이 곧 드러났다. 통일 후 밝혀졌지만

1989년 동독은 국가 부도의 상황이었고, 이를 숨기려고 대외적으로 통계를 조작했다. 따라서 구동독 지역에 천문학적인 통일 비용이 소요됐다. 또한 동서독 국민 간에 마음의 장벽이 남아 있었다.

콜의 기민당은 1990년 12월 통일 후 첫 총선에서 승리했다. 당시 콜은 통일 이후 통일세는 없을 것이라 공약했으나 이를 지킬 수 없었다. 1991년 독일 정부는 통일비용을 조달하기 위해 1년에 한정하여 개인 및 법인소득에 7.5%의 연대할증금Solidaritätszuschlag을 부과했다. 그러나 1993년 다시 부가가치세와 이자 지불의 명목으로 세금을 추가로 징수했다. 또 석유세, 담뱃세 및 보험료 등과 같은 간접세의 세율도 올렸고, 연대할증금도 1995년 부활하여 무기한으로 연장됐다. 더욱이 시민들의 사회보장 분담액도 증가하게 되어, 서독 주민들은 통일 후 경제적 부담만 늘었다고 느끼게 됐다. 이러한 새로운 마음의 장벽은 언어에도 그대로 반영됐다.

통일 후 '오시스Ossis와 베시스Wessis'라는 속어가 만들어졌다. 서독 지역 주민들은 동독 지역 동포를 '오시스' 또는 '초니스Zonis' 라고 부른다. 시골뜨기라는 경멸의 의미를 지닌 이 속어의 이면에는, 서독인들이 열심히 노력하여 얻은 경제적 성과를 게으른 동독인들에게 무상으로 제공하는 정책에 대한 반감이 깔려 있다. 반면 동독 지역 주민들은 서독 지역 시민들을 '베시스'라고 부르는데, 졸부라는 의미다. 또 동독 지역은 베를린을 중심으로 독일 문화가 발전한 곳이었다는 자부심과 더불어 서독 지역은 돈만 알지 이기적이고 문화적 정통성이 없다는 비아냥이 섞여 있다.

동독 시민들에게 실업은 큰 충격으로 다가왔다. 그들은 공산주의 체제에서 실업을 모르고 살았다. 그러나 통일 후 동독 지역의 국영기업이 줄도산하면서 이 지역은 평균 20% 정도의 실업률을 기록했다. 구동독 시민들은 여전히 정부의 재정 지원이 부족하다고 느끼며 자신들을 2등 시민으로 여긴다. 2021년 10월 통일 후 경제상황과 의식을 조사한 설문에서 그들은 이렇다고 대답했다. 정부 부처 국장급 이상에서 동독 출신은 아직도 2%에 불과하다.

통일에 막대한 돈을 투입했으나 그 효과는 그리 크지 않았다. 1991년부터 15년간 해마다 독일 정부는 국내총생산의 4~5% 정도를 동독에 지원했다. 2020년까지도 이 정도 규모로 구동독 지역 지원을 계속했다. 그런데 이런 지원의 절반 정도는 연금과 실업자 지원과 같은 사회보장성 지출이었고 20%도 채 안 되는 돈만 인프라 투자와 경제 활성화에 지원됐다. 이 때문에 독일 정부의 부채는 급증했고 2005년 독일은 12.1%의 실업률을 기록해 유럽연합 회원국 가운데 최고치를 기록했다. 저성장과 높은 실업률이 지속되자 영국의 주간지 『이코노미스트』는 1999년 독일을 '유럽의 병자'라 불렀다. 통일 후 지속된 저성장과 연이은 세금 인상으로, 헬무트 콜은 1998년 가을 총선에서 사민당에 패배했다. 콜의 기민당-기사당은 35.2%를 얻는 데 그쳤고, 사민당은 40.9%의 지지율을 얻었다. 그는 제2차 세계대전 후 총선에 져서 물러난 최초의 총리라는 불명예를 안게 된다.

독일 정부는 해마다 독일 통일의 날 10월 3일 전후에 「독일 통일 보고서」를 발표한다. 2022년 보고서에 따르면 아직도 자신을 2등 국민이라고 생각하는 동독 지역 주민들은 63%(2020년에는 66%)나 된다. 32년이 지났음에도 마음의 장벽은 여전히 허물어지지 않았다.

68세대 슈뢰더 총리,
'어젠다 2010'으로
복지국가를 개혁하다

68 학생운동에 참여했던 사민당의 게르하르트 슈뢰더가 총리가 됐고
역시 68세대 요시카 피셔가 외무장관이 된 최초의 적녹연정이 출범했다.
슈뢰더는 당과 주요 세력 기반인 노조의 강력한 반대를 무릅쓰고
연금 수령액 축소와 정년 연장, 노동시장 유연성을 핵심으로 하는
어젠다 2010을 실행해 독일 경제를 침체에서 벗어나게 했다.

1999년 3월 나토의 유고슬라비아 공습에 동참한 반전세대, 게르하르트 슈뢰더와 요시카 피셔

"오늘날 독일이 유럽의 리더로 부상한 것은 슈뢰더 씨의 용기 있고
과감한 개혁 덕분입니다."

_앙겔라 메르켈 총리, 2005년 11월 30일 취임 연설에서

　1998년 가을 총선에서 사민당은 40.9%의 지지율로, 기민당－기사
당보다 5.7% 포인트를 더 얻어 제1당이 됐다. 친기업적인 자유민주
당은 6.2%, 친환경과 반전주의를 앞세운 녹색당은 6.7% 지지를 받아
두 정당 모두 사민당의 연정 파트너가 될 수 있었다. 그러나 사민당
은 좀 더 정책 공통점이 유사한 녹색당을 파트너로 선택해 역사상 최
초로 적녹(사민당의 정당 색이 붉은색, 녹색당은 녹색이어서 이렇게 불림) 연정이
성립됐다.

사민당의 게르하르트 슈뢰더Gerhard Schröder, 1944~, 총리 재직: 1998~2005가 총리, 녹색당의 요슈카 피셔Joschka Fischer, 1948~, 재직: 1998~2005가 부총리 이자 외무장관이 됐다. 두 사람 모두 전후 68세대에 속하며 베트남전 반대 시위에 참가했었고, 피셔의 경우 투옥되기도 했다.

사민당-녹색당 연정은 1999년 3월 말 큰 시련에 직면했다. 북대서양 조약기구가 그해 3월 24일부터 6월 10일까지, 78일간 유고슬라비아를 공습했다. 두 정당 모두 반전주의를 공유했고, 학생운동 출신의 총리와 부총리가 재직 중이었다. 사민당 내 급진파 일부는 공습에 동참한 정책에 항의해 탈당했다. 녹색당의 피셔는 특별 전당대회에서 "결코 다시는 전쟁을 해선 안 된다. 하지만 나는 아우슈비츠는 결단코 반복해서는 안 된다는 것도 배웠다."라고 말하며, 유고슬라비아가 코소보에서 알바니아인들을 '인종청소' 했기에 공습이 정당하다는 논리를 펼쳤으나 일부 당원들에게 달걀 세례를 받기도 했다.

당시 유고슬라비아의 슬로보단 밀로세비치Slobodan Milošević 대통령은 자치주 코소보에서 자행된, 세르비아인의 알바니아인 대량 학살을 부추기고 묵인했다는 혐의를 받았다. 나토의 공습이 있기 전 1년간 코소보 내 세르비아인들이 알바니아인들을 무차별 학살해 30만 명이 넘는 알바니아인들이 피난민이 되어 코소보에서 독일 등으로 이주했다. 미국과 유럽연합 등은 협상으로 해결을 시도했으나 실패한 후 미국 주도의 나토가 무력으로 개입했다. 나토는 인종학살을 멈추기 위한 인도주의적 개입으로 공습을 정당화했지만, 자위권도 아닌데 주권 국가를 공격할 수 있는지는 아직도 논란이다. 러시아는 유엔 안전보장이사회의 상임 이사국으로 유고슬라비아를 지지했기에 유엔의 군사 개입을 저지하려고 거부권을 행사했다. 따라서 유엔은 코소보에 개입할 수 없게 됐다.

반면에 2003년 미국과 영국 주도로 진행된 이라크 침공에서 독일은 프랑스와 함께 침략을 반대했다. 피셔 외무장관은 미국의 도널드 럼즈펠드Donald Henry Rumsfeld 국방장관과 함께 참석한 회의에서 "이라크에 대량살상무기가 있다는 확증이 없는데 왜 주권 국가를 침략하는가?"라며 격렬한 논쟁을 벌였다. 슈뢰더 총리 자신도 같은 이유로 이라크 침략에 반대했다. 전쟁 후 이라크에서 대량살상무기는 발견되지 않았고 영국에서는 이 문제로 인해 당시 총리였던 노동당의 토니 블레어가 전쟁범죄를 저질렀다는 비판을 아직도 받고 있다.

독일을 치료하고 경제 성장의 토대가 된 '어젠다 2010'

연금개혁은 매우 어렵다. 선거에서 가장 큰 감표 요인 중 하나이기 때문에 웬만한 정치인이라면 이 개혁을 최대한 미루든지, 아니면 최소한 개혁하는 시늉만 내곤 한다. 그러나 슈뢰더는 집권 2기인 2003년에 '어젠다 2010'을 제시해 제2차 세계대전 후 누구도 쉽게 건드리지 않았던 독일의 복지 시스템을 대폭 수술했다. 이 개혁 정책은 연금과 노동시장 개혁 등 여러 가지 분야를 포괄했다. 노동시장 개혁은 당시 관련 위원회를 맡았던 위원장 페터 하르츠Peter Hartz의 이름을 따서 '하르츠 IV 개혁'으로 불리기도 한다.

개혁이 시급했던 이유는 급속한 통일에 따른 후유증으로 독일 경제가 저성장의 늪에 빠졌고 실업자도 급증했기 때문이다. 2002년의 경우, 경제성장률은 0.2%, 실업률은 14%로 500만 명이 넘는 실업자가 있었다. 복지제도를 개혁하지 않고선 도저히 경제 재도약을 기대할 수 없었다.

먼저, 연금과 실업급여 등 각종 복지혜택을 축소했다. 퇴직연금 수령 연령을 65세에서 67세로 상향 조정하고, 퇴직 전 최종소득대비 연금액 비율도 점진적으로 내렸다. 건강보험료 비율도 인하하여 절반을 부담하는 고용주의 부담을 줄이고, 진료비에 대한 보험가입자의 부담비율을 올렸다.

사회적 시장경제 핵심의 하나인 노동자 해고금지 조항을 완화해, 특히 중소기업의 부담을 덜어줬다. 이와 같은 노동시장의 유연성 도입으로 실업급여 수급 기간이 대폭 축소됐다. 개혁 이전에는 실업자가 32개월 동안 실업급여를 받을 수 있었지만 어젠다 2010이 통과된 후 55세 이하는 12개월, 55세 이상 실업자는 18개월 동안 실업급여를 수령할 수 있다. 슈뢰더의 개혁 후 독일은 높았던 실업률을 줄일 수 있었고 경제는 다시 성장했다. 실업률은 21세기 들어 2007년까지 10%가 넘었으나 2008년부터 7% 선으로 떨어졌다. 경제도 2006년과 2007년의 경우, 3%가 넘게 성장했다.

반대로 복지제도를 크게 수술한 후유증도 컸다. 연금수급 연령 상향과 연금 소득대체율의 감소, 한 달에 450유로를 받는 '미니잡' 도입으로 노인이 빈곤에 처할 위험도 급격하게 증가했다. 또 복지혜택을 줄이다 보니 파견 근로나 파트타임 일자리도 대폭 증가했다. 개혁으로 규제가 완화된 파견근로는 계속 늘어, 2011년 91만 명으로 2003년 대비 3배 가까이 증가했다. 파견 근로자 활용 업종도 금융위기를 거치면서 2007년 13,608개에서 2011년 17,368개로 확대됐다. 이밖에 문제가 됐던 게 중위소득의 2/3 이하에 해당하는 저임금 근로의 확대이다. 저임금 근로자의 수는 2000년 663만 명(전체 노동자의 20.6%)에서 경제위기를 경험한 2009년 794만 명(23.6%)까지 증가했다.

이 글의 첫머리에 인용한 것처럼 앙겔라 메르켈 총리는 첫 취임 연설에서 전임자 슈뢰더의 개혁을 높이 평가했다. 전임자 덕분에 그가 '손에 피를 묻히지 않고' 개혁의 결실을 누릴 수 있었기 때문이다. 당시 사민당 안에서는 물론이고 사민당을 주로 지지해온 노조가 그의 개혁에 거세게 반발했다. 반면에 야당인 기민당─기사당, 자민당은 슈뢰더의 개혁을 지지했다.

아직도 어젠다 2010에 관한 독일 시민들의 평가는 후하지 않다. 어젠다 2010이 발표된 지 정확하게 10년이 지난 2013년 3월에 주간지 『슈테른Stern』이 조사한 바에 따르면, 시민 가운데 어젠다 2010이 독일에게 유익했다고 응답한 비율은 44%에 그쳤고 13%는 특별한 의견이 없었다. 10년이나 지났지만 말이다. 2019년 말 당시 사민당 내 급진파에 속하는 자스키아 에스켄Saskia Esken과 노르베르트 발터─보르얀스Norbert Walter-Borjans가 공동 대표가 됐다. 이들은 자당의 총리가 실행한 어젠다 2010이 노동자들의 복지를 크게 약화했다며 이를 보전해 줘야 한다고 공개적으로 언급해 논란을 일으키기도 했다.

슈뢰더는 '어젠다 2010'을 자신의 불신임과 연계해 하원에서 통과시켰다. 즉 자당의 사회민주당 의원들에게 개혁안을 통과시키지 않으면 의회를 해산하고 조기 총선을 실시하겠다고 압박을 가했다. 이 때문에 '어젠다 2010'이 통과된 후 총선도 1년 먼저 2005년 가을에 시행됐다.

'위기의 총리' 메르켈, 유럽을 위기에서 구하다

동독 출신의 앙겔라 메르켈은 2005년부터 16년 넘게 총리로 재직했다.
2015년 100만 명이 넘는 난민을 수용해 위기에 직면했었다.
메르켈은 유로존 경제위기와 코로나19 극복 과정에서, 유럽연합에
위기 대응책을 제시하고 이를 관철했다. 한편 그는 원전 폐기 공약을
번복하고 디지털화에 미진하게 대응했다는 비판을 받았다.

'콜의 소녀' 메르켈, 콜을 치고 정상에 오르다

'위기 때 가장 좋은 배Ship는 리더십Leader-Ship'이라는 말이 있듯이, 위기는 리더를 만든다. 메르켈은 16년 넘게 총리로 재직하면서 단일 화폐 유로존의 경제위기, 2015년 난민 위기, 2020년 코로나 위기를 유럽 차원에서 극복하는 데에 핵심 역할을 해냈다.

앙겔라 메르켈Angela Merkel, 1954~ 재직: 2005~2021에게는 여러 가지 최초 라는 단어가 따라다닌다. 독일 최초의 여성 총리, 기민당 최초의 여성 총재 등. 그러나 그는 이런 찬사에 어울리지 않게 비교적 늦은 나이 에 정치를 시작했다.

메르켈은 1954년 당시 서독에 속한 함부르크에서 목사 아버지와 영어교사 어머니 사이에서 태어났다. 메르켈이 태어나고 몇 주 후 부모를 따라 동독으로 이주했다. 라이프치히 대학에서 물리학 박사 학위를 받고 연구실에서 일하던 메르켈은 36세 때 통일을 맞았다. 1990년 3월 당시 동독에서 실시된 최초의 민주 선거에서 메르켈은

정부의 부대변인으로 일하며 정치에 입문했다. 이런 경력 덕분에 그는 통일 독일에서 장관이 된, 소수의 동독 출신의 정치가가 된다.

통일의 총리 콜은 동서독 화합의 정치가 필요했기에, 동독 출신의 여성인 메르켈을 1991년 여성·청소년부 장관으로 임명했다. 이때 메르켈은 '콜의 소녀'라는 별명을 얻었다. 이후 환경부 장관을 거치면서 정부 경험을 쌓았다. 1998년 기민당은 총선에서 패배했다. 동독 출신의 '소녀'는 40대 중반의 젊은 나이에 기민당의 사무총장 자리에 올랐다. 이후 뜻밖의 기회가 2000년 봄에 왔다. 콜이 수십 년간 측근을 관리하는 데 수백억 원의 비자금을 운용해 왔기 때문에, 콜의 최측근이며 후계자이던 볼프강 쇼이블레Wolfgang Schäuble, 메르켈 정부에서 2009~2017년 재무장관 역임가 이 스캔들로 물러났다. '소녀'는 후원자였던 콜을 강력하게 비판하며 기민당 당수가 됐다. 2005년 9월 총선에서 이겨 총리가 됐으나 그때만 하더라도 '콜의 소녀'는 특출난 리더십을 드러내지 않았다. 하지만 잇따른 유럽의 위기가 그를 더욱 단련시켰다.

유로존 경제위기와 코로나19 위기 극복에 앞장서다

2010년 5월 그리스는 국제통화기금과 단일화폐 유로의 회원국(유로존)으로부터 2,400억 유로가 넘는 구제금융을 제공받았다. 그리스의 전체 경제규모보다 더 많은 지원액이다. 이후 유로존 경제위기는 포르투갈과 아일랜드, 스페인 등 '피그스PIGS(구제금융을 받은 나라의 앞글자를 따서 이렇게 부름)' 국가로 확산됐다. 유로존 최악의 경제위기였다. 당시 독일은 겨우 위기를 극복할 정도만 소극적으로 관여한다는 비판을 받았다.

독일은 유로존 경제의 25% 정도를 차지한 최대의 경제 대국으로, '피그스' 국가 지원에 가장 큰 부담을 감당했다. 그러나 경제지원의 대가로 독일은 허리띠를 졸라매는 긴축 위주의 정책을 요구했다. 성장을 동반하지 않는 긴축 위주의 요구 조건 때문에 지원을 받은 그리스는 물론이고 지원을 하는 나라도 독일을 격렬하게 비판했다. 응급실에 실려 온 경제위기의 환자들을 먼저 살려낸 후에 살을 빼게 해야 하는데, 독일은 환자들이 기운을 차리고 일하기 전부터 살부터 빼라고 했다는 것이다. 피그스 국가들이 분에 넘치는 배짱이 생활을 하여 경제위기가 발발했다는 게 '일개미 독일'의 시각이었다. 그리스는 세 번이나 구제금융을 받고 2018년에 겨우 국제자금시장에 복귀했다. 구제금융을 받았던 그리스는 공무원 임금이 최소 20% 정도 삭감됐고 연금 수령액도 크게 삭감됐다.

당시 많은 경제학자는 유로존 붕괴를 전망하기도 했다. 유로존 회원국의 경우 재정정책은 국가가 관리하지만 통화정책은 유럽 중앙은행에서 맡고 있다. 동전의 양면과 같은 재정정책과 통화정책이 동떨어져 운영되니 문제가 생겼고, 이런 결함을 수정하지 않는다면 유로존은 생존할 수 없다는 것이다. 독일이나 베네룩스 삼국 같은 건전한 재정 정책을 운영하는 국가와 달리 '남유럽'으로 불리는 그리스, 스페인 등의 국가는 정부 재정이 좋은 편이 아니었다. 이런 간극이 유로존 위기에서 극명하게 드러났다.

유로존 회원국들은 많은 시행착오를 거친 끝에 항구적인 구제금융 체제인 7,000억 유로 규모의 '유럽 안정 메커니즘'을 구축했다. 이전에는 임시 기구를 만들어 회원국이 재정보증을 하는 식이었다. 반면에 유럽 안정 메커니즘은 유로존 회원국들이 경제력에 비례한 자금을 출자해 이를 기금으로 운영하는 상시체제다. 경제위기에 처한 국가의 구조조정 등을 조건으로 내걸고 구제금융을 지원해준다. 뒤늦고, 충분하지 않은 조치였지만, 어쨌든 유로존은 붕괴하지 않았다. 독일은 유로존 위기 극복 과정에서 프랑스와 긴밀하게 공조하면서 리더로 활동했다. 그러나 위기 대응책 마련에 너무나 많은 시간이 소요됐고, 대응책 자체도 처음에는 부족했다. 독일의 유로존 위기 대응을 비판하며 극우 독일대안당이 2013년 2월 창당됐다.

2020년 유럽과 전 세계를 강타한 코로나19에서 EU 내 27개국은 유로존 경제위기와 견줘, 비교적 발 빠르게 대응했다. 독일은 이번에도 프랑스와 긴밀하게 협의해 대응을 이끌었다. 2020년 7월 중순 EU 회원국 정상회담에서 7,500억 유로(한국 돈으로 약 1000조 원)의 유럽경제회생기금ERF이 합의됐다. 그로부터 두 달 전 메르켈 총리와 프랑스의 에마뉘엘 마크롱 대통령이 만나 5,000억 유로 규모의 전액 무상 ERF를 제안했다. 정상회담에서는 무상의 규모가 3,900억 유로로 줄었고, 나머지는 저리의 유상 지원으로 합의가 됐다. 행정부 역할을 하는 EU 집행위원회가 국제자금시장에서 장기 저리로 유로화 채권을 발행한다. 이는 최초의 유로화 단일채권이다. 3,900억 유로 무상 지원의 경우 회원국들이 차후에 경제력에 비례해 상환해야 하기에 최대 경제 대국 독일이 가장 많이 부담한다. 원래 독일은 기존의 EU 예산 이외에 별도의 예산 편성을 꺼렸다. 하지만 당시 팬데믹은 EU 차원의 공동 지원을 필요로 했다.

코로나19는 제2차 세계대전 이후 최악의 경제위기를 야기했다. 독일처럼 정부 재정에 여유가 있어 대규모 돈을 풀어 코로나19에 신속하게 대응한 나라, 그렇지 못한 EU 회원국 사이에 사망자 수 차이가 매우 컸다. 이 위기에서 과감하고도 적극적인 정책을 제시하여 실행하지 못한다면 경제·정치 블록으로서 EU의 존립 자체가 흔들릴 상황이었다. 유로존 위기 대응의 미비점을 배운 메르켈은 최악의 경제위기 앞에서 아주 과감한 결정을 내리고 이를 EU에서 통과시켰다. 2020년 후반기 독일은 EU 순회의장국으로서 유럽 경제 회생기금을 제안하고 실행하는데 앞장설 수 있었다.

2015년 난민 위기, 메르켈의 최대 정치적 위기

2015년 9월 3일 독일 남부의 뮌헨시 중앙역. 아이들을 어깨 위에 멘 젊은 부부를 비롯해 수백 명이 역에 도착하자 자원봉사자들이 환영하며 맞이한다. 이후 연말까지 하루에 평균 10,000명 정도가 들어왔다. 난민 신청자는 무려 100만 명 정도에 이르렀다.

그해 7월부터 시리아와 이라크, 리비아 등지의 난민이 터키를 거쳐 헝가리의 부다페스트에 몰려들었다. EU 회원국 헝가리는 EU의 규정에 따라 처음 도착한 나라에서 난민 신청자들을 임시 체류하게 하고 자격을 심사해야 한다. 하지만 헝가리는 쇄도하는 이들 때문에 거의 손을 놓고 있었고, 이들이 9월 초 독일행을 요구하자 허용했다. 당시 난민 신청자들은 높은 복지수준이 구축됐고 비교적 난민을 환영하는 분위기가 조성된 독일에 가기를 원했다. 10월 초 러시아가 시리아 내전에 개입하면서 시리아인들의 탈출 행렬은 더 급증하게 된다. 당시 메르켈은 수수방관하지 않고 난민을 환영하겠다고 발표했다. 그러면서 회원국 간의 공평한 난민 분담도 아울러 요구했다.

그런데 시리아 난민이 유럽, 특히 독일로 몰려든 것은 러시아가 시리아 내전에 개입하면서 시작됐다. 러시아는 내전에 개입한 뒤 반군이 점령 중인 알레포Aleppo를 공격했다. 우세한 제공권을 바탕으로 반군이 장악했던 지역을 집중 공습해 시리아의 아사드 정부군이 이 지역에 교두보를 확보하게 도와줬다. 그런데 러시아 공군은 반군을 겨냥해 정밀 폭탄이 아니라 통폭탄barrel bomb을 집중적으로 떨어뜨렸다. 이는 급조된 폭탄으로 큰 금속통에 폭탄을 설치해 공중에서 투하한다. 시리아 공군도 마찬가지로 이 폭탄을 주로 사용했다. 넓은 지역에 떨어뜨려 공포심을 조장하는 게 목표다. 이 시에 거주하던 수십만명의 주민이 언제 터질지도 모르는 폭탄의 두려움을 피해 터키 국경지대로 몰려갔다. 너무 많은 난민이 일시에 몰려드는 바람에 터키는 2016년 2월 초, 이 지역의 국경 초소를 일시적으로 폐쇄했다. 통폭탄을 주로 사용한 점에 미뤄볼 때 러시아는 시리아 난민을 무기로 사용해 유럽의 분열을 노렸을 것이라고, 나토는 판단했다.

당시 독일의 자원봉사자들이 뮌헨이나 베를린 중앙역 등에 나와 수천km를 돌아서 오게 된 난민들을 적극 환영하는 모습이 전 세계 TV에 중계됐다. 2015년 10월과 12월에 열린 EU 정상회담에서, 수반들은 메르켈의 강력한 요구와 프랑스 등의 지지를 바탕으로 경제력과 인구에 비례해 공정하게 난민 수용량을 배분하는 데에 합의했다. EU 정상회담은 표결을 할 수 있지만 합의로 결정하는 게 관례다. 하지만 폴란드와 헝가리, 체코 등이 단 한 명의 난민도 받지 않겠다고 버티는 바람에 표결에 들어가 겨우 통과됐다. 2015년 이전에 들어와 아직 정착이 결정되지 않은 16만 명의 난민을 회원국들이 분담하는 것이다. 그러나 폴란드와 헝가리, 체코 등은 끝까지 한 명도 수용하지 않았다.

메르켈 총리는 리더십을 발휘해 100만 명 정도의 난민을 과감하게 수용했지만 이에 따른 후폭풍은 컸다. 메르켈은 2016년 3월 터키와 난민협약을 주도했다. 터키가 유럽으로의 불법 난민을 저지하는 대가로 30억 유로(한화 기준 약 4조 2,000억 원)를 지원하는 게 주요 내용이다. 독일 정부는 터키의 에르도안 대통령이 점차 반민주주의적 행보를 일삼고 반정부 인사를 탄압하자 강력하게 비판했다. 그러나 난민을 저지하기 위해 독일은 이런 인권외교를 포기했다. 왜냐하면 독일 안에서 난민 이슈를 이용해 극우정당이 세력을 확대했기 때문이다. 유럽통합에 반대하고 반이민을 내세운 독일대안당은 2013년 가을 처음으로 총선에서 후보를 냈고, 2017년에 연방 하원에 진출했다.

2018년 한 해 내내 독일대안당은 당시 난민 위기 사태를 국정조사해야 한다고 요구했으나 다른 정당들이 응하지 않았다. 메르켈 총리의 결단이 일부 법적으로 문제가 있다 하더라도, 유럽을 위한 대승적인 결정이었기 때문이다. 총선에서 4번 승리했지만 난민 위기로 국내정치에서 비판에 몰린 메르켈은 2019년 말, 앞으로 더는 총리로 출마하지 않을 것이고 EU나 유엔 등 어떤 국제기구에서도 일하지 않겠다며 정치 은퇴를 선언했다. 적절한 시기에 은퇴를 선언했고 실천했다. 메르켈은 이 약속을 지켜 2021년 가을 총선에 출마하지 않았다. 그의 후원자였던 헬무트 콜이 물러날 때를 넘겨 총선에서 패배한 정치인으로 떠난 것과는 크게 대조를 이룬다.

메르켈은 유럽통합을 앞으로 나가게 한 핵심 역할을 해냈으나 독일 내부 정책의 경우 원전 폐기 정책의 갑작스러운 번복과 디지털 전환의 더딘 시행으로 비판을 받았다. 2008년 중도좌파 사회민주당과의 대연정 당시, 그는 2022년까지 원자력 발전소 운영 중단을 공약했다. 그러나 2009년 가을 친기업적인 자유민주당과 연정을 구성한 메르켈은 이를 번복하고 2030년대 초까지 원자력 발전소 운영을 허용했다. 그러나 2011년 3월, 일본 후쿠시마 원전 사고 직후 폐기 여론이 압도적으로 상승하자 그는 다시 2022년까지 폐기를 앞당겼다. 선거를 앞둔 갑작스러운 정책 변경이라고 계속해서 비판받았다.

당시의 독일 정치·경제적 상황을 보면, 2017년 1월 보호무역과 미국 우선정책을 내세운 미국의 트럼프 행정부 출범 후 EU는 자유주의 국제질서의 유지자로서 고군분투했다. 당시 메르켈은 서방세계의 자유무역 옹호자로서, EU를 이끄는 회원국 지도자로 적극적으로 활동했다.

독일은 2023년 4월 15일 마지막으로 운영 중이던 3개의 원자력 발전소 가동을 중단했다. 원래 2022년 12월 31일까지 가동을 중단해야 했으나 우크라이나 전쟁이 그해 2월 24일 발발한 후 독일은 러시아산 원유와 천연가스 수입을 금지했다. 따라서 4달 반 더 가동해 전력 부족을 메꿨다.

"그리스를 지원해서는 안 된다."
―극우 독일대안당,
연방하원에 진출하다

독일대안당은 유로존 위기 대응 과정에서 독일 정부가 그리스 등을
지원한 것을 반대하며 출범했고, 창당 4년 만인 2017년 연방하원에
처음 진출했다. 독일대안당은 반이민(반이슬람)과 유럽통합 반대를
내세운 극우 포퓰리스트 정당으로, 최근에는 기후위기 대응에 강력하게
반대해 지지세를 넓혀 왔다.

유로존 경제위기의 최대 수혜자, 독일대안당

독일 최초의 극우 정당, 창당 4년 만에 연방 하원에 입성
했고, 첫 진출 때 지지율 3등 정당이 됐다. 독일대안당Alternative fur
Deutschland, AfD의 화려한 성적표다. 제2차 세계대전의 업보 때문에 독
일의 정치문화에서 극우 정당의 의회 진출은 매우 어려웠다. 시민들
이 극우 정당에 느끼는 심리적 마지노선, 그리고 5% 정당 지지율을
얻어야 연방하원에 들어갈 수 있다는 진입 저지선도 있었기 때문이
다. 그러나 2010년 그리스에서 시작된 경제위기가 독일대안당 창당
의 계기가 됐다. 당시 메르켈 총리는 연방하원에서 "그리스에 구제금
융을 제공하는 것 이외에 대안이 없다."라며, 그리스 지원을 정당화했
다. 이 연설을 반박하면서, 그렇지 않고 대안이 있다고 외치며 '독일
대안당'이라는 정당 이름이 채택됐다. AfD는 통일 후유증 때문에 고
생했고 '어젠다2010'으로 복지까지 삭감당한 부지런한 개미 독일이
왜 게으른 '피그스' 국가를 구제하는 데에 혈세를 쏟아부어야 하냐며,

독일의 유로존 탈퇴를 요구했다. 초기 창당의 주역들은 교수, 중도우파 기독교민주당을 탈퇴한 정치인, 언론인 등이다. 프랑스, 이탈리아, 영국, 스페인 등 당시 여러 EU 회원국에서 2010년 경제위기 후 극우 정당이 점차 세력을 확대하거나 새로 창당됐다. 독일에서는 이보다 늦게 극우 정당이 창당됐으나 세력이 확장되는 속도는 더 빨랐다.

2013년 2월에 출범한 AfD는 그해 9월 총선에서 4.7%를 얻는데 그쳤다. 출범 7개월 차의 성적표란 점을 고려하면 나쁘지는 않다. 4년 후 총선에서는 무려 12.6%를 얻어 기민당-기사당, 사민당에 이어 제3의 정당이 됐다. 2015년 후반기, 독일은 메르켈의 결단으로 100만 명 정도의 난민을 받았고 이들의 정착에 많은 어려움이 잇따랐다. 이들 난민은 독일 16개 주에 분산 수용됐는데, 각 주가 주택난과 복지 지출 등 여러 가지 어려움을 호소했다. 이런 불만이 팽배해지자 2016년 이후 실시된 주의회 선거에서 독일대안당은 잇따라 주의회 진입에 성공했다. 이어 2017년 9월 총선에서 제3 정당의 자리를 차지하게 된 것이다. 창당 초기에는 유로존 구제금융에 반대했는데 대규모 난민 유입을 계기로 반이민, 반이슬람 비판에 더 집중했다. 2021년 가을 총선에서는 10.3%를 얻어 지지율이 소폭 감소했다.

정당 지지율을 보면, 아직도 동서독 간의 차이가 확연하다. 독일대안당은 구동독에서 얻은 지지율이 구서독 지역보다 평균 2배 정도 높다. 기민당 지지자들이 이탈해 AfD를 많이 지지했다. 구동독 시절 독일사회주의통일당의 후신인 좌파연합도 이와 유사하게 동독 지역의 득표율이 서독 지역보다 두 배 높다. 2017년 연방하원 선거에서 AfD는 94개 의석을 얻었는데 이 가운데 3석만 지역구이고 나머지는 비례대표제이다. 유권자들이 전략적으로 계산해 제2표에서 독일대 안당을 적극 지지한 셈이다. 2017년 AfD가 연방하원에 처음으로 진출하자 기민당—기사당, 사민당, 자민당, 녹색당과 같은 기존 정당들은 AfD와 공식적으로 협력하지 않겠다고 밝히고 그대로 실천했다. AfD는 하원에서 외톨이와 유사했다. 이들은 하원의 토론이나 위원회에서 목소리를 높여 정부 정책을 비판했지만 이들의 요구나 비판은 정책에 별로 반영이 되지 않았다.

기존 역사 서술을 비판하고, 유럽통합에 사사건건 브레이크 걸어

"제1, 2차 세계대전 독일 군인들의 업적에 경의를 표한다."

"베를린 시내에 있는 홀로코스트 기념비를 철거하라. 어느 나라가 수도에 치욕의 역사를 전시하는가?"

2017년 가을 총선 후 연방하원에 진출한 AfD 의원들은 이런 발언을 거침없이 쏟아냈다. 정책 결정에 그다지 영향을 끼칠 수 없기 때문에 이들의 발언은 더 과격해지곤 한다. 이들은 제2차 세계대전 후 독일 정부가 미국 등 서방 점령군의 꼭두각시였다며, 기존 역사 설명을 대체하는 서술과 공식 기억을 180도 뒤집는 '새로운 기억 만들기'에 적극적으로 행동한다. 하지만 아직까지 이들의 이런 '대체 역사'가 끼친 영향은 미미하다. 유럽통합이 위기를 극복하며 전진을 거듭해

왔기 때문이다.

    세계대전이라는 두 번의 '내전'을 겪은 유럽은 미국의 적극적인 지원을 받아 제2차 세계대전 후 평화 프로젝트로 유럽통합을 이루어 왔다. 독일과 프랑스가 냉철하게 국익을 고려해 유럽통합에 적극 참여하며 통합을 이끌어왔다. 그런데 2010년 발발한 유로존 경제위기, 이어 2015년의 난민 위기는 힘겹게 쌓아 올린 통합의 아성을 조금씩 흔들어 왔다. 유럽은 통합을 계속하여 과도한 민족주의자들과 홀로코스트 부인론자들을 호리병에 꼭꼭 담았다고 생각했다. 그런데 독일대안당과 같은 극우 정당이 세력을 확대하면서 호리병을 뒤흔들어, 밀봉했던 '요술램프 지니'를 다시 끄집어내는 중이다.

AfD는 2024년 6월 초에 열릴 유럽의회 선거를 앞두고, 2023년 7월 말 전당대회를 열었다. 이들은 이 자리에서 "유럽연합은 죽어야 한다."라며 EU의 해체를 촉구했다. 이들은 기회가 있을 때마다 EU를 공격하며 통합을 저지하려 한다.

우크라이나 침략전쟁과 독일 외교정책의 극적 전환

러시아가 2022년 2월 24일 우크라이나를 전격 침략하면서 독일은 외교정책을 극적으로 바꾸게 된다. 이번 전쟁을 러시아의 제국주의적 침략으로 규정하고 국방비를 대폭 늘렸고 러시아산 원유와 천연가스 수입도 금지했다. 독일은 또 이번 전쟁을 계기로 재생에너지 사용의 대폭 확대 등 에너지 전환도 더 앞당겨 실행 중이다.

동방정책, 가장 큰 시험대에 오르다

"게르하르트 슈뢰더를 제재하라."

2022년 3월 중순, 베를린 시내에 포스터가 걸렸다. 블라디미르 푸틴 러시아 대통령과 게르하르트 슈뢰더 전 독일 총리가 나란히 어깨동무를 한 사진 위에 '슈뢰더 제재'라는 붉은색 글씨가 선명하게 보인다. 러시아가 우크라이나를 침공한 시기는 2022년 2월 24일. 거의 한 달이 지나도록 슈뢰더 전 총리는 러시아의 국영 에너지회사 의장직을 그만두지도, 러시아 침략을 비판하지도 않았다. 독일 여론이 들끓었고 시민들이 직접 이런 포스터를 만들어 시내 곳곳에 부착하기에 이르렀다.

이번 전쟁으로 공산주의 종주국 소련, 냉전 붕괴 후 러시아와 계속 대화하고 긴밀한 경제적 관계를 유지해 적대국을 변화시키려 노력한 동방정책이 가장 큰 시험대에 올랐다. 이 정책은 중도좌파인 사민당이 시작했지만 정권교체 후에 중도우파 기민당−기사당도 계승해서 실천해 왔다.

독일이 러시아(소련)의 에너지를 공급받은 것은 1973년부터다. 당시 서독은 소련의 위성국가인 동유럽을 통과해 자국으로 들어오는 육로 천연가스 파이프라인을 기술로 건설해주고, 가스를 대금으로 받았다. 이때부터 미국은 줄기차게 "이처럼 중요한 전략물자를 과도하게 의존하면 소련에 휘둘리게 된다."라며 독일 정부에 자제를 요청했으나 독일의 입장은 상이했다. 독일은 오히려 과도한 의존이 적대국의 모험적 행위를 자제하게 할 수 있다는 동방정책의 원칙, '접촉을 통한 변화'를 내세웠다. 바로 이런 정책의 일환으로 북해를 통해 독일로 운송되는 해저 천연가스 파이프라인, '노르트스트림 1Nord-stream 1' 공사도 헬무트 콜 정부 말기인 1997년 시작돼 2011년 완공됐다. 길이가 1,200km 조금 넘지만 육로 파이프라인보다 훨씬 더 짧다. 독일 입장에서는 그만큼 수입 비용을 낮출 수 있다. 메르켈 총리 집권 2기인 2011년에는 '노르트스트림 2' 공사가 시작돼 2021년 상반기에 완공됐다. 메르켈은 퇴임 직전에 미국과 협상을 벌여 노르트스트림 2를 가동하는 대신에 통과비를 잃게 되는 우크라이나에 보상을 해주겠다고 합의했다. 즉 우크라이나 전쟁이 발발하지 않았더라면 독일은 이 파이프라인을 가동해 사용했을 것이다. 중도우파 기민당 총리였던 메르켈도 자국 경제의 경쟁력을 유지하기 위해 러시아산 천연가스가 필요했던 것이다. 또 독일이 이렇게 수입하는 러시아 천연가스는 유럽의 다른 나라에도 재수출됐다.

이처럼 독일의 동방정책은 정권의 이념에 상관없이 일관되게 추진된 정책이다. 그러나 슈뢰더 전 총리의 경우에는 2005년 퇴임 후 러시아의 로비스트가 됐고, 이것이 결국 부메랑으로 돌아왔다. 그는 퇴임 직후 노르트스트림 회사의 이사로 뽑혔고 이후 러시아 국영 가스 회사 로즈네프트의 이사장으로 취임했다. 그가 두 곳에서 받은 연봉은 한화로 약 10억 원이 넘는 것으로 알려졌다. 우크라이나 전쟁 직후 한 기민당 의원은 "슈뢰더는 전 총리가 아니라 푸틴의 해외 로비스트다."라고 맹공을 퍼부었다.

올라프 숄츠 총리, 외교정책의 극적 전환과 에너지 전환을 가속하다

2022년 2월 27일 일요일 오전, 독일 베를린에서 연방하원이 특별회기를 가졌다. 러시아의 우크라이나 침략 대응을 토론한 자리에서 폭탄선언이 나왔다. 사민당의 올라프 숄츠 총리는 1,000억 유로, 약 135조 원의 국방비 증액을 발표했다. 나토 회원국들은 국내총생산 대비 2%의 국방비를 유지하기로 약속했으나 독일은 1.2%에 불과해 회원국 가운데 매우 낮은 편에 속했다. 5년간 1,000억 유로의 국방비 증액으로 독일은 2% 공약을 지킬 수 있을 듯하다. 이는 독일 외교정책의 극전 전환Zeitenwende이다.

숄츠는 또 우크라이나에 500기의 지대공 스팅어 미사일과 1,000기의 대전차 미사일을 지원하기로 했다고 밝혔다. 앞서 그는 노르트스트림 2의 가동을 불허했다. 그동안 독일의 대러시아 유화정책으로 비판받아 온 정책이 모조리 번복된 순간이다. 독일은 특히 제

2차 세계대전의 가해국으로 1970년대 모스크바 조약을 비롯해 소련-러시아와의 우호적인 관계 유지를 매우 중시했다. 또한 동방정책을 제시하고 실천해 온 게 사민당인데, 사민당 총리가 자당의 정체성과 같은 정책을 뒤집었다. 숄츠는 우크라이나 전쟁을 "러시아의 제국주의적 침략전쟁"으로 규정했다. 인권과 민주주의적 가치를 중시해온 독일이 이런 침략전쟁에 적극 대응하자 국가의 정체성이 선명하게 드러났다. 그만큼 러시아의 우크라이나 침략은 유럽의 여러 나라, 특히 독일에 큰 충격이었다. 제2차 세계대전 후 러시아가 이웃의 유럽 국가를 이 정도 대규모로 침략한 적이 없었다. 러시아의 우크라이나 전면 침공은 EU 회원국 대다수에 안보 불안을 야기했다.

외교정책의 극적 전환을 선언한 후, 독일은 2023년 초 우크라이나가 요청한 레오파르트2 탱크도 수십 대 지원해 러시아의 침략전쟁에 강경대응 중이다. 제2차 세계대전의 가장 큰 피해국이 소련이었고 이 때문에 독일은 러시아를 응징하는 공격무기 지원을 극도로 꺼렸다. 그러나 이번 전쟁은 독일의 이런 주저함을 없앴다.

현재의 독일 정부가 당면한 시급한 과제는 러시아를 대체할 새로운 에너지 공급처를 물색하고, 재생에너지 비중을 높이는 것이다. 독일은 중동의 카타르와 액화천연가스LNG, 그리고 캐나다와는 녹색 수소 장기 구입 계약을 체결했다. 파이프라인을 통해 천연가스를 공급받아왔기에 독일에는 LNG 터미널이 없었다. 2022년 말에 독일 정부는 LNG 선박·처리시설을 운용하기 시작했고 현재 5척을 쓰고 있다. 선박에 LNG를 가스로 만들어 공급하는 시설이 설치되어 있다. 아울러 2개 정도의 LNG 터미널 공사도 시작했다.

한편으로는 에너지 전환 정책을 더욱 적극적으로 실천하고 있다. 2011년 일본의 후쿠시마 원자력 발전소 누출사건 후 메르켈 정부는 에너지 전환Energiewende 계획을 발표했다. 2030년까지 전력생산량의 절반을 재생에너지로 충당하고 2038년까지 석탄 발전소를 폐쇄하겠다는 게 핵심 내용이다. 메르켈 정부는 2045년까지 탄소중립 달성을 규정한 기후보호법을 2021년 5월 제정했다. 유럽연합이 추진하는 탄소중립 정책의 목표 시점보다 5년이 앞선다.

숄츠 정부는 이를 더 앞당겨 달성하고자 한다. 현재 독일은 사민당−녹색당−자민당 3당 연립정부다. 녹색당이 경제부와 환경부의 업무를 포괄한 경제에너지부를 맡았다. 경제에너지부는 법을 제정할 때마다 기후위기 대응에 적합한지를 검토하는 조항을 신설하여 사실상 거부권을 확보했다. 또 기후위기에 대응하는 기업에 제공하는 세제 혜택도 대폭 늘렸다. 2024년부터 신축한 건물의 경우 최소 65%가 재생에너지로 충당돼야 한다는 건물에너지법이 2023년 10월에 발효됐다. 이 법의 논의과정에서 친기업적인 자민당은 기업부담이 가중된다는 점을 들어 강력하게 반대했으나 세 당이 긴밀하게 협의한 끝에 약간의 예외 조항을 둔 채 법이 효력을 발휘했다. 우크라이나 전쟁은 결과적으로 독일의 에너지 전환을 앞당기는 촉매제로 작용 중이다.

올라프 숄츠는 사민당 당수로 2021년 12월 총리가 됐다. 1984년 1월 4일 그는 동베를린으로 가서 동독 공산당 지도부를 만났다. 당시 그는 사민당 청년조직의 부의장으로 함부르크 대학교에 재학 중이었다. 숄츠는 동독 공산당 지도부를 만나 나토의 핵무장을 강력하게 규탄했다. 차후에 그는 20대 때 많은 실수를 저질렀다고 밝혔다.

통일 독일의 어두운 과거 청산
호네커 재판과 슈타지 사찰 문서 공개

"베를린 장벽은 건설한 이유가 없어지지 않는 한 50년, 심지어 100년 후에도 존속할 것이다."

_에리히 호네커

호네커 재판과 슈타지(동독 국가안전부) 사찰 문서 공개

통일 후 독일 정부는 동독 공산정권의 불법 행위로 피해를 입은 사람들에게 법적 구제를 해줬고 불법 행위를 저지른 지도부에게 법적 책임을 물었다. 가장 대표적인 인물이 호네커다. 에리히 호네커_{1912~1994,} _{재직: 1971~1989}는 18년 넘게 통합사회주의당 당서기로 동독을 다스렸다. 그는 1961년 8월 베를린 장벽이 건설될 때 통합사회주의당 보안 담당 정치국 위원으로 이를 주관했다. 이후 베를린 장벽 건설과 동서독 국경에서 이탈자에 대한 발포 명령의 최종 책임자였다. 1989년 10월 동독 시민들의 개혁 요구가 빗발치고 소련의 고르바초프가 개혁개방을 요구했지만 끝까지 거부하던 그는 동료 정치국 위원들에 의해 강제로 물러나야만 했다. 호네커 해임 과정에서 당연하게도 소련의 고르바초프와 동독 공산당 지도부와의 사전 교감이 있었다.

통일 직후 1990년 11월 베를린 검찰은 동독 탈출 주민 68명을 살해한 혐의로 에리히 호네커에 대한 체포영장을 발부했다. 호네커는 동베를린 소재 소련군 시설에 도피한 후 이듬해 3월에 소련 강경파의 도움으로 모스크바로 도주했다. 그는 모스크바의 칠레 대사관에 망명을 신청해 기다리던 중 1992년 7월 말 독일로 송환됐다. 재판을 받던 도중 간암 말기 환자임이 드러나 이듬해 1월에 석방됐다. 풀려난 호네커는 딸이 살고 있던 칠레의 산티아고로 가서 1994년 5월 사망했다.

재판에서 그는 베를린 장벽 건설과 탈주 시도 중 사망한 동독인의 죽음에 정치적 책임을 인정했다. 그렇지만 법적·도덕적 책임을 인정하지 않았다. 동서냉전이 격화돼서 베를린 장벽을 건설했고 이는 동독의 단독 결정이 아니라 소련을 비롯한 바르샤바 조약기구 전체 결정이었다고 항변했다. 당시 장벽을 건설하지 않았더라면 제3차 세계대전이 발발해 수백만 명이 사망했을 것이라 주장하기도 했다.

통일 정부가 이렇게 신속하게 동독 지도부를 처벌할 수 있었던 건 이들의 반인권적 행위를 체계적으로 수집했기 때문이다. 서독 정부는 1961년 하노버 인근의 잘츠기터에 '잘츠기터 주사법행정 중앙기록처 Zentrale Erfassungsstelle der Landesjustizverwaltungen in Salzgitter'를 설립했다. 통칭 '잘츠기터 문서보관소'로 불리는 이 기구는 동독 내 인권유린을 지속적으로 조사했다. 동독은 기회가 있을 때마다 서독에 이 기구를 폐지해달라고 요구했었다.

감시의 왕국 동독과 슈타지

티모시 가튼 애시 Timothy Garton Ash 교수는 영국 옥스퍼드 대학교에서 현대유럽사를 가르친다. 그는 연구를 위해 1970년대부터 종종 동서베를린을 방문해 체류했다. 1989년 폴란드와 헝가리 등 동유럽 국가에서 민주주의 혁명이 일어나자 현장을 방문해 관찰하면서 당사자들을 인터뷰한 책을 펴내기도 했다.

독일 통일 후 그는 동독인들의 사생활을 샅샅이 감시했던 국가안전부Ministerium für Staatsicherheit, MfS(약칭 슈타지로 널리 알려짐)의 감시 파일을 열람했다. 1993년 그 파일을 열었을 때, 15년 전의 일이 기록된 것을 보고 티모시 교수는 경악했다. 1978년, 티모시 교수는 동베를린에서 몇 달간 체류하며 공산국가의 생활을 체험하고 연구했다. 국가안전부 '슈타지'의 파일에는 1978년 티모시 교수를 감시한 기록이 무려 325쪽 분량으로 빼곡하게 채워져 있었다. 동베를린에서 교수가 만난 사람과 그들과 나눈 대화 대부분이 그대로 기록되어 있었다. 여자 친구의 집에서 나눈 두 사람의 은밀한 대화도 마찬가지였다. 애시는 자신의 밀고자들과도 만나 대화를 나눴다. 그는 자신의 감시 파일을 분석해『파일: 개인사The File: A Personal History』로 1997년 출간했다. 이 책에서 애시는 공산 독재 국가에서 일상이 된 감시가 개인은 물론이고 사회에 무슨 영향을 미쳤는지를 꼼꼼하게 살펴봤다.

이처럼 공산국가 동독에서 개인은 철저하게 감시를 받았다. 친한 이웃끼리, 교사에게 학생과 학부모를, 목사에게 신도를 감시하게 하기도 했다. 정권을 유지하기 위해 국가안전부는 91,000명의 정규 직원과 약 17만 4,000명의 비공식 협력자(밀고자)를 고용해 400만 명의 시민과 200만 명의 서독인 등, 모두 600만 명이 넘는 사람들을 감시해 세세한 기록을 남겼다. 감시한 사람의 색인 목록 카드와 문서, 사진과 녹음테이프 등이 남아 있다. 보관 문서 전체의 길이를 합하면 약 178km 정도고, 140만 장의 사진 등이 그 보관소에 있다. 슈타지는 1990년 초에 일부 자료 폐기를 시도했으나 상당수 자료는 그대로 남아 있다.

통일 독일은 독재체제를 제대로 연구해야 분단의 역사를 잘 이해할 수 있고 민주주의의 발전에 도움이 된다고 보고 통일 직후인 1990년 10월에 동독 국가안전부 문서보관소를 개설했다. 보통 '슈타지 문서보관소'라 불리며 베를린에 본부, 드레스덴과 에르푸르트 등 14개 도시에 지부가 있다. 문서보관소의 주소는 https://www.stasi-unterlagen-archiv.de 이다.

2022년 말까지 743만 8,829건의 문서 열람 신청이 있었다. 비밀경찰이 자신을 감시했는지 알고 싶은 시민은 누구든지 이 보관소에 편지를 써서 문의하고, 감시를 했다면 그 문서를 볼 수 있다. 1957년부터 베를린 장벽 붕괴 때까지 슈타지를 이끌었던 에리히 밀케Erich Mielke도 1996년 경찰관 살해 혐의로 6년 형을 선고받고 복역했다.

슈타지 문서
보관서 홈페이지

2006년 한국에서 개봉된 독일 영화 〈타인의 삶〉은 남편 몰래 슈타지 밀고자로 일하던 아내가 괴로워하다가 사고로 죽는 모습을 그린다. 예술가 부부의 비극을 다룬 이 영화는 동독에서 흔히 일어난 일을 소재로 삼았다. 동독에서 저명한 작가나 예술가들 가운데 몇몇은 통일 후 밀고자임이 드러나 은퇴하거나 수모를 겪었다. 비밀경찰은 이들에게 편의를 제공해 준다거나 약점을 잡아 친구나 가족까지 감시하도록 시켰다. 독재정권이 어떻게 인간성을 파괴하는지를 고발하는 영화이다.

동독의 베르터,
『젊은 W의 새로운 고뇌』가 베스트셀러가 되다

"청바지 없는 인생을 상상할 수 있을까? 청바지는 이 세상에서 가
장 고귀한 거야!"

_『젊은 W의 새로운 고뇌』 중에서

1971년 통합사회주의당 서기로 취임한 에리히 호네커는 문학과 예술에 약간의 숨 쉴 공간을 줬다. 서독 브란트 총리의 동방정책으로 동독도 국제사회에서 인정을 받았고 2년 후 동서독이 유엔 회원국으로 동시 가입했기 때문이다. 이런 해빙기에 혜성처럼 나타난 희곡이 울리히 플렌츠도르프Ulrich Plenzdorf, 1934~2007의 『젊은 W의 새로운 고뇌Die neuen Leiden des jungen W』(1972)다. 이듬해 소설로도 출간됐다.

화가 지망생 에드가르 비보Edgar Wibeau는 어머니가 교장으로 근무하는 직업 고등학교에서의 모범생이다. 하지만 그는 어느 날 교사에게 원판을 집어 던지며 반항한다. 너무나 완고한 그의 교육방식과 교과과정에 대한 불만이 폭발했다. "아버지가 없어도 아들을 아주 잘 키울 수 있음을 보여주는 생생한 증거로 살아가는 데에 질려 그럴 수밖에 없었다."라고 어머니에게 말하기도 하였다. 이후 어머니와 멀어지고자 친구와 함께 수도 동베를린으로 가출한다. 자신을 이해하고 포용하지

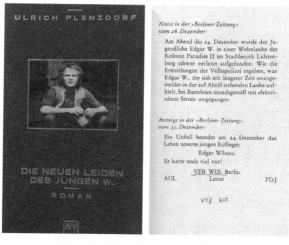

《젊은 W의 새로운 고뇌》 앞표지와 본문 첫 페이지
필자가 보유한 도서를 직접 촬영했다.

못하는 가정과 학교를 스스로 버린 후 자유로운 삶을 살아간다. 그는
건설 현장에서 페인트공으로 일하며 연상의 유치원 교사 샤를리를 사
랑하지만 그녀에게는 이미 약혼녀가 있다. 또 샤를리는 에드가르에게
호의와 친절을 보이지만 그를 사랑하지 않고, 이해하지도 못한다. 에
드가르는 재즈와 청바지에도 열광한다. 그는 색채 분무기라는 독창적
인 발명품을 만들려고 노력하다가 감전으로 죽게 된다.

에드가르 이야기는 198년 전 괴테가 출간한 소설,『젊은 베르터의
괴로움』을 당시 동독 현실에 맞게 패러디한 작품이다. 사회주의 국가
안에서도 여전한 속물근성과 출세주의를 신랄하게 비판하고 풍자했다
는 평가를 받았다. 1970년대 해빙기에 동독 청소년들의 가치관을 사
실대로 보여줬다.

동독의 통합사회주의당 산하기구인 자유독일청년단이 284명의 학

생과 실습생을 대상으로 설문조사를 실시했다. 이 설문에 따르면 64%가 기꺼이 에드가르를 친구로 삼고, 70%는 자신의 단체 회원으로 받아들이겠다고 대답했다. 태어나면서부터 부모와 당이 정해주는 틀에 박힌 생활을 살아가야만 하는 동독 청소년들에게 에드가르는 사귀고 싶은 친구가 된다. 이 작품은 동독에서 크게 히트한 후 서독에서도 베스트셀러로 등극했다. 1972년에는 희곡본이 할레에서 연극으로 상영됐는데, 이후 4년간 매진을 기록하며 장기 공연에 들어 갔다. 에드가르 역을 맡았던 슈트라우베Reinhard Straube는 이 배역으로 25년이 지나서도 "영원한 에드가르"로 불리는 유명 배우가 됐다. 할레에서의 초연 이후 이 작품은 서독에서도 대중의 관심을 끌어, 1973년 5월 서베를린에서 처음으로 공연한 이후 9월에는 뮌헨에서도 상영됐다. 동독에서 출간한 지 1년 만에 플렌츠도르프의 책이 전 독일의 작품이 된 것이다.

곧이어 발표된 소설은 SED 지도부의 반대를 무릅쓰고 발간돼 '1973년의 가장 논란이 된 책'으로 꼽혔다. 서독에서 초판 5,000부를 발행한 이래 1981년까지 57만 5,000권이 출간돼, 이곳에서 나온 동독 작품 가운데 최고의 성공을 거뒀다.

동독에서의 평가는 극과 극을 달렸다. 동독에서의 서평은 경상대 이영석 교수의 논문에서 일부 발췌했음을 미리 밝힌다. 카울Friedrich Karl Kaul은 "타락한 젊은이를 괴테 소설의 주인공과 관련짓는 것이 역겹기만 하다."라며 매우 불편한 심경을 드러냈다. 시대에 불화하는 주제의식뿐만 아니라 등장인물들을 대문호 괴테의 작품에 연관 지은 당대 신인 작가의 작품을 혹평했다. 반면에 헤를린S. Hermlin은 "플렌츠도르프의 작품이 중요한 이유는, 동독에서 처음으로 청년 노동자의 사상과 감정을 제대로 보여주었기 때문이다."라고 높게 평가했다. 동독의 영문학자 로베르트 바이만R. Weimann은 이 작품이 큰 성공을 거둔 원인을 분석하면서, 특히 '젊은 세대들이 지닌 모순적인 태도가 예술적으로 묘사되고, 여러 갈등이 고조된 모습으로 잘 어우러진 점'을 강조했다. 그냥 있을 법한 부랑자의 이야기가 아니라, 교장의 아들이자 음악 재능이 풍부한 우등생인 17살 에드가르 비보가 동베를린으로 도망쳐 그곳의 한 오두막에 숨어든 이야기가 독자의 관심을 끌었다는 것이다.

그러면서도 바이만은 에드가르 비보를 '사회주의로부터의 가출자'는 아니라고 했다. 작품이 담고 있는 '모범적인 개인과 그가 보여주는 사회적 책임의 회피' 혹은 '확실하게 보호받던 인물과 그의 예기치 못한 충동적 행위'의 모순성을 부각하되 그것을 체제 비판적인 담론으로 이행시키지 않고, 그저 젊은 세대의 모순적 태도로 제한한 것이다. 아무래도 저자 플렌츠도르프가 정부가 용인해줄 문학작품의 허용 한계를 미리 가늠해 그 한계 안에서 작품을 썼을 듯하다.

고유경. 「서부전선 이상없다, 독일은 이상 있다」 『서양문화사 깊이 읽기: 우리 시각으로 읽는 세계의 역사』 (서울: 푸른역사, 2008). pp. 276-305.

김면회 외. 『미완의 독일통일: 독일통일 30년을 돌아보며』 (서울: 한울아카데미, 2022).

김장수. 『독일 통합의 비전을 제시한 프리드리히 2세』 (경기: 푸른사상, 2021).

김장수. 『오스트리아 왕위계승 전쟁: 1740~1763』 (경기: 북코리아, 2023).

그림 형제 지음, 김열규 옮김. 『그림형제 동화전집』 (서울: 현대지성, 2019).

나인호. 『증오하는 인간의 탄생: 인종주의는 역사를 어떻게 해석했는가』 (경기: 역사비평사, 2019).

노태한. 『독일문학사』 (서울: 한국문화사, 2003).

문수현. 『독일현대정치사: 아데나워에서 메르켈까지, 기민련을 통해 본 정당국가 독일』 (경기: 역사비평사, 2023).

미야자키 마사카츠 지음, 이영주 옮김. 『하룻밤에 읽는 세계사』 (서울: 알에이치코리아, 2017).

박래식. 『이야기 독일사: 게르만 민족부터 독일 통일까지』 (경기: 청아출판사, 2020).

손관승. 『그림 형제의 길: 흔들림 없이 끝까지 함께 걸어간 동화의 길』 (서울: 바다출판사, 2015).

손선홍. 『분단과 통일의 독일 현대사』 (서울: 소나무, 2005).

손선홍. 『독일 통일 한국 통일』 (서울: 푸른길, 2016).

송충기. 「뉘른베르크 재판과 나치청산」 『역사교육』 93권(2005). pp. 223-250.

CCTV 다큐멘터리 대국굴기 제작진. 『대국굴기 강대국의 조건: 독일』 (경기: 안그라픽스, 2007).

안삼환. 『새 독일문학사』 (서울: 세창출판사, 2016).

안인희. 『게르만 신화 바그너 히틀러: 몰락의 게임 법칙』 (서울: 민음사, 2003).

안진태. 『파우스트의 여성적 본질』 (경기: 열린책들, 1999).

유진영. 「제국시기(1871-1914) 프로이센 실업·직업교육제도의 형성」 『독일연구』 19호(2010). pp. 29-63.

윤승준. 『하룻밤에 읽는 유럽사』 (서울: 알에이치코리아, 2012년).

이강룡. 『하룻밤에 읽는 서양사』 (서울: 페이퍼로드, 2014).

이민호. 『새 독일사』 (서울: 까치, 2003).

이순예. 「19세기 독일 상업부르주아의 과시적 공공성 - 토마스 만 소설 『Buddenbrooks, 부덴브로크가 사람들』 연구」 『독어독문학』 161권(2022). pp. 53-71.

이장희. 「도쿄 국제군사재판과 뉘른베르크 국제군사재판에 대한 국제법적 비교 연구」 『동북아역사논총』 25호(2009). pp. 195-246.

이헌대. 「대공황 회복기 독일의 자본축적」, 『경제사학』 37권(2004). pp. 171 – 194.

정대성. 『68혁명, 상상력이 빚은 저항의 역사』 (서울: 당대, 2019).

정상수. 「1차 세계대전의 원인: 피셔 논쟁을 중심으로」, 『독일연구』 29호(2015). pp. 241–278.

조홍식. 『문명의 그물』 (서울: 책과함께, 2018).

통합유럽연구회. 『조약으로 보는 유럽통합사』 (서울: 책과함께, 2016).

최승완. 『동독민 이주사 1949~1989: 분단의 벽을 넘어 또 다른 독일로 간 동독민 이야기』 (경기: 서해문집, 2019).

황준성. 「독일통일 15년의 사회경제적 평가와 시사점」, 『경상논총』 25권 4호(2007). pp. 71–88.

Alan J. P. Talyor, 유영수 옮김. 『기차 시간표 전쟁: 제1차 세계대전의 기원』 (서울: 페이퍼로드, 2022).

Alan J. P. Talyor, 유영수 옮김. 『지도와 사진으로 보는 제1차 세계대전: 유럽의 종말과 새로운 세계의 탄생』 (서울: 페이퍼로드, 2020).

Alan J. P. Talyor, 유영수 옮김. 『준비되지 않은 전쟁: 제2차 세계대전의 기원』 (서울: 페이퍼로드, 2020).

Antony Beevor, 조윤정 옮김. 『피의 기록, 스탈린그라드 전투: 히틀러와 스탈린이 만든 사상 최악의 전쟁』 (서울: 다른 세상, 2012).

Christian Henrich-Franke. 『Die Geschichte der Bundesrepublik Deutschland Von der Gruendung 1949 bis zur Gegenwart』 (Berlin: marix Verlag, 2019).

Christopher Clark. 『The Sleepwalkers: How Europe Went to War in 1914』 (New York: Harper Perennial, 2012).

Christopher Clark. 박병화 옮김. 『강철왕국 프로이센』 (서울 :마티, 2020).

David L. Lewis, 이종인 옮김. 『신의 용광로』 (서울: 책과함께, 2010).

D. H. Lawrence, 채희석 옮김. 『D H. 로렌스 유럽사 이야기』 (서울: 페이퍼로드, 2021).

D. H. Lawrence, 정종화 옮김. 『역사, 위대한 떨림: D.H.로렌스의 이야기 유럽사』 (서울: 민음사, 2002).

Dietrich Orlow, 문수현 옮김. 『독일 현대사: 1871년 독일제국 수립부터 현재까지』 (서울: 미지북스, 2019).

Economist. 「Is Germany once again the sick man of Europe?」. August 19. 2023.

Economist. 「Germany is becoming expert at defeating itself」. August 19. 2023.

Eric Hobsbawm, 이용우 옮김. 『극단의 시대(상): 20세기 역사』 (서울: 까치, 2009).

Eric Hobsbawm, 이용우 옮김. 『극단의 시대(하): 20세기 역사』 (서울: 까치, 2009).

Ernst Engelberg. 『Bismarck: Urpreusse und Reichsgründer』 (Berlin: Akademie-Verlag, 1985).

Frank Sieren, Günther Schabowski, 심재만 옮김. 『동독 멸망 보고서: 동독 최후의 순간들』 (서울: 하늘북, 2016).

Franz Herre. 『Bismarck: Der preussische Deutsche』 (Augsburg: Bechtermünze, 1997).

Frédéric Delouche, 윤승준 옮김. 『새 유럽의 역사』 (서울: 까치, 1999).

Gareth Stedman Jones, 홍기빈 옮김. 『카를 마르크스: 위대함과 환상 사이』 (서울: 아르테, 2018).

Gerhard Schröder, 박성원·엄현아 옮김. 『게르하르트 슈뢰더 자서전: 문명국가로의 귀환』
(서울: 메디치미디어, 2017).

Gordon A. Craig. 『Germany, 1866-1945』 (Oxford: Oxford University Press, 1978).

Guido Knopp, 안병억 옮김. 『통일을 이룬 독일 총리들』 (서울: 한울, 2000).

Hagen Schulze, 반성완 옮김. 『새로 쓴 독일 역사』 (서울: 지와사랑, 2014).

Helmut Kohl. 『Ich Wollte Deutschlands Einheit, dargestellt von Kai Diekmann und Ralf
Georg Reuth』 (München: Ullstein, 2000).

Horst Teltschik. 『329 Tage: Innenansichten der Einigung』 (Berlin: Siedler, 1993).

Ian Kershaw, 류한수 옮김. 『유럽 1914-1949』 (서울: 이데아, 2020).

Ian Kershaw, 김남섭 옮김. 『유럽 1950-2017』 (서울: 이데아, 2020).

Jacob F. Field. 『The History of Europe in Bite-sized Chunks』 (London: Michael O'Mara, 2020).

Jacob Grimm und Wilhelm Grimm. 『Grimms Märchen』 (Berlin: Eurobuch, 1998).

James Hawes. 『The Shortest History of Germany: From Roman Frontier to the Heart of
Europe—A Retelling for Our Times』 (New York: Experiment, 2019).

Jean Lopez, Nicolas Aubin, Vincent Bernard, Nicolas Guillerat, 김보희 옮김. 『제2차
세계대전 인포그래픽』 (서울: 레드리버, 2021).

Johann Wolfgang von Goethe. 『Die Leiden des jungen Werther』 (München: DTV, 1985).

John Gillingham. 『Coal, Steel, and the Rebirth of Europe, 1945–1955: The Germans
and French from Ruhr Conflict to Economic Community』 (Cambridge: Cambridge University
Press, 1991).

J. M. Roberts. 『The Penguin History of the Twentieth Century: The History of the World,
1901 to the Present』 (London: Allen Lane, 2004).

Jonathan Sperber. 『The European Revolutions, 1848-1851』 (Cambridge: Cambridge University
Press, 1994).

Julia Boyd, 이종인 옮김. 『히틀러 시대의 여행자들』 (서울: 페이퍼로드, 2021).

Katja Hoyer. 『Blood and Iron: The Rise and Fall of the German Empire』 (London: Pegasus
Books, 2022).

Margaret MacMillan. 『The War that ended Peace: The Road to 1914』 (New York: Random
House, 2013).

Marion Gräfin Dönhoff. 『Von Gestern nach Übermorgen: Zur Geschichte der
Bundesrepublik Deutschland』 (München: Deutscher Taschenbuch Verlag, 1981).

Martin Kitchen, 유정희 옮김. 『사진과 그림으로 보는 케임브리지 독일사』 (서울: 시공사, 2002).

Martyn C. Rady, 박수철 옮김. 『합스부르크, 세계를 지배하다』 (서울: 까치, 2022).

Mary Elise Sarotte. 『1989: The Struggle to Create Post-Cold War Europe』 (Princeton:
Princeton University Press, 2009).

Mary Fulbrook. 『A Concise History of Germany』 (Cambridge: Cambridge University Press, 2018).

Michael Burleigh. 『The Third Reich: A New History』 (London: Macmillan, 2000).

Neil MacGregor, 김희주 옮김. 『독일사 산책』 (경기: 옥당, 2016).

Paul Dukes. 『History of Europe, 1648-1948: The Arrival, the Rise, the Fall』 (London: UNKNO, 1985).

Philip Thody. 『Europe Since 1945』 (London: Routledge, 2002).

Philip D. Zelikow, Condoleezza Rice. 『Germany Unified and Europe Transformed: A Study in Statecraft』 (Cambridge, Massachusetts: Harvard University Press, 1997).

Richard J. Evans, 박원용 · 이재만 옮김. 『에릭 홉스봄 평전』 (서울: 책과함께, 2022).

R. J. Overy, 이헌대 옮김. 『대공황과 나치의 경제회복』 (서울: 해남, 1998).

Robert C. Tucker. 『The Marx-Engels Reader(2nd edition)』 (New York: W. W. Norton & Company, 1978).

Robert E. Conot. 『Justice at Nuremberg』 (New York: Basic Books, 1993).

Robert S. Wistrich, 송충기 옮김. 『히틀러와 홀로코스트』 (서울: 을유문화사, 2011).

Rudolf Augstein, 안병억 옮김. 『권력과 언론: 슈피겔의 신화 루돌프 아우크슈타인의 위대한 기록』 (서울: 열대림, 2005).

Stephan Marks, 신종훈 옮김. 『나치즘, 열광과 도취의 심리학』 (서울: 책세상, 2009).

Tim Marshall. 『Prisoners of Geography: Ten Maps That Explain Everything』 (London: Scribner, 2015).

T.C.W. Blanning, (ed.). 『The Oxford Illustrated History of Modern Europe』 (Oxford: Oxford University Press, 1996).

Ulrich Plenzdorf. 『Die neuen Leiden des jungen W.』 (Berlin: Aufbau Taschenbuch Verlag, 1999).

William L. Shirer, 이재만 옮김. 『제3제국사: 히틀러의 탄생부터 나치 독일의 패망까지』 (서울: 책과함께, 2023).

William R. Smyser, 김남섭 옮김. 『얄타에서 베를린까지: 독일은 어떻게 분단되고 통일되었는가』 (경기: 동녘, 2019).

Wolfgang Mommsen, 최호근 옮김. 『원치 않은 혁명 1848: 1830년부터 1849년까지 유럽의 혁명운동』 (서울: 푸른역사, 2006).

〈헤르만 동상〉 Dewi König, https://commons.wikimedia.org/w/index.php?curid=55785378

〈부주의한 학생을 꾸짖는 카를 대제〉 Karl von Blaas, https://artvee.com/dl/charlemagne-rebukes-the-careless-students/

〈17세기 대선제후 시기 프로이센의 영토〉 E. Berner, https://commons.wikimedia.org/w/index.php?curid=4420658

〈상수시 왕궁에서 플루트를 연주하는 프리드리히 대왕〉 Adolph von Menzel, https://artvee.com/dl/concert-for-flute-with-frederick-the-great-in-sanssouci/

〈제1차 폴란드 분할〉 https://commons.wikimedia.org/w/index.php?curid=40644

〈베를린 중심가에 있는 프리드리히 대왕의 기마상〉 Dewi König, https://commons.wikimedia.org/w/index.php?curid=55785378

〈바이마르 국립극장 앞의 괴테와 쉴러 동상〉 Alkibiades, https://commons.wikimedia.org/w/index.php?curid=903989

〈클라우제비츠 초상화〉 Jacob Bø rresen, https://snl.no/Carl_von_Clausewitz

〈『전쟁론』 표지〉 Jacob Bø rresen, https://snl.no/Carl_von_Clausewitz

〈1849년 독일과 주변 국가의 철도 지도〉 Von F. Sporer, https://commons.wikimedia.org/w/index.php?curid=5220932

〈하나우 시청 앞에 있는 그림 형제 동상〉 Oktobersonne, https://commons.wikimedia.org/w/index.php?curid=56664230

〈1848년 독일 혁명〉 https://commons.wikimedia.org/w/index.php?curid=364558

〈비스마르크 초상화〉 Franz von Lenbach, https://artvee.com/dl/portrait-of-prince-otto-von-bismarck-1815-1898/

〈독일 제국의 선포〉 Anton von Werner, https://commons.wikimedia.org/w/index.php?curid=2481294

〈에드워드 7세의 장례식에 참석한 여러 나라의 국왕〉 W. & D. Downey, https://commons.wikimedia.org/w/index.php?curid=15963624

〈리처드 코브던〉 Mathew Benjamin Brady, https://commons.wikimedia.org/w/index.php?curid=17097058

〈미셸 슈발리에〉 https://commons.wikimedia.org/w/index.php?curid=1194817

〈노먼 에인절〉 Jakob Lothe, https://snl.no/Norman_Lane_Angell

〈메트로폴리스 포스터1〉 Breve Storia del Cinema, https://www.flickr.com/photos/116153022@N02/15513625249

〈메트로폴리스 포스터2〉 https://artvee.com/dl/metropolis-6/

『서부전선 이상없다』 초판 표지〉 Elin Nesje Vestli, https://snl.no/Intet_nytt_fra_Vestfronten

〈『부덴브로크가의 사람들』 초판 표지〉 H.-P.Haack, https://commons.wikimedia.org/w/index.php?curid=3885339

〈바우하우스〉 Tegula, https://www.needpix.com/photo/150201/bauhaus-bauhaus-building-dessau-gropius-glass-front-modern-free-pictures-free-photos-free-images

〈뮌헨 대학교 본관 앞 숄 기념물〉 Tartarusgirl, https://commons.wikimedia.org/w/index.php?curid=122920171

〈클라우스 폰 슈타우펜베르크 대령〉 Gunnar D. Hatlehol, https://snl.no/Claus_von_Stauffenberg

〈볼프스샨체〉 Kucyk, https://commons.wikimedia.org/w/index.php?curid=49449194

〈서베를린 템펠호프 공항에서 공수를 기다리는 어린이와 시민들〉 Henry Ries, https://commons.wikimedia.org/w/index.php?curid=4559179

〈콘라트 아데나워 재단 앞의 부조〉 Manfred Brueckels, https://commons.wikimedia.org/w/index.php?curid=6771127

〈바르샤바 게토 희생자 추모 장소에서 무릎을 꿇은 빌리 브란트 총리〉 DWEP, https://commons.wikimedia.org/w/index.php?curid=100140854

〈동화의 길 홈페이지〉, 〈베를린 동물원 옆 추모판〉, 〈로자 룩셈부르크 그림〉, 〈카를 리프크네히트 그림〉, 〈베를린 장벽 표지석〉, 〈젊은 W의 새로운 괴로움 표지, 첫 페이지〉는 지은이가 직접 캡처 및 촬영한 사진을 사용했음을 밝힙니다.

하룻밤에 읽는
독일사

초판 1쇄 발행 2024년 2월 28일
초판 2쇄 발행 2024년 11월 8일

지은이 안병억
펴낸이 최용범
편집 박승리
교정교열 유인창
디자인 김규림
관리 이영희
인쇄 ㈜다온피앤피

펴낸곳 페이퍼로드
출판등록 제2024-000031호(2002년 8월 7일)
주소 서울시 관악구 보라매로5가길 7 1309호
이메일 book@paperroad.net
페이스북 www.facebook.com/paperroadbook
전화 (02)326-0328
팩스 (02)335-0334
ISBN 979-11-92376-38-7 (03920)